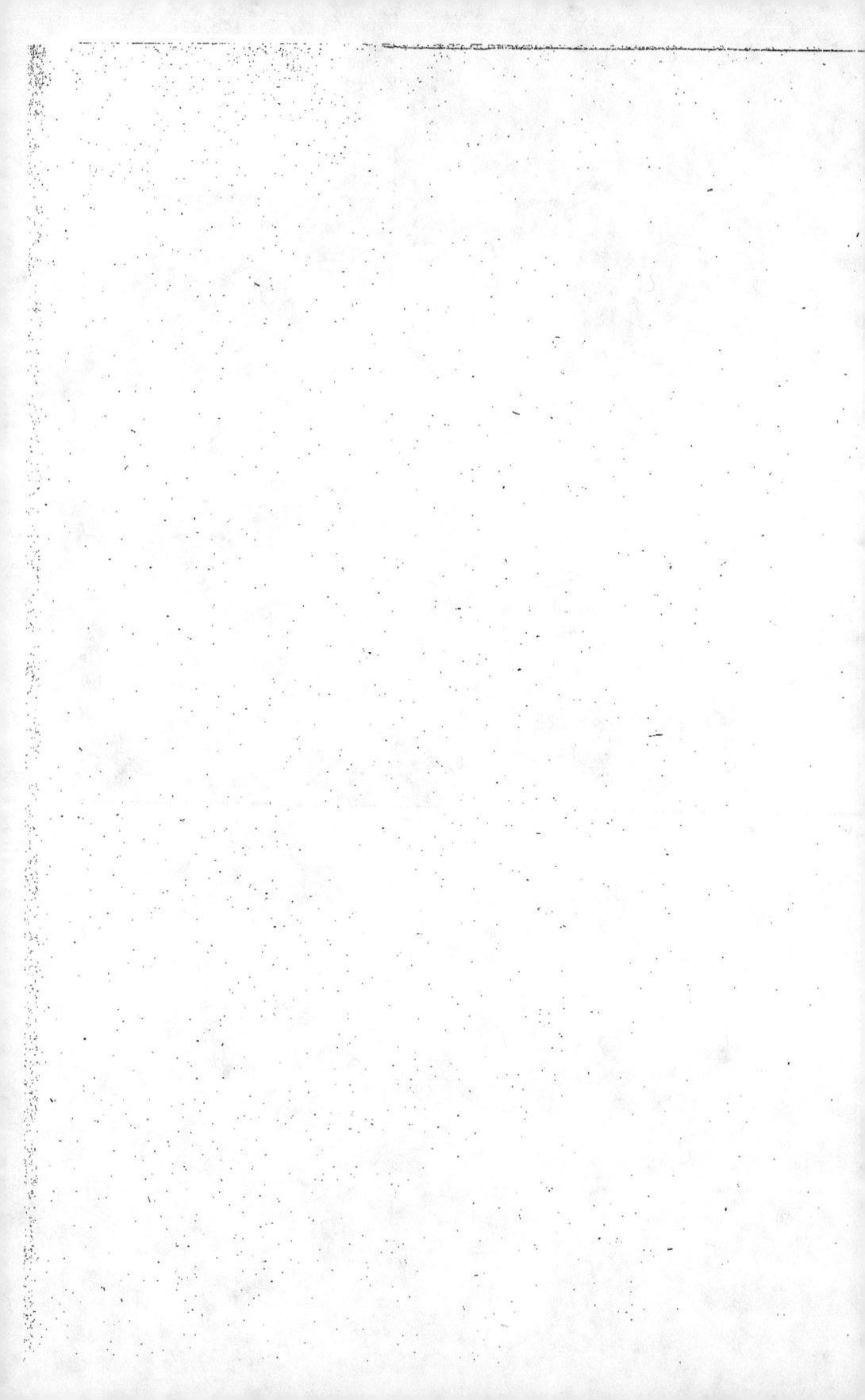

NOBILIAIRE

DE

L'ORLÉANAIS

NOBILIAIRE

DE

L'ORLÉANAIS

PAR C. DE VASSAL

ARCHIVISTE HONORAIRE DU DÉPARTEMENT DU LOIRET

TOME PREMIER

ORLÉANS

H. HERLUISON, LIBRAIRE-ÉDITEUR

RUE JEANNE-D'ARC, 29

1863

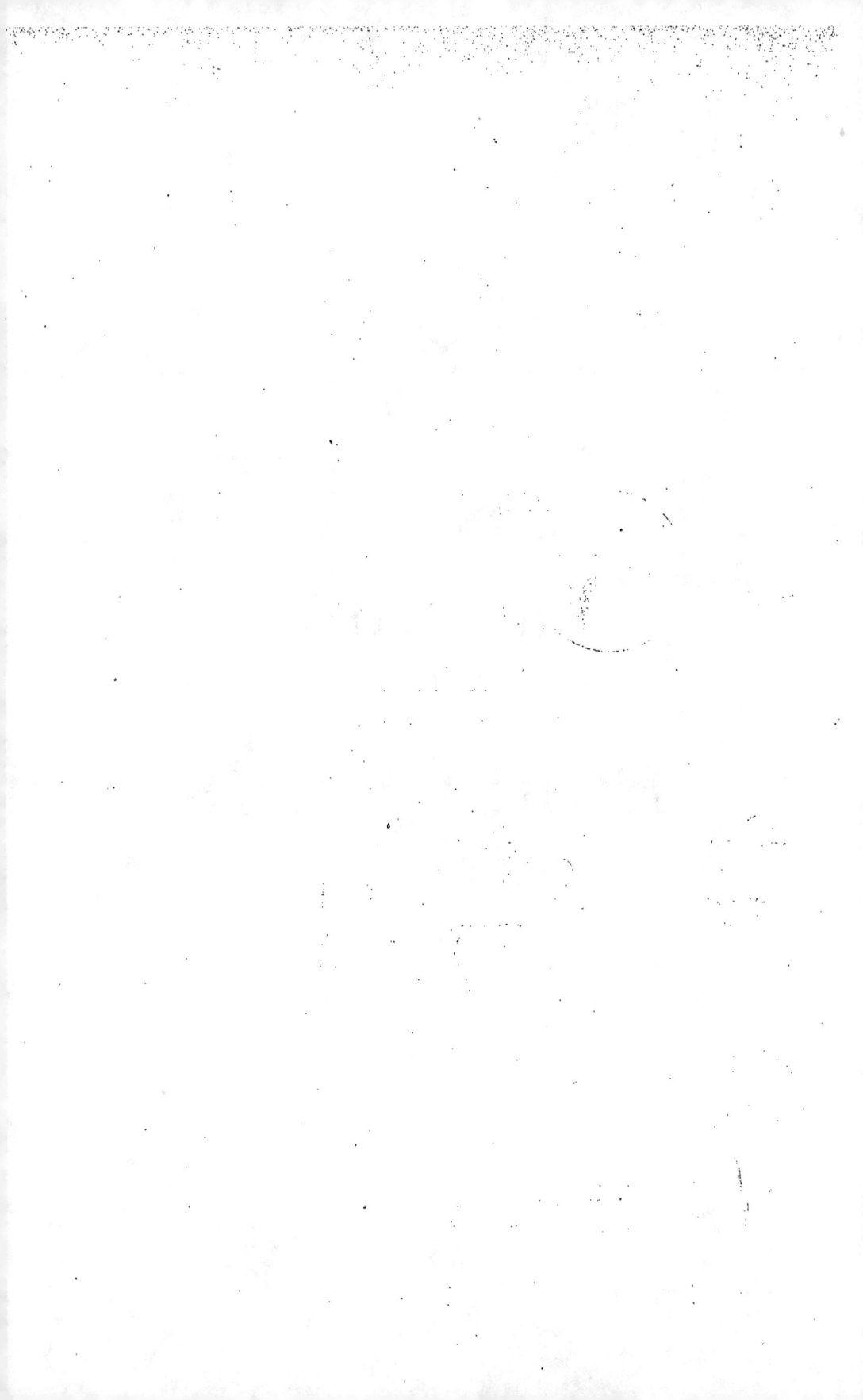

NOBILIAIRE

DE

L'ORLÉANAIS

Tiré à cent cinquante exemplaires.

ORLÉANS, CHENU, IMP., RUE CROIX-DE-BOIS, 21.

NOBILIAIRE

DE

L'ORLÉANAIS

PAR C. DE VASSAL

ARCHIVISTE HONORAIRE DU DÉPARTEMENT DU LOIRET

TOME PREMIER

ORLÉANS

H. HERLUISON, LIBRAIRE-ÉDITEUR

RUE JEANNE-D'ARC, 29

1863

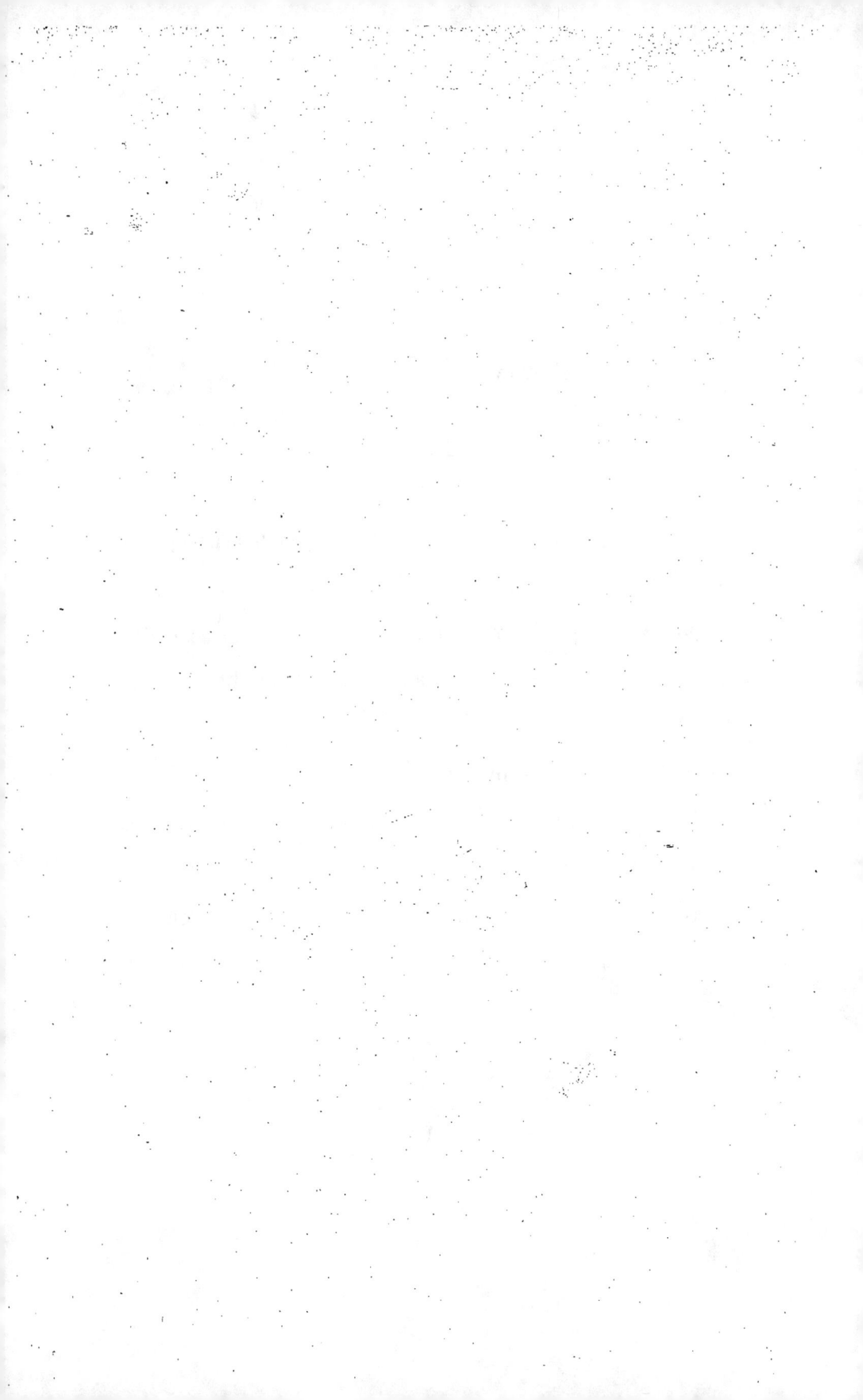

AVERTISSEMENT.

———◇———

Que voulons-nous, en publiant le Nobiliaire de l'Orléanais ? Nous voulons : 1° placer les familles au rang qu'elles doivent occuper dans l'opinion publique ; 2° réunir en faisceau des documents actuellement épars dans les dépôts publics ou particuliers.

Si les familles saisissent notre pensée, elles nous viendront en aide, et nous pourrons ainsi rassembler tous les matériaux nécessaires à l'histoire de l'Orléanais.

Dans quelques années, nous aurons accompli notre œuvre. Puis viendra l'habile architecte qui élèvera enfin un monument digne de toutes les gloires de notre bonne et vieille province.

DE VASSAL.

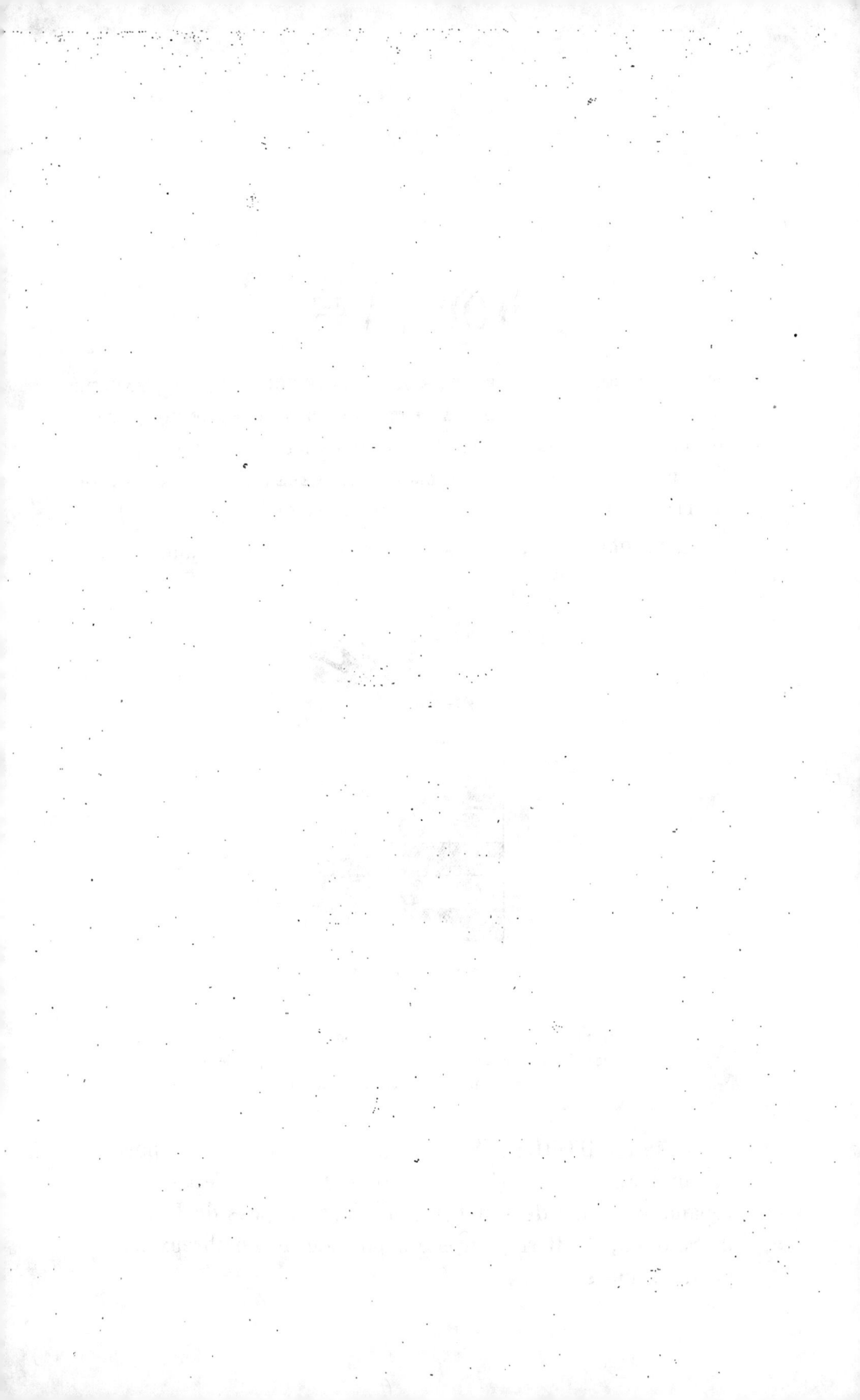

D'ORLÉANS,

COMTES ET VICOMTES D'ORLÉANS ; SEIGNEURS DE COUTURE, D'AVARAY, DE LA BROSSE, DE PANNES, DE LA MOTTE, DE CHATILLON, DE MONTISEAU, DE CLÉRY, DE FONTENELLE, DE MONTPIPEAU, DE CHARSONVILLE, DE VILLEMAIN, DE LA COUR-LIGNY, DE RÈRE, DE BASTARDE, DE VILLECHAUVE, DE TRACY, DU PLESSIS, DE CRÉCY ;

EN ORLÉANAIS, EN BEAUCE, EN SOLOGNE, EN BERRI.

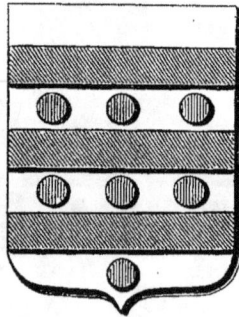

ARMES : d'argent à trois fasces de sinople, accompagnées de sept tourteaux de gueules, 3 et 3 entre les fasces et 1 en pointe. COURONNE de comte. TENANTS : deux anges. DEVISE : *cunctis nota fides.*

La famille D'ORLÉANS est originaire de la ville qui porte ce nom. Elle y était déjà connue dès 966. Elle s'est ensuite répandue autour de son berceau, dans les pays de Beauce, de Sologne, de Berri, où elle a possédé de nombreux fiefs pendant huit siècles.

Pendant huit siècles aussi, cette famille a versé son sang sur les champs de bataille et occupé les charges ou dignités les plus honorables. Au x⁰ siècle, elle possède la vicomté d'Orléans; au siècle suivant, un de ses enfants part avec Pierre l'Ermite et meurt aux côtés de Gauthier *sans avoir*, à la bataille de Nicée; le xII⁰ siècle voit quatre d'Orléans, dont l'un est grand Bouteiller de France et les trois autres chevaliers; un de ces derniers meurt en Palestine. Dans le xIII⁰ siècle, nous remarquons huit d'Orléans chevaliers, dont un concourt à la prise de Constantinople et combat pendant vingt ans pour les empereurs latins; un autre porte bannière à la bataille de Bouvines; un troisième porte également ment bannière à la prise de Damiette; un dernier gouverne la Sicile. Dans les siècles suivants, cette famille se soutient avec honneur, durant la paix comme pendant la guerre. Cette généalogie en fournira les preuves.

Afin de mettre de l'ordre dans une matière qui est abondante, nous diviserons notre travail en cinq chapitres, savoir :

CHAP. Iᵉʳ. Généalogistes, nom, armes, de la maison D'ORLÉANS de RÈRE.

CHAP. II. Personnages du nom D'ORLÉANS, auteurs de la maison de RÈRE, qui ont vécu avant le xIV⁰ siècle.

CHAP. III. D'ORLÉANS de Rère, de Villechauve, de Tracy, du Plessis, de Crécy.

CHAP. IV. Personnages isolés, du nom D'ORLÉANS.

CHAP. V. Pièces justificatives, Notes et renvois.

CHAPITRE IER.

GÉNÉALOGISTES, NOM, ARMES, DE LA MAISON D'ORLÉANS.

GÉNÉALOGISTES.

La famille D'ORLÉANS a eu quatre généalogistes. Le dernier s'exprime ainsi sur ses devanciers :

« Trois auteurs connus ont consacré leur plume à cette
« famille : Robert Hubert, Aimon Proust de Chambourg et
« Gaspard Thaumas de la Thaumassière. Il faut dire ici un
« mot de chacun d'eux pour n'y plus revenir : à peine en
« sera-t-il fait mention dans la suite, on ne pourroit les citer
« fréquemment que pour les réfuter sans cesse, et ce seroit
« toujours à recommencer.

« Robert Hubert, chantre de l'église royale et collégiale de
« Saint-Aignan d'Orléans, mort en 1694, a laissé huit volumes
« in-4° de généalogies, tant des familles nobles de la géné-
« ralité que des familles bourgeoises les plus anciennes et les
« plus distinguées de la ville... Cet écrivain étoit fort labo-
« rieux ; mais on lui reproche d'avoir manqué de style, et
« assez souvent de critique.

« Aimon Proust de Chambourg, docteur et professeur en
« droit dans l'Université d'Orléans, a imprimé sa généalogie
« d'Orléans de Rère, in-folio, à Orléans même, en 1684.
« Il ne se peut rien de plus défectueux : les dates, les faits,

« les filiations, les noms propres des lieux et des per-
« sonnes, tout ou presque tout y est altéré, tronqué, faux
« ou hasardé.

« La Thaumassière, non plus que M. Hubert, n'a point
« pris pour unique objet de son travail la généalogie de la
« maison d'Orléans de Rère. Cette famille s'est répandue dans
« le Berri aussi bien que dans l'Orléanois : il ne l'a donnée
« que parmi un assez grand nombre d'autres qui toutes font
« partie de la noblesse de cette province, dont il fit imprimer
« l'histoire in-folio à Bourges, en 1689. Mais outre que cette
« généalogie sèche et décharnée comme la plupart de celles
« qui sont sorties de sa main, ne peut absolument passer que
« pour une simple table généalogique, elle a encore presque
« tous les défauts des deux précédentes ; et en général le vice
« commun de toutes les trois est qu'elles supposent ce qui
« n'est point, qu'au dessus des deux frères Jean et Godefroi
« d'Orléans, qui vivoient en 1366, il y a de ceux-ci à leurs
« aïeux plusieurs degrés de filiation prouvés. » [1]

Ce jugement sévère est prononcé par d'Hozier, Juge d'armes
de France et auteur de la quatrième généalogie de la famille
d'Orléans, imprimée en 1752, et insérée dans l'*Armorial
général,* registre troisième, deuxième partie.

Le travail de d'Hozier est savant et consciencieux. Il se
distingue surtout des précédents, par les pièces justificatives
produites en grand nombre et soumises à la critique de dom
Verninac, bibliothécaire du couvent de Bonne-Nouvelle, sis
à Orléans. Ce savant bénédictin mit en campagne tous ses
confrères de la province, et, grâce à leurs recherches dans
les archives des établissements religieux, il put constater
que quatre-vingt-un personnages du nom d'Orléans avaient
existé avant le xv° siècle.

D'Hozier les a tous admis dans la généalogie de la famille

d'Orléans, en reconnaissant toutefois que beaucoup lui étaient étrangers.

Nous n'imiterons pas d'Hozier et nous ne comprendrons dans notre travail, que les personnages auteurs véritables de la famille d'Orléans de Rère. Quant aux autres, notre respect pour l'œuvre de d'Hozier et de dom Verninac ne nous permettant pas de les supprimer, nous leur consacrerons un chapitre spécial.

Nous terminons notre appréciation de d'Hozier en disant que sa marche est embarrassée par les lettres et chiffres de renvoi; que les notes et pièces justificatives posées au bas des pages et dont l'étendue est supérieure au texte, rendent la lecture pénible et nuisent à la clarté. Afin d'éviter ce grave inconvénient, nous placerons toutes les notes et pièces justificatives à la fin de la généalogie, au chapitre v. Il sera facile de s'y reporter au moyen du numéro d'ordre mis à la suite de chaque fait énoncé.

Nous croyons devoir ajouter que nos quatre prédécesseurs nous serviront de guides, et que nous les citerons aussi souvent qu'ils mériteront de l'être.

NOM.

« La maison d'*Orléans* de *Rère,* dit d'Hozier, est originaire
« de l'Orléanois, et fait de temps immémorial son séjour dans
« cette province. A peine s'arrêtera-t-on ici sur les diverses
« variations auxquelles ce nom a été sujet dans cette famille
« jusqu'à nos jours. Il n'y en a point d'autres en effet que celles
« qu'a subies par succession de temps celui de la ville même.

« On sait qu'Orléans, qui fut d'abord appelé en latin tantôt
« *civitas Aurelianensis,* tantôt du nom indéclinable *Aure-*
« *lianis* ou *Aurilianis,* prit ensuite le nom françois d'*Orliens*

« ou *Olliens,* que l'on écrit et que l'on prononce aujourd'hui
« *Orléans.* Dans la maison d'Orléans qui fait le sujet de cet
« article, le même nom a éprouvé la même vicissitude. On lit
« sur les titres latins *Aurelianensis,* ou *de Aurelianis ;* sur les
« titres françois jusques vers l'an 1400, c'est toujours ou
« presque toujours *d'Orliens :* les suivants portent *d'Orléans ;*
« et il n'y a plus aujourd'hui d'autre manière soit d'écrire
« soit de prononcer ce mot. » [2]

Dans les titres latins, le mot que d'Hozier lit *Aurelianensis*
ou *Aurelianis,* est écrit Aur., Aurèl., abréviations qui pourraient motiver des lectures différentes. Quant aux titres français antérieurs à 1400, ils portent non *d'Orliens,* mais *Dorliens* ou *Dorls.* Cette orthographe est usitée jusqu'au milieu
du xve siècle ; celle *Dorléans* se maintient ensuite pendant
200 ans ; et le D ne commence à se séparer de l'O qu'à la fin
du xviie siècle. La généalogie publiée en 1684 par Proust de
Chambourg et les titres de famille, en fournissent les preuves.
C'était d'ailleurs la coutume de supprimer la particule ou de
l'incorporer au nom. La coutume était en outre de mettre la
particule non pas devant le nom patronimique, mais seulement
devant le nom du fief, ce qui était rationel. L'usage contraire
s'est introduit depuis le xviiie siècle, et il est devenu tellement général dans le xixe, que le public, peu versé dans la
connaissance des usages féodaux, est aujourd'hui fermement
persuadé que tout nom dépourvu de particule est roturier.
Cette croyance est une hérésie au premier chef.

ARMES.

Hubert et La Thaumassière les blasonnent ainsi : « fascé
« d'argent et de sinople ; l'argent chargé de 7 tourteaux de
« gueules, 3, 3, 1. » Et Hubert ajoute que Payen d'Orléans

avait, dans le xiii⁰ siècle, pris les armes de sa femme, Agnès de Prunelé, où se trouvent des annelets, et que ses descendants les ont quittées. [3]

Proust de Chambourg affirme que « les tourteaux de gueules « et les fasces de sinople que les d'Orléans portèrent dès le « temps de Godefroy de Bouillon sont les pièces d'honneur « dont ils ont chargé leur écu d'argent. Ces tourteaux, divisés « en trois ordres, par trois fasces de sinople, marquent les « trois voyages qu'ils ont fait outre-mer, sous le règne de « Philippe Ier, Louis-le-Jeune et Saint-Louis. Ils ont pris des « tourteaux de gueules, qui est une couleur parlante, pour « signifier le sang qu'ils ont répandu dans ces trois expéditions « saintes et militaires. On sait assez que les tourteaux ont « rapport à l'empire de Constantinople, puisqu'ils sont la « même chose que les besans qui étoient la monnoie de cette « capitale, alors appelée Bysance. » [4]

D'Hozier critique la supposition de Proust de Chambourg, en disant : « qu'elle tient trop du mystère. » Ce qui nous étonne, car le Juge d'armes de France ne pouvait pas ignorer que le blason est une science d'emblêmes ayant des formes et une langue mystérieuses.

D'Hozier ajoute : « et d'ailleurs cette supposition porte à faux, « puisque les plus anciennes armes de la maison d'Orléans « de Rère étoient non des tourteaux ni des besans, mais des « annelets. » Et à l'appui de son opinion, il produit plusieurs sceaux dont le plus ancien remonte à 1210. [5]

Voilà bien des versions différentes, et pourtant elles ne nous semblent point inconciliables.

En effet, à leur origine, les armes d'Orléans durent être d'argent à trois fasces de sinople ; puis elles furent chargées d'annelets, après le mariage non de Payen mais de Jean d'Orléans avec Élisabeth Prunelé, au commencement du xiiie siècle ; et enfin les annelets firent place à des tourteaux. Cette dernière modification ne put se produire qu'après les croisades, parce que, fiers à juste titre du rôle glorieux qu'ils avaient joué dans ces expéditions, les d'Orléans voulurent en conserver le souvenir.

Ces armes ainsi modifiées ne commencent à nous être connues qu'en 1421, grâce à des peintures murales du château de Rère et à des verrières de l'abbaye de Vierzon. En 1482, elles furent peintes en outre sur les vitres de deux chapelles de l'église de Theillay, en Sologne, où elles se voient encore aujourd'hui. « Ces armes sont : d'argent à trois fasces de sinople, accompagnées de sept tourteaux de gueules posés 3 et 3 entre les fasces, et 1 en pointe. » L'écusson est tenu par deux anges fléchissant le genou et portant, chacun, une corne d'abondance.

La devise : *cunctis nota fides,* est une des plus belles que nous connaissions.

CHAPITRE II.

————

I. ALBÉRIC D'ORLÉANS. Suivant d'Hozier : « Albéric d'Or-
« léans est de tous ceux dont on ait connaissance le plus
« ancien qui ait porté ce surnom. Il posséda pendant plusieurs
« années La Court, ou terre de Champigny ou Champigné
« (*curtem compiniaci*) située dans l'Anjou entre la Sarthe et
« la Maine ou la Mayenne. » [6]

Peut-être, est-ce le même qui est qualifié vicomte d'Orléans,
dans une charte donnée, vers 966, par Geoffroi Grisegonnelle,
en faveur de l'abbaye de Saint-Aubin d'Angers. Peut-être est-
ce encore ce vicomte qui, en 1022, affranchit l'abbaye de
Saint-Mesmin-de-Micy, du droit de panage qu'elle lui payait
pour la paisson de deux cents porcs dans le bois de Fontenelle, près de Cléry. Ce lieu était possédé, dans le XIIIᵉ siècle,
par la famille d'Orléans. [7]

« Il est donc tout naturel de penser, dit d'Hozier, que dans
« un temps où les surnoms commençoient à devenir hérédi-
« taires dans les familles, ce même bien, joint à la qualité de
« vicomte dont Albéric étoit revêtu, aura pu donner lieu au
« surnom d'Orléans que les titres lui donnent et que ses

2

« descendants, héritiers du moins de ses biens, doivent par
« cette raison avoir retenu. » [8]

Proust de Chambourg dit aussi : « On ne sait point préci-
« sément qui est la première souche de cette famille. Le
« premier dont nous ayons des preuves dans l'histoire est
« Albéric d'Orléans, de qui sont descendus par une suite
« légitime de mâle en mâle, ceux qui portent aujourd'hui
« ce glorieux nom. » [9]

Enfin, La Thaumassière fait remonter l'origine de cette
maison à ce même Albéric, vicomte d'Orléans. [10]

Nous ajoutons qu'au x⁰ siècle, le Vicomte rendait la justice,
au nom du Comte et avait la même autorité qu'eurent plus
tard le Bailli et le Sénéchal. Les prédécesseurs connus d'Albéric, qui ont vécu du vie au xe siècles, se nommaient Agilius
(Saint-Ay), Genesius, Ingelger et Geoffroy. Les successeurs
d'Albéric sont inconnus jusqu'au xiie siècle, et depuis ils portent tous des noms de famille ; ce sont :

Au xiie siècle, Hugues de Mervilliers ;

Au xiiie siècle, Gaucher de Rochefort ;

Au xive siècle, Jean et Lancelot Barat, Jean et Philippe
Grossetête ;

Au xve siècle, Pierre et Colas Grossetête, Guillaume, Jean
et Landry de Bar ;

Au xvie siècle, Robert de Fonteny et Pierre de Vaux.

Ce dernier, vivant en 1529, vendit sa Vicomté au duc d'Orléans, qui la réunit au domaine de son apanage. Les droits
du Vicomte se bornaient alors à percevoir quelques redevances
sur les marchandises qui entraient à Orléans, ou qui sortaient
de la ville.

II. BERENGER D'ORLÉANS, présumé fils d'Albéric, fut père
de Robert qui suit.

III. ROBERT D'ORLÉANS et son père nous sont connus par la souscription du premier, *Rotbertus filius Berengerii de Aurel.*, mise à une charte, par laquelle Hugues du Puiset confirme la donation faite par Evrard, son frère, en 1073, à l'abbaye de Marmoutiers. [11]

D'Hozier pense que Robert aurait été petit-fils d'Albéric et vicomte d'Orléans. Il s'appuie sur ce que, lors de l'abandon de l'église de Bonne-Nouvelle, à Marmoutiers, par Simon de Beaugency, les religieux s'engagèrent à célébrer les anniversaires de Robert, vicomte, et d'Hugues d'Orléans. *Rotberti vicecomitis, ugonis aurelianensis, facient anniversaria sicut familiarium suorum.* Nous reviendrons sur ce fait à l'article de Hugues.

IV. FOUCHER D'ORLÉANS. « La famille d'Orléans, dit du « Cange, est fort illustre et tire son origine d'Albéric d'Or- « léans.... et je ne doute nullement que Foucher, surnommé « d'Orléans et de Chartres par Albéric d'Aix et par Guillaume « de Tyr, lequel se trouva au premier voyage de la Terre- « Sainte, n'ait été son fils, et que vraisemblablement il fût « père de Payen d'Orléans, grand Bouteiller de France sous « le règne de Philippe Ier. » [12]

Il serait difficile d'admettre que Foucher mort, dans la force de l'âge, en 1096, pût être fils d'Albéric qui avait vécu en 966. Du Cange ne se fût peut-être pas trompé, s'il eût dit que Foucher était petit-fils d'Albéric, et par conséquent frère de Robert qui précède.

Foucher d'Orléans accompagnait Pierre l'Ermite, lors de la première croisade. Après la déroute de Niezh, il gagna le sommet d'une montagne où le rejoignirent bientôt Pierre et 500 autres Croisés. Afin de rappeler les fuyards, toutes les trompettes sonnèrent à la fois. On attendit un jour, puis on se dirigea vers une ville déserte devant laquelle les Croisés plantèrent leurs tentes. Quand tous les fugitifs eurent rallié, il se trouva que l'armée de Pierre était réduite, de 40, à 30,000 hommes, femmes et enfants. Cependant, la faim pressait cette foule qui se remit en marche et parvint à une ville nommée Sternitz. Ce fut là que les envoyés de l'empereur de Constantinople remirent à Pierre ce message : « Pierre, de graves « plaintes me sont parvenues contre toi et contre ton armée « qui a porté le trouble et la dévastation dans mon empire. « Je te défends donc de rester plus de trois jours dans aucune « de mes villes, jusqu'à ce que tu sois entré à Constantinople. « J'ai ordonné à toutes les cités que tu dois traverser de vendre « des vivres à toi et aux tiens, et de ne mettre aucun empêche- « ment à ta marche. » Pierre s'empressa d'obtempérer aux ordres de l'empereur, et bientôt il parvint à Constantinople.

Admis, avec Foucher seul, en présence de l'empereur, Pierre qui était petit de corps, mais grand de cœur et de parole, raconta avec tant d'éloquence les souffrances et les misères de toutes sortes qui avaient assailli ses compagnons indisciplinés, que l'empereur touché de compassion, lui donna des secours en argent et les moyens de passer le Bosphore.

Les Croisés établirent leur camp auprès d'un port nommé Civitot, où les navires des marchands de Constantinople allèrent décharger vins, froments, huiles, orges et fromages. Les pélerins nagèrent bientôt dans l'abondance de toutes choses, et, pendant deux mois, ils vécurent dans la paix et la joie, dormants pleins de sécurité et loin de tout ennemi.

Mais la bonne chère et l'oisiveté ramenèrent l'esprit de rébellion. Les Croisés, malgré la défense de l'empereur, firent irruption sur le territoire de Nicée, appartenant aux Turcs, et y commirent des déprédations. Soliman usa de représailles et tua quelques allemands. Les compatriotes de ceux-ci prirent les armes, et, s'adressant aux principaux chefs de l'armée : Conduisez-nous à l'ennemi, criaient-ils, pour que nous vengions nos frères. — Non, répondit Foucher d'Orléans, attendez que Pierre soit revenu de Constantinople, alors nous agirons avec vigueur. Ni Foucher, ni les autres chefs ne furent écoutés. Les Croisés marchèrent sur Nicée, espérant y surprendre les Turcs; mais Soliman attendait les chrétiens dans la plaine. Il les attaqua avec furie, et en fit un grand carnage. A cette bataille, qui fut livrée l'an 1096, périrent Gauthier *sans avoir*, et Foucher, homme très-renommé dans son pays, *vir nominatissimus in terra sua.* [13]

V. PAYEN D'ORLÉANS serait, suivant du Cange, fils de Foucher, qui précède. Il nous est connu par cinq chartes qu'il souscrivit en qualité de Bouteiller de France.

La première, dite charte de Challo-St-Mard, a été le sujet de nombreuses dissertations. Voici son origine : Philippe Ier, dans un moment de repentir, fit vœu d'aller, armé de toutes pièces et habillé comme en un jour de bataille, visiter le Saint-Sépulcre, à Jérusalem, y faire ses dévotions et suspendre son armure, dans ce temple, en guise *d'ex-voto*. Regretta-t-il ce bon mouvement ? C'est probable, puisque nous lisons dans *l'Histoire généalogique de la Maison de France*, que « Philippe « ne pouvant exécuter ce vœu en personne, eût gré qu'Eudes « Lemaire, chastelain d'Étampes, l'un de ses domestiques, « entreprist et exécutast pour luy ce long voyage : comme « il fit à pied et armé de toutes pièces. »

Philippe, pour reconnaître le dévouement de son serviteur, lui concéda, ainsi qu'à sa famille, de fort beaux priviléges mentionnés dans la charte en question. L'authenticité de ce document, admise par quelques savants, a été contestée par

beaucoup d'autres, et ceux-ci nous semblent avoir raison.
Nous ne pouvons donc admettre la participation de Payen
qu'aux chartes suivantes :

Les deux premières, données en 1106, par Philippe Iᵉʳ, en
faveur de la Trinité d'Étampes ;

La troisième, émanée du même roi, en 1107, pour le prieuré
de Saint-Éloi, de Paris ;

Et la quatrième, de 1108, datée de Bourges, l'an premier
du règne de Louis VI, et portant concession de priviléges
à l'abbaye de Saint-Benoît-sur-Loire.

Cette charte de 1108 fut le dernier acte connu de Payen.
La même année, Guy de la Tour le remplaça dans ses fonctions de Bouteiller de France. [14]

Suivant Proust de Chambourg, Payen fut père de Hugues
d'Orléans, qui suit. [15]

VI. **HUGUES D'ORLÉANS.** Vers le milieu du xiiᵉ siècle, en
1149, Simon de Beaugency, mû par la dévotion et cédant
aux conseils d'hommes religieux, qui ne souhaitaient pas la
mort du pécheur, mais bien qu'il se convertît et vécût, se
rendit auprès de Manassès, évêque d'Orléans, et lui fit part
du projet qu'il avait conçu d'introduire la réforme dans
Bonne-Nouvelle, en y appelant des moines du grand monastère de Saint-Martin. L'évêque approuva fort cette résolution.
Néanmoins, avant de l'effectuer, Simon dut obtenir le consentement de Hugues d'Orléans, son chevalier, qui tenait de lui
ladite abbaye en fief. Il lui offrit donc une indemnité propor-
tionnée au sacrifice. Hugues, qui ne pleurait pas ses péchés
aussi amèrement que le faisait son seigneur, éleva des difficultés ; mais enfin, vaincu par les prières de Simon (*multa
prece rogatus*), Hugues renonça solennellement à tous les
droits que lui et les siens avaient sur les domaines de Bonne-

Nouvelle, ne se réservant qu'un seul client et 18 sols 10 deniers de cens. [16]

Tous les obstacles se trouvant ainsi heureusement surmontés, Simon vint au chapitre de Sainte-Croix, où étaient réunis Manassès, évêque d'Orléans, Engelbaud, archevêque de Tours, Garnier, abbé de Marmoutiers, Bermond, prieur, et Renaud, bailli du même couvent. Simon fut introduit; il se présenta tenant un bâton et s'exprima en ces termes :

« Sachent tous les fils de notre divine mère l'Église, présents « et à venir, que moi, Simon de Beaugency, homme du siècle « et adonné aux soins de la guerre, n'en aspirant pas moins « à la possession de la céleste patrie, ai entendu la terrible « menace d'anathème lancée par notre seigneur le Pape et par « les autres ecclésiastiques contre les laïques qui, par droit « héréditaire, président aux églises et osent, dans leur témé- « rité, en employer les revenus à leur propre usage. Crai- « gnant d'encourir cet anathème et désirant pourvoir à mon « salut, j'ai résolu, tant pour mon âme que pour celles de « mes parents qui m'ont précédé ou qui viendront après moi, « de donner en aumône aux hommes religieux et de bonne « renommée, les moines du grand monastère de Tours, réunis « sous l'invocation de Martin, confesseur du Christ, l'église « et les prébendes de Sainte-Marie-de-Bonne-Nouvelle, sise « dans la ville d'Orléans, ainsi que tout ce qui est reconnu lui « appartenir, afin que, les chanoines qui la possèdent venant « à mourir ou à changer de vie, ou à perdre leurs prébendes « par jugement canonique, les moines puissent leur succéder « et prendre possession, pour toujours, de ladite église et de « toutes ses dépendances. »

Et Simon, en signe de dessaisissement, offrit à Manassès le bâton qu'il tenait. L'évêque le reçut et le remit aussitôt entre les mains de Garnier, qui, dès ce moment, se trouva en possession pleine et entière de l'abbaye.

Les moines promirent, en témoignage de reconnaissance, de célébrer les anniversaires, non-seulement des membres de la famille de Simon, mais encore ceux de Robert, vicomte; de Hugues d'Orléans et d'Odon Rufin, son frère. [17]

Hugues mourut avant 1167. Il avait épousé Élisabeth d'Épiers. [18] .

VII. EUDES D'ORLÉANS, fils de Hugues et d'Élisabeth d'É-piers, se croisa en 1167. Avant de partir pour Jérusalem, il dut songer à se procurer des ressources matérielles, car le voyage était long et dispendieux. Il proposa donc aux religieux de Bonne-Nouvelle de leur vendre tout ce que son père et lui avaient possédé dans le cloître du couvent et dans la cour Guinemar. « Quoique, disent les moines, Eudes ait déjà reçu pour ces objets des indemnités suffisantes, matérielles et spirituelles, nous consentons à lui donner 40 livres, monnoie d'Orléans; à la condition, toutefois, que notre acquisition sera garantie contre toutes réclamations ultérieures. » En conséquence, tous les parents et tous les héritiers d'Eudes se portèrent cautions de l'acte. Ce furent : Étienne Girard et Hugues, son fils, Hugues de Bou; Hugues, dit l'Échanson, beau-père d'Eudes d'Orléans; Élisabeth d'Épiers, sa mère; Évrard, son beau-frère; Reine, sa femme; Raymond d'Épiers, son oncle. Puis, Manassès, évêque, ratifia le tout en qualité de seigneur temporel; et enfin, Raoul de Nids, seigneur dominant du fief, approuva la vente, « à condition, dit-il, que les moines de Bonne-Nouvelle célébreront chaque année mon anniversaire. » [19]

Ces formalités remplies, Eudes d'Orléans s'achemina vers Jérusalem.

VIII. PAYEN D'ORLÉANS est souvent mentionné dans l'histoire de la prise de Constantinople par les Croisés au commencement du xiiie siècle. Nous analyserons donc rapidement la chronique de Villehardouin, afin de faire connaître le rôle que Payen joua dans cette grande entreprise.

En 1199, il y eut un tournoi en Champagne où plusieurs puissants Barons prirent la croix. Ce furent Thibaud, comte de Champagne et de Brie; Louis, comte de Blois et de Chartres; Simon de Montfort et Renaud de Montmirail. Parmi les chevaliers qui suivirent leur exemple, nous voyons *Payen d'Orléans* et *Pierre de Brajecuel*.

Les Croisés se réunirent d'abord à Soissons, puis à Compiègne, afin de *savoir quant ilz voldroient mouvoir et quel part il voldroient torner*. Ils nommèrent six d'entr'eux pour préparer tous les moyens de l'entreprise.

Les députés, munis de pleins pouvoirs, se rendirent droit à Venise où ils firent ce traité: la République s'engage à transporter les Croisés en Asie et à leur fournir des vivres durant la traversée. Les Croisés promettent de payer à la République 85 mille marcs d'argent, et de partager avec elle toutes les conquêtes qu'ils feront.

Rendez-vous général fut pris, à Venise, pour la Saint-Jean 1202. Mais tous les Croisés ne s'y rendirent pas. Thibaud de Champagne mourut et le marquis de Montferrat fut élu, en son lieu, chef de l'expédition; le comte du Perche mourut aussi, et un grand nombre de seigneurs se dirigea sur les ports de la Méditerranée. Lors donc que les Vénitiens, avant de mettre à la voile, demandèrent les 85 mille marcs convenus, tout l'argent monnayé et non monnayé que les Croisés possédaient ne put compléter cette somme; il s'en fallut de 34 mille marcs.

Alors, Henri Dandolo dit à son Conseil: « Seigneurs, ces gens

« ne peuvent plus payer, proposons leur donc un arrange-
« ment : le roi de Hongrie nous a pris Zara, en Esclavonie,
« l'une des plus fortes cités du monde, et nous ne devons pas
« espérer de la recouvrer jamais avec nos seules forces. Em-
« ployons les Croisés à cette conquête ; et, s'ils réussissent,
« nous les tiendrons quittes de leur dette. »

Cette proposition étant agréée, on poussa vigoureusement
les préparatifs du départ, et enfin la flotte quitta le port au
mois d'octobre 1203.

Le 10 novembre suivant, l'armée parut devant Zara, et s'en
empara presque sans coup férir. Les Croisés passèrent l'hiver
en cette ville.

Dans le courant de décembre, arrivèrent les députés d'Alexis,
fils d'Isaac Lange, renversé par son frère du trône de Constantinople. Et ils disaient aux Barons français : « Si Dieu
« permet que vous rétablissiez le prince Alexis en son héri-
« tage, il mettra tout son empire en l'obéissance de Rome.
« Et parce qu'il sait que vous êtes pauvres, il vous donnera
« 200 mille marcs d'argent et fournira des vivres à tout votre
« camp. Lui-même conduira son renfort avec vous en la terre
« de Babylone, ou, si vous le préférez, il y enverra 10 mille
« hommes pendant un an, et, durant sa vie, il entretiendra
« 500 chevaliers en la terre d'outre-mer, pour la garder des
« infidèles. »

Ces offres étant acceptées, non toutefois sans difficultés, la
prise de Constantinople fut résolue.

Après une navigation favorisée de *vents dolz et soiez*, la
flotte jeta l'ancre devant l'abbaye de Saint-Étienne, située à
trois lieues de Constantinople. « Et pouvez savoir, dit Ville-
« hardouin, que ceux qui ne l'avaient jamais vue, la regar-
« dèrent beaucoup et pensèrent qu'en tout le monde, il ne pût
« en exister d'aussi riche. Quand ils virent ces hautes mu-

« railles, ces grosses tours dont elle était close tout à la
« ronde, ces riches palais et ces hautes églises, en si grand
« nombre que nul ne l'eût voulu croire, s'il ne l'eût vu de ses
« yeux, le long et le large d'une ville qui était la souveraine
« de toutes les autres; sachez qu'il n'y eut là si hardi cœur
« qui ne frémît. Et ce ne fut merveille, car, depuis la création
« du monde jamais si grande affaire n'avait été entreprise par
« si peu de gens. »

Pour mener à bien cette grande affaire, on divisa l'armée
en six corps. Le quatrième, dont Payen d'Orléans fit partie
fut commandé par Louis de Blois. — On emporta le château
de Galathas, on se rendit maître du port; puis, les Vénitiens
s'emparèrent de 25 tours, dans un premier assaut. L'empereur de Constantinople n'en attendit pas un second, il s'enfuit
emportant ses trésors.

Les Croisés, devenus maîtres de la ville, résolurent de faire
couronner le prince Alexis. Cette cérémonie eut donc lieu à
la fin de juin, avec toute la pompe et la magnificence usitées
en Orient. Puis les Croisés songèrent à reprendre la route de
Syrie; mais Alexis leur dit : « Seigneurs, je suis empereur
« par Dieu et par vous, et vous m'avez rendu le plus grand
« service que gens aient jamais rendu à un homme chrétien;
« sachez donc que beaucoup me montrent beau semblant qui
« ne m'aiment point, et que tous les Grecs ont grand dépit
« de me savoir rentré en mon héritage, grâce à vos forces.
« Or, le terme de votre départ est proche, et votre traité avec
« les Vénitiens ne dure que jusqu'à la saint Michel. Dans un
« temps si court, je ne peux exécuter nos conventions; et
« sachez que si vous m'abandonnez, les Grecs, qui me
« haïssent à cause de vous, m'ôteront l'Empire et la vie. Fe-
« sons donc une chose que je vous dirai : si vous demeurez
« jusqu'en mars, j'obtiendrai des Vénitiens qu'ils renou-

« vellent leur traité pour un an, et je vous fournirai tout le
« nécessaire jusqu'à Pâques. Ce pendant, je me serai assis
« solidement sur mon trône et j'aurai réuni assez d'argent, de
« toutes mes terres, pour payer ce que je vous dois. Je me
« serai en outre pourvu de vaisseaux pour m'en aller avec
« vous ou envoyer le secours convenu. Et ainsi il vous reste-
« rait tout l'été pour guerroyer en Syrie. »

Ces raisons étaient bonnes ; elles ne furent pourtant ac-
cueillies favorablement qu'après une vive opposition ; car
les Croisés qui voulaient revoir leurs foyers, étaient nombreux.

Immédiatement après la conclusion de ce nouveau pacte,
l'empereur Alexis se mit en campagne pour remettre sous son
obéissance les villes qui s'en étaient affranchies. Une partie
des Croisés l'accompagna, l'autre partie garda le camp, sous
le commandement de Baudoin de Flandres et de Louis de
Blois. Payen d'Orléans et Pierre de Brajecuel, demeurèrent
avec ce dernier.

Alexis rentra à Constantinople, à la Saint-Martin d'hiver.
Enorgueilli par les succès de sa campagne, il crut ne plus
avoir besoin des Croisés. En conséquence, il ne leur fournit
plus des vivres qu'en petite quantité, et, sous toutes sortes de
prétextes, ajourna le paiement de sa dette. Après de nombreuses, mais inutiles remontrances, les Croisés chargèrent
six députés de signifier à Alexis leur *ultimatum.* Le plus sage
et le mieux *emparlez* d'entr'eux, Coenes de Béthune, tint à
l'empereur ce langage : « Sire, nous sommes venus de par les
« Barons de l'armée et de par le Duc de Venise ; et sachez
« qu'ils vous rappellent ce qu'ils ont fait pour vous. Vous leur
« aviez juré, vous et votre père, de tenir les conventions faites
« à Zara, nos Barons en ont les chartes ; vous ne les avez
« pas tenues comme le deviez. Ils vous ont sommé maintes

« fois, et nous vous sommons nous-mêmes devant tous vos
« Barons, de par les nôtres, de tenir les conventions passées
« entre vous et eux. Si vous le faites, nos Barons seront très-
« contents ; si vous ne le faites pas, sachez qu'ils ne vous
« tiendront ni pour seigneur ni pour ami, et qu'ils s'efforce-
« ront d'avoir leur droit par tous les moyens en leur pouvoir.
« Et ils vous mandent qu'ils n'auraient voulu faire mal à vous
« ou à autre sans défi préalable, parce que la trahison est
« inconnue dans leur pays. Vous avez bien entendu ce que
« nous avons dit ? Conseillez-vous maintenant comme il vous
« plaira. »

Et les six intrépides chevaliers sortirent du palais, traversèrent Constantinople et rentrèrent au camp, fort joyeux
d'avoir échappé à la mort ou à la prison.

Les hostilités commencèrent immédiatement et durèrent
jusqu'au cœur de l'hiver. Alors, un favori de l'empereur
nommé Murzulphe, se mit à la tête d'une conspiration. Il se
saisit d'Alexis pendant son sommeil, le jeta en prison et se fit
proclamer empereur. Peu après, Alexis fut étranglé et son
père Isaac mourut de désespoir.

A ces nouvelles, les Croisés saisis d'indignation jurèrent de
s'emparer de Constantinople. Et de fait, après deux vigoureux
assauts, ils l'emportèrent de force, le jeudi de Pâques fleuries.
« Et bien en dûrent remercier le Seigneur, car ils n'avaient
« pas plus de 20 mille hommes d'armes, et par l'aide de
« Dieu, ils en avaient vaincu plus de 400 mille enfermés dans
« la plus forte ville qui fut au monde. »

Beaudoin, comte de Flandres et de Hainaut, fut élu empereur, puis « couronné à grande joie et magnificence, en
« l'église de Sainte-Sophie, l'an de l'Incarnation de Jésus-
« Christ mil deux cent et quatre. Et quand la fête fut passée
« on songea aux affaires. »

Elles étaient nombreuses. Beaudoin donna d'abord au marquis de Montferrat le royaume de Thessalonique; puis partagea la conquête entre les Vénitiens et les Croisés. A Louis, comte de Blois, échut le duché de Nicée qui était la plus belle contrée de l'Empire; mais il fallait la conquérir. Louis chargea de ce soin ses deux plus vaillants capitaines, Payen d'Orléans et Pierre de Brajecuel. Ils partirent à la tête de 120 hommes d'armes et établirent leur centre d'opérations dans la ville de Lespigal. De là ils commencèrent la guerre contre les Grecs. Théodore Lascaris qui occupait le pays avec une armée nombreuse, vint le jour de saint Nicolas d'hiver, présenter la bataille aux Français. Ceux-ci, se fiant à l'aide de Dieu qui *done les aventures ensi come lui plaist*, marchèrent hardiment à l'ennemi et en firent un grand carnage. Cette victoire rendit les Croisés maîtres du Pumenior, château très-fortifié, du Lupaire, ville considérable, du Pulmach, autre château fort assis sur un lac d'eau douce. Profitant de leurs avantages, ils avancèrent dans la contrée, la soumettant à leur obéissance.

Payen d'Orléans, venait d'achever sa conquête, lorsqu'il reçut de Louis de Blois, l'ordre de tout abandonner, excepté Lespigal, et d'accourir avec ses hommes d'armes. Payen obéit aussitôt, et, il était parvenu à une ville nommée Panfile, lorsqu'on signala une troupe. Pensant que c'étaient les Grecs, Payen rangea vivement sa petite armée en bataille et envoya des éclaireurs. Ceux-ci revinrent racontant que l'empereur Beaudoin et le comte Louis de Blois avaient été tués dans un combat livré aux Bulgares, près d'Andrinople, et que les Croisés, forcés de lever le siége, arrivaient en désordre pressés par l'ennemi. Payen et ses hommes d'armes, qui étaient tous vassaux du comte de Blois, se prirent à pleurer amèrement et à battre leurs mains en signe de douleur et de désespoir.

Ils traversèrent ainsi l'armée en déroute. Parvenus à l'arrière-garde, que commandait Villehardouin : Sire, lui dirent-ils, que voulez-vous que nous fassions ? Nous ferons ce qu'il vous plaira. Et Villehardouin répondit : Vous voyez notre état ! vous êtes frais, vous et vos chevaux, vous ferez donc l'arrière-garde, et je m'en irai devant, afin de rassurer les plus effrayés. Payen prit l'arrière-garde, et, grâce à son sang-froid et à son courage, les Croisés purent parvenir jusqu'à Rodestoc, ville forte où ils se logèrent. Les plus effrayés s'enfuirent jusqu'à Constantinople, où ils portèrent la nouvelle de la destruction complète de l'armée. Alors, la terreur s'empara des cœurs faibles, et 7 mille hommes s'embarquèrent précipitamment pour retourner en Europe. « Et, dit le chroniqueur, « ils en eurent grand blâme tant au pays où ils allèrent qu'en « celui dont ils partirent. Et pour ce dit-on que fait très-mal « celui qui par peur de la mort commet chose qui lui soit « reprochée à toujours. »

Peu après, le prince Henri, frère de Beaudoin et régent de l'empire, rejoignit les Croisés à Rodestoc, d'où il ramena toute l'armée à Constantinople.

Cependant, de mauvaises nouvelles se succédaient :

— Les Bulgares ont pris Archadiople et Apres ;

— Les Bulgares se sont emparés de Rodestoc, de Podenor, d'Arecloie et de Dain ;

— Hérachée s'est rendue, et l'ennemi l'a rasée ;

— Les Bulgares ont emporté d'assaut la ville d'Athire et y ont fait un carnage effroyable ;

— Johannis a mis le siége devant Dimot et il menace Andrinople.

Dimot et Andrinople étaient les seules places qui restassent aux Croisés ; aussi fut-il résolu qu'on irait les secourir. Henri fit la revue de ses forces et il reconnut qu'il ne lui restait que

400 chevaliers. L'ennemi avait 40 mille hommes à cheval et une nombreuse infanterie. Ce qui fait dire à Villehardouin : « Ah Dieu ! quelle périlleuse bataille de si peu de gens contre « tant ! »

Le jour de saint Jean-Baptiste, tous les Croisés se confessèrent et communièrent, le lendemain ils partirent divisés en neuf troupes commandées par les plus expérimentés capitaines. La quatrième était conduite par Payen d'Orléans et Pierre de Brajecuel. Ils marchèrent pendant trois jours, persuadés qu'ils allaient au martyre. Quelle ne fut donc pas leur joyeuse surprise en apprenant qu'à leur approche, Johannis avait levé le siége et s'était retiré. « Sachez, dit Villehardouin, « que tout le monde le tint à grand miracle. »

Les Croisés suivirent l'ennemi pendant plusieurs jours, afin de lui livrer bataille. Arrivés à un château fort nommé Moniac, Henri s'en empara. Puis il envoya une portion de son armée au secours de René d'Utreck qui était assiégé, depuis treize mois, dans une forteresse perdue au milieu du pays ennemi. L'entreprise était périlleuse, aussi retrouvons-nous au nombre de ceux qui la menèrent à fin, et Payen d'Orléans et Pierre de Brajecuel. René délivré revint au camp d'Henri, et là, certifia que Beaudoin était bien mort. On résolut donc de retourner à Constantinople et d'y faire couronner sans retard le nouvel empereur, qui était le prince Henri. Cette cérémonie eut lieu, en effet, le dimanche d'après Notre-Dame d'août, l'an de l'Incarnation 1206.

Henri eut bientôt à combattre Johannis en Europe, et Lascaris en Asie. Il envoya contre ce dernier les chevaliers qui l'avaient déjà vaincu. Payen d'Orléans et Pierre de Brajecuel, à la tête de 140 lances, se mirent donc à lui faire une guerre acharnée. Mais Johannis avait remis le siége devant Andrinople et la pressait vivement. Henri voulant secourir cette ville, rappela la petite armée d'Asie ; de sorte que Pierre de Brajecuel et Payen d'Orléans se trouvèrent réduits, avec peu d'hommes, à s'enfermer dans Esquise, où Lascaris les assiégea aussitôt par terre et par mer. Nos intrépides chevaliers tinrent ferme. Mais les habitants d'Esquise s'étant révoltés, d'Orléans et Brajecuel firent connaître leur position désespérée à l'empereur. Henri réunit ses barons et leur dit : « Si « nous ne secourons Payen d'Orléans et Pierre de Brajecuel, « ils sont morts et le pays est perdu à jamais ; partons sans « délai. » Quatorze galères se trouvèrent remplies en quelques instants de l'élite de l'armée. Elles levèrent l'ancre et firent voile vers Esquise. A leur vue, les vaisseaux ennemis prirent la fuite et Lascaris leva prudemment le siége.

Peu après Lascaris proposa une trève de deux ans, à condition que Esquise et Nicomédie seraient démolies et les prisonniers échangés. Henri accepta. « Et lors, dit le chroniqueur, « l'empereur fit venir Pierre de Brajecuel qui était à Esquise, « et Pierre vint, et l'empereur fit tant envers lui qu'il consentit « à livrer Esquise et le moûtier de Nicomédie qui lui appar- « tenaient. » Lascaris les fit raser et les prisonniers furent tous délivrés. [20]

Nous avons vu qu'Athire avait été détruite ; or, cette ville avait été donnée par Henri à Payen d'Orléans. Après avoir bataillé pendant quatre années, Pierre et Payen se retrouvaient donc aussi pauvres qu'en commençant l'expédition. L'amitié qui liait ces deux braves chevaliers, dut en devenir plus étroite et ils continuèrent probablement à combattre, tantôt en Europe, tantôt en Asie, jusqu'en 1224. Alors Lascaris mourut, et Vatace recommença la guerre contre Robert de Courtenay. Dans une grande bataille où les Latins subirent une sanglante défaite, Payen d'Orléans et Pierre de Brajecuel périrent glorieusement. [21]

Ainsi, les deux frères d'armes, qui ne s'étaient pas séparés durant leur vie, tombèrent ensemble, réunis par la même mort.

Dans le même temps vivaient :

JEAN-PAYEN D'ORLÉANS. Il existe aux archives départementales, dans le fond du chapitre de Sainte-Croix, un document ainsi conçu : « Moi, Jean Payen, appelé d'Orléans, *ego Johannes Paganus de Aurelianis vocatus,* je fais savoir que pour attacher à toujours à l'autel de saint Jean-Baptiste, dans l'église de Sainte-Croix d'Orléans, un chapelain chargé de célébrer des messes solennelles, tant pour mon salut que pour celui de mes prédécesseurs et de mes successeurs, j'ai donné, du consentement de ma femme, de mes enfants et de tous mes héritiers, à l'église de Sainte-Croix, mon four situé à Orléans, dans le bourg de la fabvrerie, avec toutes ses appartenances, excepté toutefois une rente annuelle de trois sols que mes prédécesseurs ont assignée, sur ce four, à l'église de Saint-Samson. Tous les droits que j'avais dans ce fief, le chapelain les aura; savoir : une bouteille du vin que le fermier du four vendra et provenant de ses propres vignes, en outre la justice, le sang et le vol. Après la mort de Renaud de La Cour, que j'ai nommé, le chapitre de Sainte-Croix nommerat oujours le chapelain dudit autel... Fait l'an de grâce MCCII. »

Hugues de Garlande, évêque, agréa et confirma cette fondation, faite, dit-il, par *noble homme Jean-Payen appelé d'Orléans. Vir nobilis Johannes Paganus de Aurelianis vocatus.* [22]

ROBERT D'ORLÉANS est nommé dans un compte des revenus et dépenses de la Prévôté de Lorris, pour l'année 1202.

Il est qualifié sergent du roi, dans une charte donnée à Compiègne, au mois d'avril 1207. Philippe-Auguste s'y exprime ainsi : « Nous voulons que tous présents et « à venir sachent que désirant reconnaître le fidèle ser- « vice de Robert d'Orléans, notre sergent, nous avons « donné à lui et à l'héritier mâle qu'il a eu de sa « femme légitime, les terres, vignes et autres choses que « la veuve de Girard d'Athies a héritées de Geoffroy An- « guille, son oncle. » [23] Il est probable que l'héritier de Robert était Ythier, qui suit.

YTHIER D'ORLÉANS était aussi sergent du roi. Le père Daniel dit que Philippe-Auguste institua les sergents d'armes pour la conservation de sa personne.

Boutilier ajoute : « Les sergents d'armes sont les ma- « ciers que le roy a en son office, qui portent maces de- « vant le roy. Sont appelés sergents d'armes pour ce que « ce sont les sergents pour le corps du roy.... Supposé « que le roy si allast de vie à trespas, jasoit ce que tous « autres officiers soient desmis de leur office par la mort « du roy, toutefoys ne le sont mye, sergens d'armes ; « mais demeurent tousjours tant qu'ils vivent, se ils ne « forfont. »

Enfin, La Faille, en ses annales de Toulouse, dit « qu'anciennement ils étoient en petit nombre dans tout « le royaume, qu'ils étoient des personnes publiques « qui faisoient profession des armes et avoient des gages « du roi et jouissoient de plusieurs priviléges... Nos rois « avoient accoustumé de leur donner la garde de leurs « maisons et chasteaux des provinces. »

C'était sans doute en cette dernière qualité que Ythier écrivait à Philippe-Auguste, en décembre 1222, que

l'évêque d'Orléans avait versé entre les mains des péagers
de cette ville la somme de 15 livres, pour la sénéchaussée
et bouteillerie. [24]

Nous concluons de ce qui précède que l'office de sergent
royal était important et ne pouvait être rempli que par des
hommes braves et appartenant à de grandes familles.

HERBERT D'ORLÉANS, chevalier, paraît dans un acte
de l'an 1209, avec Jean et Payen, ses frères. Il consentit,
au mois de février 1228-29, à la donation qu'Henri Boyau
avait faite à l'Hôtel-Dieu de cette même ville, d'une métairie située au lieu de Chastres, en la paroisse de Cravent,
près Beaugency. Il était marié alors avec Lucie, dont il
avait plusieurs enfants à en juger par la qualité d'aîné
donnée à Payen d'Orléans, qui suit. [25]

PAYEN D'ORLÉANS est appelé fils aîné d'Herbert, qui
précède, et de Lucie, sa femme, dans l'acte du mois
de février 1228. [26]

PAYEN D'ORLÉANS, frère d'Herbert, dont on vient de
parler, vivait en 1209, comme on va l'observer dans
l'article qui suit, de Jean d'Orléans, leur autre frère,
lequel paraît avoir été leur aîné. [27]

IX. JEAN D'ORLÉANS, chevalier, était frère d'Herbert et de
Payen, qui précèdent, ainsi qu'il résulte de l'acte suivant :

« Moi, Jean d'Orléans, chevalier, je fais savoir à tous pré-
« sents et à venir que, du consentement de mes frères Her-
« bert et Payen, je ratifie certain accord contenu dans l'au-
« thentique de l'évêque d'Orléans, au sujet de certains
« tensements compris dans le fief que je tiens de Pierre de
« Meso, chevalier... Fait l'an de grâce 1209. » [28]

L'année suivante, Jean attachait son sceau à un autre acte ainsi conçu :

« Jean d'Orléans, chevalier, fesons savoir à tous présents
« et à venir que nous ratifions et avons pour agréable l'au-
« mône que Regbaud, maire de Codreau, a fait à l'église de
« Saint-Germain et au prêtre d'Andeglou, dans l'étendue de
« notre fief... Fait l'an du Seigneur 1210. » [29]

En 1212, Jean confirmait encore une vente de 39 mines de
blé, dont moitié avoine, à prendre chaque année sur la grange
de Niglebout, appartenant aux moines de Saint-Père de
Chartres. Cette vente faite audit monastère par les frères
Pierre et Hervé de *Mesio,* chevaliers. [30]

En 1214, Jean d'Orléans se trouvait à la bataille de Bouvines et y portait bannière, ainsi que le prouvent un rôle
imprimé dans la collection des historiens de Normandie,
par André Du Chesne, et le traité du ban et arrière-ban, par
La Roque. On y lit :

« Ceux-ci sont les chevaliers de Normandie portant ban-
« nières : Guillaume de Garlande... Hugues de Pompone...
« Guillaume Prunelé... Jean d'Orléans... Hugues de Meung-
« sur-Loire, Jean de Beaugency, Robert de Courtenay... » [31]

Certes, notre Jean n'était pas là en petite et peureuse compagnie; aussi se battit-il si vaillamment pour l'honneur de la
France et de son roi, que celui-ci en garda mémoire. Les faits
que nous allons citer le prouveront.

Hubert dit : « Jean fut seigneur d'Égry et de Cléry, où il
« fit bâtir une forteresse pour contrecarrer le château du
« Trépoy, son proche voisin, qui étoit appartenant à l'évêque
« d'Orléans. Le même Jean d'Orléans jouissoit par usurpation
« faite sur l'évêque d'Orléans, de la ville et du château de Plu-
« viers; pourquoi il eut de grandes discordes avec l'évêque

« Manassès de Signelay, qui avoit retiré de ses mains ladite
« ville et le château. En haine de quoi Jean d'Orléans avoit
« projeté d'assassiner ledit Manassès, sur le chemin de Plu-
« viers à Orléans. Un jour, s'estant mis en embuscade pour
« exécuter son malheureux dessein, croyant que l'évêque dut
« passer fortuitement, l'évêque, par une rencontre heureuse
« pour lui, alla visiter, à la traverse, un de ses amis malade
« et se détourna de son chemin ordinaire, et ainsi évita cette
« funeste embûche. »

A ce récit est joint la note suivante, rédigée par Parfait Prunelé, qui vivait dans le xviiie siècle :

« Nota. Ce projet d'un assassinat étant dénué de preuves,
« doit être réputé faux et injurieux à la mémoire de ce brave
« chevalier ! » [32]

Nous applaudissons fort à la noble indignation que respire
cette note; mais elle trahit de la part de son auteur, qui lui
aussi était un noble chevalier allié à la famille d'Orléans, une
ignorance complète de l'état social du xiiie siècle. Ce qui paraît monstrueux à l'annotateur d'Hubert était la chose la plus
simple.

Jean d'Orléans et Manassès de Seignelay étaient en guerre
ouverte; dès-lors chacun la faisait de son mieux. Une occasion
se présente à Jean de s'emparer de son ennemi; il la saisit et
agit comme eût agi Manassès lui-même. L'entreprise échoue,
et Manassès, effrayé de la hardiesse de son adversaire,
s'adresse au roi. Philippe-Auguste refuse de s'immiscer dans
une querelle où se trouve engagé l'un de ses braves de Bouvines. Alors l'évêque porte ses plaintes aux pieds du Saint-
Père, et Honoré III écrit à Guy, abbé de Morimond, son légat
près la cour de France :

« Les gémissements de notre vénérable frère l'évêque d'Or-

« léans sont arrivés jusqu'à nous, et il nous a tracé le tableau
« de tous les actes de cruauté et de tyrannie dont Jean, che-
« valier d'Orléans, et ses fauteurs se sont rendus coupables
« envers lui-même et plusieurs membres de son clergé. Ils
« ont forcé les maisons épiscopales, les ont pillées et ont con-
« traint les gens qui les défendaient à se racheter comme pri-
« sonniers de guerre. Après avoir enfoncé les portes de la ca-
« thédrale, ils ont insulté les chanoines et frappé le grand
« chantre jusqu'à l'effusion du sang; ils ont tendu des em-
« bûches à l'évêque pour essayer de s'emparer de sa personne
« et de le faire mourir. N'ont-ils pas porté l'audace jusqu'à se
« jeter sur un archidiacre, à le traîner en prison, d'où ils
« l'ont tiré pour le monter sur un mauvais cheval maigre,
« sans selle, avec son capuce à l'envers, et le faire courir si
« longtemps en cet état, qu'il en rendait presque l'âme? Puis
« ils l'ont remis en prison et l'en ont fait sortir à moitié mort
« de coups et de frayeur.

« Si le roi avait été comme autrefois, animé du zèle de la
« maison de Dieu, il aurait vengé ces crimes en moins de
« temps que nous n'en mettons à vous les raconter. C'est en
« vain que l'évêque l'en a prié lui-même; c'est en vain qu'il
« l'en a fait prier par d'autres; il est resté sourd à toutes les
« supplications... Notre cœur est affligé d'une douleur d'au-
« tant plus profonde que c'est une vieille gloire de la France
« et de ses rois de défendre l'Église, ses ministres et ses
« libertés, et, en général, de secourir sur toute la terre les
« persécutés et les opprimés.

« Nous vous mandons de vous transporter auprès de ce
« monarque pour l'avertir prudemment et par votre interven-
« tion qui ne manquera pas de lui être aussi agréable que
« votre personne, le décider efficacement à donner la paix à
« l'évêque d'Orléans, aux chanoines et aux clercs de son église;

« sinon, malgré notre affection paternelle pour sa personne
« et notre respect pour l'excellence de la majesté royale, nous
« sommes décidé à ne rien faire en sa faveur contre Dieu, et
« à obéir au Roi des rois plutòt qu'au roi des hommes. [33] »

Manassès de Seignelay était un guerrier redoutable, et il
l'avait assez prouvé dans la croisade contre les Albigeois ; il
n'avait donc pas besoin de secours spirituels, alors que les
forces temporelles ne lui faisaient pas défaut. Et en effet ,
tandis que le Pape écrivait et que le légat se rendait à la Cour,
l'Evêque pressait vivement son ennemi et enfin : « domptait
« l'orgueil de Jean et de ses enfants, les contraignait de subir
« la pénitence publique, leur imposait une amende pécu-
« niaire, et les renvoyait au Pape pour recevoir l'absolution,
« afin que les autres fussent tellement terrifiés, qu'ils n'entre-
« prissent rien de semblable. » [34]

Jean subit-il la pénitence publique ? demanda-t-il l'absolution papale ? nous l'ignorons. Quant à l'amende , nous
en retrouvons la trace dans un ancien inventaire des titres
de l'Évêché.

« Item unes viez lettres scellées de six sceaux, données l'an
« 1219, au mois de décembre, faisant mencion que Messire
« Jehan Dorls., chevalier, promist destruire dedans Noel
« ensuivant les créneaux de la forteresse de Cléry estant em-
« près Estrepay, et paier LX livres à Monseigneur l'évesque
« d'Orléans, par ainsi qu'il seroit quitte envers mondit sieur
« l'évesque des amandes et dommages qu'il lui demandoit
« à cause de ladicte forteresse. » [35]

Jean d'Orléans avait épousé Élisabeth de Prunelé. En effet,
une donation faite à l'aumône du petit Citeaux, en 1220 ,
nomme avec Jean et Élisabeth, leurs quatre enfants. [36]

Nous trouvons en outre le nom de famille d'Élisabeth

dans un acte de donation faite au monastère de Voisins par Guillaume de Prunelé et Agnès, sa femme, il y est dit :

« Manassès, par la grâce de Dieu, évêque d'Orléans, à tous ceux qui ces présentes lettres verront, salut en notre Seigneur. Noble femme Agnès, épouse de Guillaume Prunelé, chevalier, se trouvant à toute extrémité, légua et donna, pour son salut et celui des siens, à nos chères filles les religieuses de Voisins, toute la dîme grosse et menue qu'elle possédait par droit héréditaire, dans la paroisse de Coulmiers, sur le territoire de Bonneville, et dans les paroisses de Rosières et d'Huisseau. Noble femme Élisabeth, fille d'Agnès, et épouse de Jean d'Orléans, chevalier, loua et approuva cette donation avec le consentement de son mari. Notre cher et fidèle Hugues de Meung, chevalier, de qui la dîme meut en fief, a loué et accordé ladite concession ; et nous-même l'approuvons et la ratifions, comme Seigneur dominant. Fait l'an de grâce 1220. » [37]

En 1223, Philippe de Jouy, successeur de Manassès de Seignelay, se porta arbître dans une contestation élevée entre l'abbaye de Voisins et Jean d'Orléans. Les religieuses réclamaient la dîme sur une charrue de terre, sise à Coulmiers, et exploitée aux frais du chevalier ; celui-ci repoussait la prétention du couvent. On plaida longuement ; mais enfin, cédant aux conseils de Philippe de Jouy, son évêque, Jean consentit à payer la dîme. [38]

Nous retrouvons une dernière fois Jean d'Orléans et Élisabeth, dans un acte émané de l'abbé et du couvent de Saint-Euverte, en 1230.

« Vulgrin, abbé du bienheureux Euverte d'Orléans, et tout le couvent dudit lieu. Sachant tous que, de notre consentement commun, nous avons accordé en faveur de noble homme

Jean d'Orléans et d'Élisabeth, sa femme, que notre prieur d'Huisseau dira ou fera dire par l'un de nos chanoines, tous les jours, la messe dans la chapelle de Montpipeau, et qu'en outre, aux fêtes annuelles, il y dira les matines et toutes les heures. A cause de cette charge imposée au Prieuré, nous concédons à perpétuité, au Prieur dudit lieu certaines rentes que nous avions coutume de percevoir dans la paroisse d'Huisseau ; savoir les menues dîmes et tout ce que nous recevions dans la terre de Seronville et dans la dîme de Valère. Fait l'an du Seigneur 1230, au mois d'octobre. »

Jean avait donné cent livres pour contribuer au rétablissement dudit Prieuré. [39]

Jean d'Orléans et Élisabeth de Prunelé eurent cinq enfants :

1° Jean d'Orléans, qui suit ;

2° Mathilde et Agnès d'Orléans. Leur existence ne nous est révélée que par l'acte de 1220, que nous avons mentionné dans l'article précédent ;

3° Marie d'Orléans. Nous ne la connaissons également que par l'acte de 1220. A moins qu'on ne veuille la retrouver dans une vente passée en 1280 et commençant ainsi :

« Gie Raoul de Baugenci faz assavoir a tous ceauls qui
« verront cestes présentes lettres, que noble Dame
« Madame Marie Dame de Montpipeau, qui fut fille de
« feu Johem dOrliens, chevalier, et Misire Johem Pean,
« chevalier, fils de ladite Dame, et Madame Mahaut,
« fame doudit Monseigneur Johem Payan.... Ce fut fait
« en l'an de Nostre-Seignor mil deux cens quatre-vingts,
« au mois de novembre. » [40]

Ainsi, Marie d'Orléans aurait épousé un chevalier

nommé Péan ou Payen. Elle serait née avant 1220, et
aurait cessé d'exister postérieurement à 1280.

4° PAYEN D'ORLÉANS, qui continuera la descendance
après son frère aîné.

X. JEAN D'ORLÉANS, chevalier, était fils de Jean et d'Élisabeth Prunelé. Il possédait les seigneuries de Cléry, de Daumery
et de Montpipeau. Il figure avec Guillaume Prunelé, Simon
de Beaugency, Geoffroy Payen et autres parmi ceux qui furent
« semons, à Chinon, au lendemain des octaves de Pâsques,
« pour aller sur le comte de La Marche, l'an de grâce, mil
« deux cens quarante-deux. » [41]

Jean eut à soutenir avec Louis IX une contestation dont
l'objet est précisé dans une charte royale :

« Louis, par la grâce de Dieu, roi des français.... Vous
saurez qu'un différend existait entre nous et notre cher et
fidèle Jean d'Orléans, sur ce qu'il disait qu'il pouvait vendre
sans notre assentiment et permission les bois de Daumeri
contenant cinquante arpents environ et le bois de Montpipel
contenant environ vingt cinq arpents, lesquels provenaient
de la succession de sa mère. Et nous, comme on nous l'avait
donné à entendre, nous soutenions le contraire. Enfin,
comme il nous a été démontré par l'enquête faite par maîtres
Jean de Gournes et Pierre de Estaval, délégués par nous,
que Jean pouvait vendre librement ses forêts, nous recon-
naissons que ledit Jean est libre d'aliéner ses bois, sans notre
assentiment. — Fait à Corbeil, l'an du Seigneur M°. CC°
quarante-sept, au mois de juin. » [42]

La même année « advint que le roy cheut en une très
« grant maladie à Paris, et tellement fut au bas, que une
« des dames qui le gardoit en sa maladie, cuidant qu'il

« fust oultre, lui voulut couvrir le visaige d'un linceul, disant
« qu'il estoit mort. Et de l'autre part du lit, ainsi que Dieu
« voulut, y eut une autre Dame, qui ne voulut souffrir que
« ainsi fust couvert le visaige, et que on le ensepulturast,
« mais tousjours disoit, que encores avoit-il vie. Et tantost
« sur le discort d'icelles Dames, Nostre-Seigneur ouvra en
« lui, et lui donna la parolle. Et demanda le bon roy, que
« on lui apportast la croix. Ce que fut fait. Et quant la
« bonne Dame sa mère sceut qu'il eut recouvert la parolle,
« elle en eut si grant joie, que plus ne povoit. Mais quant
« elle le vit croisié, elle fut aussi transsie, comme s'elle
« l'eust veu mort. » [43]

L'exemple du roi fut imité par toute la noblesse. Jean
d'Orléans suivit son suzerain au-delà des mers, et assista à la
prise de Damiette. Puis il guerroya contre les Sarrazins
jusqu'au jour de la bataille de la Massoure.

« Et quant vint icellui jour, dit Joinville, nous montasmes
« à cheval et allasmes au gué (pour passer le Nil) tous en
« point de guerre. Et en chevauchant, aucuns se tiroient près
« de la rive du fleuve, et la terre y estoit coulante et mouillée ;
« et ilz cheoient eulx et leurs chevaulx dedans le fleuve, et se
« noioient. Et le roy qui l'aperceust, le monstra aux autres ;
« affin qu'ils se donnassent garde de n'y tumber. Et entre
« autres cheut et se noya Messire Jehan d'Orléans le vaillant
« chevalier, qui portoit bannière à l'armée. » [44]

Sa mort arriva le 8 février 1250. Jean avait fait son testament avant de partir pour la croisade. Nous en trouvons la
preuve dans l'acte suivant :

« Guillaume, par la miséricorde divine, évêque d'Orléans.
Vous saurez que nous avons lu dans le testament de feu de
bonne mémoire Jean d'Orléans, le jeune, chevalier, testament

muni de notre sceau et de celui de Jean, que ce même chevalier a légué à l'abbaye de Notre-Dame de Beaugency vingt sols de rente annuelle ou vingt livres pour acheter des rentes, de telle manière que le couvent aura dix sols le jour de l'anniversaire de Jean et que les dix autres sols seront laissés à la disposition de l'abbé. Donné l'an du Seigneur 1253, au mois de mars. » [45]

Par ce même testament, Jean avait légué à l'abbaye de Voisins 80 livres parisis pour fonder son anniversaire. Cette somme devait être convertie en 40 sols de rente à prendre sur le four de Cléry.

Enfin, une dernière charte nous apprend que Jean d'Orléans s'était marié à Marguerite, et qu'il en avait eu une fille.

« A tous ceux qui verront ces présentes lettres, Mathieu de Beaulne, bailli d'Orléans, salut en Notre-Seigneur. Nous fesons savoir qu'un différend s'étant élevé entre noble femme Marguerite, dame de Montpipeau, d'une part ; et religieux hommes, l'abbé et le couvent de Saint-Père de Chartres, d'autre part ; ladite dame disait qu'elle et feu Jean, autrefois son mari, avaient été et étaient en possession de prendre sur deux hôtes demeurants en la terre desdits moines, à Nids, la taille à plaisir, les mestives, les corvées et autres coutumes. Le couvent prétendait le contraire. Il avait donc été longuement procédé. Enfin, les parties ont transigé : Ladite dame a confessé, devant nous, avoir reçu des Moines 50 livres tournois, pour la renonciation à tous ses droits sur les deux hôtes du couvent, en spécifiant toutefois que si Marguerite, fille de ladite dame, parvenue à sa majorité, refusait de ratifier cet arrangement, les 50 livres seraient rendues aux Moines et le procès repris au point où il avait été abandonné..... Donné l'an du Seigneur 1255, premier décembre. » [46]

MARGUERITE D'ORLÉANS, fille de Jean d'Orléans, chevalier, et de Marguerite, est mentionnée dans l'acte de
1255. Elle était alors mineure. Nous ignorons si, parvenue à sa majorité, elle ratifia les conventions de sa
mère avec Saint-Père de Chartres.

Jean n'ayant pas laissé d'enfant mâle, la suite de sa branche
fut reprise par son frère Payen, dont l'article suit :

XI. PAYEN D'ORLÉANS, chevalier, n'est pas mentionné au
nombre des enfants de Jean et d'Élisabeth de Prunelé dans
l'acte de 1220, d'où nous concluons qu'il naquit postérieurement à cette époque. Il a laissé à l'abbaye de Voisins des
preuves de sa munificence. Le 21 octobre 1267, il s'exprimait
ainsi :

« A tous ceux qui ces présentes lettres verront, Payen
d'Orléans, chevalier, salut en Notre-Seigneur. Vous saurez
que nous voulons et accordons que les religieuses de Voisins
perçoivent sans contradiction aucune à l'avenir, sur notre four
de Cléry les 40 sols de rente annuelle que leur a légués feu
Jean d'Orléans, autrefois chevalier, notre frère. » [47]

Le 26 août 1268, Payen fit une nouvelle donation en ces
termes :

« Vous saurez qu'en considération de la piété des religieuses de Voisins et de l'affection que nous leur portons,
nous donnons et concédons audit monastère quatre muids de
blé, mesure d'Orléans, à percevoir chaque année, après la
quinzaine de la Toussaint, sur notre champart de Bonneville,
près notre grange de Noisement. Cette donation est faite entre
vifs et sans espoir de révocation, de la volonté et de l'assentiment d'Agnès, notre épouse. Et afin que cela soit observé
inviolablement, nous obligeons nous et nos héritiers. » [48]

Enfin, le 14 janvier 1272, Payen insérait dans son testament les deux clauses suivantes :

« Je lègue aux religieuses de Voisins un muid de méteil, mesure de Meung, à percevoir chaque année sur mes champarts de Bonne-Ville, à la charge par l'abbaye de célébrer à perpétuité mon anniversaire et celui d'Agnès, mon épouse.

« Item quarante sols parisis à prendre tous les ans sur ma taille de Villemarz, pour la pitance des religieuses le jour de l'anniversaire.

« Item dix livres à la sœur Marie Prunelée. » [49]

Saint-Euverte ne fut point oublié par Payen, car nous lisons dans le cartulaire de cette abbaye :

« Item nous avons à Montpipeau quatorze mines de blé à percevoir sur la grange de la Gounaudière, pour célébrer chaque année l'anniversaire de la dame Marguerite, du seigneur Payen d'Orléans et de la dame Agnès, son épouse.

« Item nous recevons, le jour de la fête de saint Georges, dix sols pour célébrer dans l'église d'Huisseau l'anniversaire des seigneurs Jean d'Orléans et Payen, son frère. » [50]

Hubert, et, après lui, Proust de Chambourg et La Thaumassière, affirment que « Payen d'Orléans avait épousé Agnès de « Prunelé, dame de Charsonville et des Coutures, fille de Guil-« laume de Prunelé, Ier du nom, sire de La Porte, chevalier « banneret sous Philippe-Auguste. » [51]

D'Hozier réfute ces assertions et maintient que le nom de famille d'Agnès est ignoré. En effet, aucun titre n'en fait mention.

Enfin, Hubert, Proust de Chambourg et La Thaumassière avancent que Payen et Agnès eurent des enfants. D'Hozier hésite et il exprime ainsi ses doutes : « Il n'est dit dans aucun « acte que Payen d'Orléans et Agnès, sa femme, ayent laissé

« des enfants. Cependant, rien ne s'oppose à ce qu'ils en
« ayent eu; et ce doit être ceux qu'ils obligèrent à titre de
« leurs *hoirs*, de payer à l'abbaye de Voisins la rente assignée
« par eux, en 1268, à ce monastère. » [52]

Nous avons donné à la page précédente la traduction fidèle
de cet acte de 1268. Or, voici le passage auquel d'Hozier fait
allusion : « Et afin que cette donation soit observée inviola-
« blement, nous obligeons nous et nos héritiers; *nos ad id*
« *inviolabiliter observandum nos et heredes nostros obli-*
« *gantes.* »

Nous admettrions difficilement qu'un père et une mère,
dans un acte solennel, désignassent leurs enfants par *nos hé-*
ritiers. Nous n'admettrions pas davantage qu'un père fondant
un anniversaire perpétuel, le restreignît à lui et à sa femme et
oubliât de faire participer ses enfants au bénéfice de prières
obligées.

Nous pensons donc que Payen mourut sans laisser de postérité. Si pourtant nous nous trompions, Jean, qui suit, pourrait être son fils. C'est d'ailleurs l'opinion d'Hubert.

XII. JEAN D'ORLÉANS, chevalier, présumé fils de Payen,
qui précède, était seigneur de Charsonville et, en cette qualité, vassal de l'évêque d'Orléans. Dans un ancien cartulaire
des fiefs de cet évêché, nous lisons un aveu qui fait connaître
les fiefs et arrière-fiefs qui relevaient de Charsonville : nous
croyons utile d'analyser cet acte.

« Le seigneur Jean d'Orléans, chevalier, est homme du seigneur évêque, tenant de lui toutes les terres, vignes, tailles
ou collectes et tous revenus, tant en cens qu'en autres rentes,
en la ville de Charsonville, avec les dépendances et avec toute
justice, haute et basse.

« Item il a les fiefs ou arrière-fiefs qui suivent, savoir :

« Tout ce que Philippe, dit Marescot, écuyer, possède dans les deux paroisses de Sandillon, en y comprenant les arrière-fiefs que tiennent Jean d'Autroche, écuyer, Berthier de Berge-retes, Robert de Guillerval, écuyer ;

« Tout ce que Robert de Sandillon, chevalier, Raoul de Vezines, son frère, et Aceline, leur sœur, possèdent à San-dillon, à Charsonville et aux environs ;

« Toutes les censives que Jean, dit Porre, possède à San-dillon.

« Tout ce que Robert de Bapaumes tient en terres et en vassaux à Villemain ;

« Tout ce que tient la noble femme Dame de Saran ;

« Tout ce que Jean de Plainvilier possède dans la paroisse de Baccon. » [53]

Cet aveu est de 1290, suivant dom Verninac.

Antérieurement, le 8 juillet 1277, Jean d'Orléans s'exprimait ainsi dans un acte actuellement déposé aux archives départe-mentales, fonds de Sainte-Croix :

« .... Jean d'Orléans, chevalier..., fesons savoir que Renaud de Sours, chevalier, ayant vendu aux doyen et chapitre d'Orléans toute la dîme de Villemain, en la paroisse de Charsonville, que ledit chevalier tenait de nous en fief, nous amortissons ladite dîme en notre qualité de premier seigneur féodal. Nous voulons, en conséquence, que le chapitre possède à tout jamais, en main-morte, cette dîme, que nous maintiendrons libre envers et contre tous ceux qui s'en diraient ou feraient seigneurs féodaux ; exception faite, toutefois, du seigneur Évêque d'Orléans, de qui nous avons tenu en fief cette dîme.... » [54]

Il est probable que Jean n'était pas marié, en 1277, car s'il l'avait été, le chapitre n'aurait pas négligé de faire intervenir la dame d'Orléans dans l'acte d'amortissement.

Hubert prétend que Jean était fils de Payen, sire de Cléry et de Montpipeau, qui précède, et qu'il eut des enfants. Cette opinion est rendue probable par l'aveu de 1290, dont nous avons parlé et en marge duquel est une note en écriture du xive siècle, ainsi conçue : « Au lieu de Jean est Guyon d'Or- « léans, écuyer, 1281. » Et au-dessous : « Pierre d'Orléans, « écuyer, fils dudit Guyon, est à présent. » [55]

Dans le même temps vivaient :

HERBERT D'ORLÉANS. L'historien Jean Marianna dit que le 30 mars 1282, lundi de Pâques, comme les fidèles se rendaient à Vêpres, au son de la cloche, les Siciliens massacrèrent tous les Français qui résidaient à Palerme. Cet exemple fut bientôt suivi par les autres villes et les bourgs. Messine seule demeura dans le devoir, retenue par l'autorité et l'énergie de Herbert d'Orléans, qui gouvernait alors toute l'île pour Charles d'Anjou. Mais la crainte et le respect qu'inspirait le gouverneur ne durèrent pas longtemps. Les Messinois, excités par les autres villes, coururent aux armes et chassèrent le gouverneur et la garnison française. [56]

La Sicile, craignant un juste châtiment, se donna à Pierre d'Aragon.

Charles, obéissant à une pensée chevaleresque, proposa à Pierre de vider leur querelle dans un combat singulier. Ce défi étant accepté, il fut convenu que les deux monarques se trouveraient à Bordeaux, le 1er juin 1283. Et, « qui y manquera desdits deux roys sera tenu pour « vaincu, parjure, faux, poltron, infidèle et traistre et « indigne du nom de roy et privé de toute dignité royale

« et honneur. Ledit roy de Sicile fait jurer quarante
« seigneurs et gentilshommes de l'abandonner au cas
« qu'il y manque. » [57]

Herbert d'Orléans figure parmi ces quarante seigneurs.

Mais le combat n'eut pas lieu, parce que le Pape et le roi
d'Angleterre s'y opposèrent, ou mieux, parce que Pierre
d'Aragon se montra lâche et de mauvaise foi.

Charles d'Anjou mourut en 1285, et Herbert d'Orléans
dut alors revenir en France. Il avait épousé Agnès de Dun,
dame de Bouges. Il mourut avant 1292, puisque dans
un acte du 4 juin de cette année, on lit : Agnès, dame
de Bouges, épouse de Gui de Rancon, pour l'anniversaire de défunt Herbert d'Orléans, chevalier, autrefois
son mari. Dans des titres de 1295 et 1301, on retrouve
la même mention. [58]

N.... D'ORLÉANS eut pour femme *Marie,* laquelle vivait
encore le samedi, lendemain de la fête de sainte Madeleine,
c'est-à-dire le 23 juillet, 1295 ; et de ce mariage naquirent
Raoul et Jean d'Orléans, qui suivent. [59]

RAOUL D'ORLÉANS, fils du précédent, seigneur de Couture, et huissier d'armes du Roi, échangea avec les religieux de la Cour-Dieu une vigne sise à Chécy, pour une
autre vigne située à la Garillaude, terrain enfermé depuis
environ quatre cents ans dans la ville d'Orléans. Vers
le même temps, il se trouve compris au nombre des
vassaux de l'évêque d'Orléans, dans un ancien cartulaire des fiefs de cet évêché, et il y est qualifié sergent
du Roi. Il était huissier d'armes du roi Philippe-le-Bel,
lorsqu'il céda, au mois de mars 1292-93, un usage
dans la forêt de Gournès, à ce prince, qui lui donna

en échange 40 livres de rente à Saint-Benoît-lez-Flory (Fleury-sur-Loire), diocèse d'Orléans. [60]

Raoul fit son testament le mardi après la fête de Noël, 1294. En voici la teneur :

« Moi, Raoul d'Orléans, huissier d'armes du Roi, ordonne mon testament ainsi qu'il suit :

« J'institue mes héritiers : Geoffroy Croismorin et Raoul, fils de feu Étienne de l'Orme (de Ulmo), mes neveux.

« Je donne audit Geoffroy : ma maison et mes terres de Brandelon avec toutes leurs appartenances, en fiefs, terres, vignes; la grange et les terres de Popri et tout ce que j'y ai acheté d'Adam de Châtelliers; et tout l'immeuble que j'ai et possède dans la ville et banlieue d'Orléans, excepté le quartier que j'ai acheté des héritiers Jean Morin, chevalier.

« Item, je donne à Raoul, tous les immeubles que je possède dans la châtellenie de Beaugency, excepté les choses que je tiens temporairement de Simon de Villafrein.

« Item, je donne et lègue à madame ma mère et à Jean, mon frère, chanoine de Saint-Quiriace de Provins, pour en jouir pendant leur vie, quarante-deux livres de rente annuelle assises sur la prévôté d'Orléans. Je leur donne en outre la grande maison du Vieux-Marché.

« Item, je donne et lègue à Marote, femme de Guillaume de Pichnis, ma nièce, ma terre de Couture avec toutes ses appartenances.

« Item, pour le remède de mon âme et pour les anniversaires de ma femme et de mes enfants, à célébrer à perpétuité dans les églises ci-après nommées, je donne

au monastère de Voisins, dix livres tournois; au monastère de la Cour-Dieu, cent sols; aux chapelains de Sainte-
Croix, cent sols parisis.

« Pour constituer les rentes nécessaires à la fondation
de l'autel construit en l'église de Saint-Paul, je donne
cent livres parisis et mon meilleur dextrier avec l'écu et
mon armure; et si je n'ai pas de dextrier, quarante livres
parisis. Et pour l'autel, je lègue tous les ornements nécessaires que je possède.

« Je donne : à chacune des églises de la banlieue d'Orléans, douze deniers pour célébrer une messe le jour de
mon décès; — aux deux filles de Guillaume de Sousmur
(*de Submuro*) dix livres tournois chacune; — à Jeanne,
ma cousine, femme de Pierre Ganteret, dix livres tournois; — à Élide, ma cousine, veuve de feu Bœfleine, dix
livres tournois; — à mes filleuls, savoir : à Raoul, fils de
Pierre Angelard, vingt livres parisis; à Raoul, fils de
Guillaume de Sousmur, et à Raoul, fils de Pierre Ganteret, cent sols chacun; à Raoul, fils de défunt Bœfleine,
dix livres tournois; — à Pierre, dit Grosse-Tête, anciennement gardien de Brandelon, dix livres.

« Item, je donne et lègue au seigneur Roi de France,
mon seigneur, une maison que j'avais à Paris, et dont
l'emplacement convient aux réparations de son palais, à
condition, toutefois, que mon seigneur m'acquittera de
toutes choses et priera Dieu, une fois, pour mon âme.

« J'institue exécuteurs de ce testament : noble homme
mon seigneur Hugues de Boville, chambellan du Roi,
notre sire; le Confesseur et l'Aumônier du Roi; maître
Jéan d'Alnaud, chanoine de Paris; Étienne de Lorris,
chanoine de Saint-Aignan d'Orléans; Guillaume de Garlot,

Jean de Tours, bourgeois d'Orléans, et Guillaume, dit Chatri.

« Item, j'institue, Jean, mon frère, chanoine de Saint-Quiriace de Provins, mon exécuteur testamentaire concurremment avec les personnes prénommées.

« Donné à Orléans, l'an du Seigneur MCC quatre-vingt-quatorze, le mardi après la Nativité du Seigneur, en présence de Robin Habert, Guillaume Garlot, Egide Cassine, Ysquet Paul, Guillaume de Sousmur et Foulques Habert, lesquels m'ont vu signer ce testament sur quatre cédules. » [61]

Raoul d'Orléans servait encore en Gascogne, au mois de mai 1295, ainsi qu'il est constaté par cette quittance :

« Je Raoul Dorliens, huissier d'armes nostre seigneur
« le roy de France, fas assavoir que j'ay eu et reçu de
« monseigneur monseur Challe, par la main maistre
« Johan de Condé, son cler, trois cens livres de tournois,
« lesquels iiie. livres m'ont esté baillées et livrées pour
« prester au sodoiers à cheval et as sergens de pié qui
« sont aveuque nos au servise nostre seigneur le roy aus
« parties de Gascoigne. Et en tesmoin de ce ay cetes
« lettres scellées de mon scel. — Donné au siége de
« devant Saint-Savoir, l'an de grâce mil deux cens
« quatrevinz-et-quinze, landemain de la feste de l'As-
« cension. »

Raoul mourut peu après, puisque son testament fut ouvert le samedi, lendemain de la fête de sainte Madeleine, 23 juillet 1295. [62]

JEAN D'ORLÉANS, chanoine de Saint-Quiriace de Provins, était frère du précédent qui le nomma l'un des exécuteurs

de son testament du mardi après la fête de Noël 1294 ;
et il assista à l'ouverture qui en fut faite le samedi lendemain de la fête de sainte Madeleine 1295. [63]

RAOULIN D'ORLÉANS ne nous est connu que par le testament de Raoul. Dans l'acte d'ouverture faite à la requête
de Jean et de Marie, frère et mère du testateur, Raoulin
figure comme son neveu. [64]

XIII. GUYON D'ORLÉANS, écuyer, seigneur de Charsonville,
de La Motte, de Pertuis, de La Bruellière, fils de Jean qui précède, acheta en 1348, de Guillaume de Venecy, une rente d'un
muid de seigle, assise sur le moulin de La Motte, à Ligny-le-
Ribaud. [65]

En 1351, le même Guillaume de Venecy reconnaît qu'il a
précédemment vendu à Guyon Dorliens, écuyer, les lieux de
La Motte, du *Pertuis* et de la *Bruellière,* situés en la paroisse
de *Ligny-le-Ribaud.* Il prie le duc d'Orléans et la dame du
Mizotier, de recevoir en leur foi, ledit Guyon, ainsi qu'il y
était lui-même avant d'avoir aliéné ses propriétés. [66]

En 1352, Jean d'Ivoy, prévôt de Beaugency et Guyon d'Orléans, écuyer, sire de Charsonville, font un échange : Jean
donne à Guyon, seize mines de seigle de rente, à prendre
sur la dîme de Chatain et sur le moulin de La Motte. — Guyon
délaisse à Jean cinq années du revenu de la métairie de *Rigo-
bert,* plus neuf livres parisis. [67]

Guyon rendit aveu, en 1381, à l'évêque d'Orléans, pour sa
terre de Charsonville. Il fit une donation au prieuré de Charsonville en 1386 ; et il mourut avant 1392, ainsi qu'il est constaté par le partage de ses biens fait entre ses enfants. Il
avait épousé avant 1358, Jeanne ou Jeannette Chenard. Ce
qui nous est démontré par l'inventaire des pièces produites

par M. de Languedoue, en 1700, aux fins de maintenue de noblesse. On y lit :

« Partage des biens de messire Philippe Chesnard, chevalier,
« et de dame Jeanne de Presles, vivante sa femme, fait le 25
« mai 1359, entre dame Catherine Chenard, femme de Jean
« Languedoue, chevalier, Jeanne Chenard, femme de Guion
« d'Orléans, écuyer, et demoiselle Agnès Chenard, leurs
« enfants. » Guyon d'Orléans laissa un fils et une fille. [68]

1° PIERRE, dont l'article suivra ;

2° JEANNETTE D'ORLÉANS avait épousé, avant 1392, Renaud Le Moteux, écuyer. En effet, nous lisons dans un autre inventaire : « Partage fait à Ligny-le-Ribaud,
« en 1392, par Guillaume Giraut, notaire au Châtelet
« d'Orléans, entre noble homme Pierre d'Orliens,
« écuyer, fils de feu noble homme Guion d'Orliens, en
« son vivant écuyer, et de feue damoiselle Jehannette, sa
« femme, d'une part, et de l'autre, noble homme Renaud
« Le Moteux, écuyer, et damoiselle Jeannette d'Orliens,
« sa femme, sœur dudit Pierre d'Orliens, des biens et
« successions de leur père et mère » [69]

Peu après ce partage, Renaud Le Moteux mourut, et sa veuve épousa Geoffroy de Beauvillier, écuyer, seigneur de Ruaudin, de Morsaut et de Montlivaut. [70]

Jeannette mourut vers 1403, car cette même année, au mois de mai, Geoffroy de Beauvillier et Pierre d'Orléans transigèrent relativement à la succession de Jeannette, laquelle avait eu un enfant mort après elle, et dont le père était héritier mobilier. [71]

XIV. PIERRE D'ORLÉANS, écuyer, seigneur de Charsonville, de La Cour-Ligny et de La Motte, fils de Guyon d'Orléans et de Jeanne Chenard, paraît dans un grand nombre d'actes. Nous en citerons quelques-uns :

En 1390, il reçut aveu de Jean Dreue, pour des héritages sis à Villemain et relevant de Charsonville. [72]

En 1392, il partagea avec Jeannette, sa sœur, les successions de ses père et mère. [73]

Le 6 août 1403, il rendit hommage à Louis de France, duc d'Orléans, pour *son hôtel de Ligny-le-Ribaud, appelé La Court,* et pour la moitié de la métairie de *La Motte,* mouvant de la châtellenie de Beaugency. [74]

En 1407, il acheta de Guillemin de Courmesme, écuyer, seigneur de La Burelière, en la paroisse de Tremblevif, plusieurs droits féodaux, dans la paroisse de Ligny. [75]

Pierre épousa, vers 1409, Jeannette la Belonne, dont le premier ancêtre connu dans le xiie siècle se qualifiait Jean Belon de Lorges, chevalier. Il mourut avant le 22 avril 1420, puisque Jeannette était alors tutrice de ses enfants mineurs. Elle se remaria avec Jean de Sury, écuyer, lequel offrit, le 6 juillet 1425, « de payer le rachat par lui dû et appartenant « à Monseigneur le duc dOrliens par le mariage fesant de lui « et de damoiselle Jehannette la Belonne, sa femme, aupara- « vant femme de feu Pierre dOrliens, écuyer, en son nom « et comme ayant le bail de Guion dOrliens, fils dudit Pierre « et de ladite damoiselle, à cause de l'hôtel de la Court, « situé dans la paroisse de Ligny-le-Ribaut, tenu en fief « dudit seigneur le duc dOrliens, pour raison de son chastel « de Beaugency. » [76]

Pierre d'Orléans et Jeannette Belon eurent deux enfants, Jean et Guyon.

JEAN D'ORLÉANS était encore mineur, en 1420, le 22 avril, lorsque sa mère vendit un bien situé à Langon. On trouve,

figurant dans diverses revues passées en 1415 et 1420 :
« Jehan dOrliens, écuyer, sous messire Raoul, seigneur
« de Gaucourt, chevalier banneret, revue à Lourmaye,
« le 14 août 1415. »

« Jean dOrliens, écuyer sous Godefroy de Lépine,
« écuyer, revue à Belleville en Beaujollois, le premier
« juillet 1420. »

Mais nous ne pensons pas que ces passages puissent
s'appliquer à Jean qui nous occupe, parce qu'il devait
être trop jeune, si son père s'était marié comme nous
l'avons dit vers 1409. Il est même probable qu'il était
mort en 1425, puisqu'il ne figure pas dans l'acte du 6
juillet précité. [77]

XV. GUYON D'ORLÉANS, frère de Jean qui précède, se trouvait encore sous la tutelle de sa mère en 1425, le 6 juillet,
date d'un aveu où il est seul mentionné. Il mourut avant la
saint Martin d'hiver 1441, ainsi que l'indique ce titre d'un
recueil de déclarations censuelles : « Cens dûs aux hoirs feu
« Guion dOrliens, à Ligny, le jour de la saint Martin d'hiver,
« reçus par damoiselle La Belonne ; present, Pierre Coichart,
« notaire de La Ferté-Nabert, l'an mil IIIIc. XLI. » [78]

Guyon fut le dernier des seigneurs de Cléry, Montpipeau,
La Cour-Ligny et Charsonville. Les seigneurs de Rère, proches
parents et héritiers de Guyon, reprirent la descendance
directe, ainsi que nous verrons au chapitre suivant.

CHAPITRE III.

D'ORLÉANS

SEIGNEURS DE RÈRE, DE VILLECHAUVE, DE TRACY,
DU PLESSIS, DE CRÉCY.

SEIGNEURS DE RÈRE.

Le lieu seigneurial, situé dans la commune de Teillay, en Sologne, s'élevait au centre d'une petite île formée par la Rère. Pour arriver au manoir on devait passer sur un pont-levis défendu par une tour centrale de forme carrée, dans laquelle était ménagée la porte, et par deux tourelles rondes faisant saillie dans le lit de la rivière. Ces trois tours composant la façade extérieure étaient reliées entr'elles par un mur épais et crénelé, dont le pied baignait dans l'eau. Au-delà était la cour d'honneur, fermée au levant et au couchant par des communs, et au midi par l'habitation du Seigneur. Chaque angle de la façade du midi de cet édifice était flanqué d'une grosse tour ronde, couronnée de créneaux à machicoulis, et percée de meurtrières défendant l'accès des murs extérieurs et menaçant la campagne.

Tel était le château de Rère au xive siècle. Aujourd'hui, le pont est en pierre et la tour carrée a été démolie. Les deux tourelles qui défendaient l'entrée et les deux grosses

tours rondes sont encore debout. L'ancien manoir, tombant
en ruines, a été reconstruit dans le xviiᵉ siècle ; et la Rère
baigne toujours l'îlot seigneurial.

Au nord de cette îlot s'étend une vaste cour bornée : au
couchant, par les remises et les écuries, derrière lesquelles
est le jardin potager ; au levant, par des bâtiments d'exploitation agricole qui se détachent sur le vert foncé d'une grande
futaie de chênes ; et au nord, par une forêt d'arbres verts
fuyant jusqu'à l'horizon.

Au midi, et au-delà de la rivière, s'étendent de belles
prairies dont l'uniformité est interrompue çà et là par des
groupes de chênes et de bouleaux.

Enfin, l'ancien moulin banal de la seigneurie de Rère
tourne toujours à un demi-kilomètre du château, et, quoique
modestement caché dans le feuillage, se trahit par le bruit
doux et monotone de son déversoir.

Au commencement du xivᵉ siècle, cette seigneurie appartenait à Jean de Rère, ou, comme on écrivait alors, Johan
de Redde, lequel mourut en laissant deux filles pour héri-
tières :

L'une épousa Geoffroy-le-Bugle, chevalier, seigneur de
Bastarde ;

L'autre s'allia à N.... d'Orléans. D'Hozier pense que ce
d'Orléans se nommait Jean et qu'il était seigneur de la Cor-
nillière. Hubert, Proust de Chambourg et La Thaumassière
qualifient ce Jean seigneur de la Tortillière, et le disent fils
de Jean, seigneur de Charsonville, que nous avons mentionné
au chapitre ii, sous l'article xii, et frère de Guyon, qui figure
à l'article xiii du même chapitre. Ces assertions nous semblent
d'autant plus probables, que nous verrons Pierre I, petit-fils
de Jean, devenir seigneur de La Cour-Ligny, après le décès
du dernier seigneur de Charsonville, petit-fils de Guyon. [79]

I.

XIII. JEAN I D'ORLÉANS ET N.... DE RÈRE moururent avant 1366, et laissèrent deux enfants, Jean et Godefroy.

JEAN D'ORLÉANS était co-seigneur de Rère, avec sa tante, ce qui résulte clairement d'un aveu rendu, par Guillaume d'Harcourt, sire de La Ferté-Imbault, au comte de Blois, le premier juin 1366. Guillaume y déclare tenir dudit Comte « tout ce que *les hoirs feu Johan de Redde,* c'est assavoir *la* « *Dame de Bastarde* et *Jehan Dorliens,* tenoient en foy dudit « Sire. » [80]

En 1372, Jeanne de Rère voulut donner à son neveu une preuve de sa vive affection. Elle manda donc « Johan « Ducoullemier, clerc juré du scel de la Court de Chastel-« lenie de Remorentin, » et en sa présence, le 25 novembre, fit rediger l'acte suivant : « Madame Johanne de Reidde, « dame de Bastarde, veuve, dame de soy et de ses biens, « estant en son bon propos, santé et mémoire, si comme « il apparoissoit de son bon gré, de sa pure et libérale volonté, « sans contrainte ne par forcement de nulluy ou inducion d'au-« truy, mes de son propre movement, elle bien appensée et « bien avisée, si come elle disoit, cognut et confessa que pour la « grant amour et parfaicte affection qu'elle avoit à Johan Dor-« liens, son nepveu, elle avoit donné et ottroié, donnoit et « ottroyoit à heritaige audit Johan, son nepveu, à ses hoirs et « aiens cause d'eulx, ung disme que ladite Madame avoit assis « au dedens de la terre de Monsieur de La Ferté-Ymbaut, « communément appellé le Disme de Méant, s'y come ycellui « disme se comporte et poursuit.

« Item tous les homes et femmes de chief et de corps que
« ladicte Madame avoit et povoit avoir demourens au dedens
« de ladicte terre dudit Monsieur, et généralement touz les
« cens ostises, rentes de blez, d'argent et de poullaile et autres
« heritaiges quielxconques que ladicte Madame avoit au dedens
« de ladicte terre, tenus en foy dudit Monsieur de La Ferté-
« Ymbaut, a elle avenuz par la succession et eschoate de feu
« Johan de Reidde, son père..........

« Au cas que ledit Johan Dorliens et Godefroy Dorliens, son
« frère, yront de vie à trespassement senz hoirs de leur chair
« ou de lun deulx nez en loial mariage, lesdites choses des-
« sus données et transportées come dit est, seront et reven-
« dront à ladite Madame à ses hoirs ou successeurs et aiens
« cause d'elle. » [81]

Cette donation eut pour effet de rendre Jean d'Orléans seul
propriétaire de Rère. En mourant, il transmit à Geoffroy cette
seigneurie, qui depuis cinq siècles n'est pas sortie de la ligne
directe de la maison d'Orléans. Le fait est assez rare pour que
nous tenions à le mentionner.

En 1375, Jean d'Orléans reçut en foi, André de Graceau,
pour héritages, appartenant à ce dernier. [82]

En 1377, Jacques de Sigonneau, damoiseau, vendit à Jean
d'Orliens, écuyer, la portion qui lui appartenait du lieu de Mimet,
et trois hommes de corps, moyennant 26 francs d'or. [83]

Dans un aveu rendu à la dame de Migeraut, en 1378, par
Jean d'Orléans, ce dernier est appelé *Jehan Dorliens, écuyer,
sire de Reddes.* [84]

Il est qualifié noble homme Jean d'Orléans, damoiseau du
diocèse de Bourges (*nobilis viri Johannis Aurelianensis domicelli bituricensis diocesis*), dans une transaction passée en
1381, entre lui et le chapitre de Bourges, au sujet de six septiers
de blé que le chapitre percevait chaque année sur les dîmes

de la châtellenie de *Viri* (*de Viriaco*) et dans la paroisse de *Sourboys*. Depuis longtemps, le chapitre ne recevant rien, se plaignait; et Jean s'excusait en disant : Les propriétés sur lesquelles mes prédécesseurs prenaient la dîme sont incultes et désertes à cause des guerres et autres calamités qui ont désolé depuis longues années et désolent encore le royaume de France. Il en est résulté que je n'ai pas osé porter foi et hommage à notre excellent prince le duc de Berri et d'Auvergne, de qui les dîmes et terrains en question relèvent en fief. Je me trouve donc dans l'impossibilité de satisfaire à vos justes demandes. Toutefois, voici ce que je vous propose. Vous me tiendrez quitte de tous les arrérages échus, et à compter de ce jour, je ne conserverai pour moi que la quatrième partie du revenu, jusqu'à ce que, grâce aux améliorations que je projette, je puisse payer régulièrement les six septiers de blé qui vous sont dûs. Je promets par mon serment sur les saints Évangiles de Dieu, que dans un bref délai je porterai foi et hommage au seigneur Duc, que je baillerai les terres incultes à des paysans, et que je ferai construire à mes frais toutes les maisons et granges nécessaires à l'exploitation.

Le Doyen et le Chapitre acceptèrent cette proposition parce qu'elle était raisonnable et parce qu'ils *considérèrent en outre que ledit noble pouvait rendre beaucoup de services à eux et à leur église* (*animo revolventes quod dictus nobilis in multis potest nobis et ecclesie nostre servire.* [85]

Cette dernière considération, qui était évidemment le motif déterminant de la transaction, nous fait conclure que Jean était un seigneur puissant et brave, c'est-à-dire craint et respecté, qui ne ménageait ni son crédit, ni son épée, en faveur de ses amis.

Il tint ses engagements, car nous verrons plus loin, qu'en 1450 Michelle d'Orléans, sa nièce, et Jean d'Ozançon, mari de celle-ci, transigèrent avec l'abbaye de Vierzon, au sujet de cette dîme de Sourboys, remise en valeur.

Jean avait à soutenir un autre différend avec Guillaume de Harcourt, seigneur de La Ferté-Imbault. A l'origine du procès, il ne s'agissait que des réparations d'un pont sur la Rère; mais grâce aux lenteurs créées par l'habileté des procureurs, le pont tomba avant que la justice eût prononcé. On dut donc plaider sur la reconstruction. Guillaume de Harcourt prétendait que le seigneur du fief sur lequel le pont existait devait le réparer ou reconstruire, et qu'en conséquence ces travaux tombaient à la charge de Jean, puisqu'il était seigneur de la Guérinière. Jean répondait :

« Aux termes de la coutume, les ponts de la grande voirie sont à la charge du seigneur haut justicier, tandis que ceux de petite voirie incombent au possesseur de fief. Or, le pont du Ponceau, qui existait sur la rivière de Rère, est un pont de grande voirie, puisqu'il fait partie du grand chemin de Salbris à Menetou ; donc le seigneur de La Ferté-Imbault doit le reconstruire. On comprend quelles *écritures* sans fin s'ensuivirent. Cette guerre de *dits* et de *contredits* dura six ans. Alors seulement les parties songèrent à se faire des concessions mutuelles. Eh bien, proposa Guillaume de Harcourt, je reconstruirai le pont. Et moi, dit Jean d'Orléans, je l'entretiendrai.

C'était ce que la coutume et la raison demandaient. Cette transaction eut donc lieu le 24 avril 1395. [86]

Jean avait épousé Philippe *du Quartier,* veuve de Jean Belon, dit le Hongre, écuyer, sire d'Asnières. Cette alliance est prouvée par un acte du 15 mai 1384, dans lequel Jean dit avoir la garde ou mainbournie de Louis Belon, son beau-fils. [87]

Il mourut avant la saint Jean-Baptiste de l'année 1399, sans avoir eu d'enfant, et sa veuve se remaria à Jean, bâtard de Janville, ainsi que nous le verrons dans l'article suivant.

II.

XIV. GODEFROY D'ORLÉANS, frère de Jean, dont l'article précède, est nommé dans l'acte de donation du 25 novembre 1372. Il hérita de son frère, en 1399, ainsi qu'il résulte de deux actes passés cette même année.

Dans le premier, il est appelé *noble homme Godeffroy Dorlians, écuyer, sire de Redde, frère de feu Jehan Dorlians,* et il paie à Pierre Jacquet, chevalier, seigneur de Migeraut, dix écus d'or à la couronne, à compte de vingt dont ils étaient convenus pour les droits de rachat. [88]

Dans le dernier acte, daté du samedi après la saint Barnabé, apôtre, « Philippe du Quartier, jadiz famme de feu Johan « Dorliens, et Godeffroy Dorliens, escuier, frère et héritier « d'icellui feu Jehan, » firent un accord par lequel « laditte « Damoiselle fut et estoit tenue de paier et acquitter les deux « pars de toutes les debtes que elle et sondit feu mary avoient « et povoient avoir faictes au temps du mariaige deulx deux, « et aussi des sepultures, lais de testament, exceques et enter- « raiges et autres choses dues à cause dudit deffunt, et ledit « Godeffroy fut et estoit tenu de renddre et paier à ladite « damoiselle par chascun an la vie durant d'elle seulement, « vingt-cinq livres tournois pour tout tel droit de douaire « come ycelle Damoiselle avoit et povoit avoir contendre ne « demander sur tous les héritaiges d'icellui feu Jehan, jadis « son époux. » [89]

Ces conventions furent remplacées le pénultième jour de janvier 1401-02, par la transaction suivante : « Saichent tuit « (sachent tous) que...... la damoiselle Philype, à présent

« famme de Jehan de Janville, batart, escuier, et ycellui Jehan,
« son mary... congnurent que pour leur profit clerement et
« apparent ils avoient et ont vendu en nom de vente, quitté,
« cessié, delessié et transporté à tousjoursmès à Goddefroy
« Dorliens, les 25 livres tournois en quoy il estoit tenu et
« obligé à laditte Damoiselle pour son droit de douarre....
« pour le pris et somme de cent escuz d'or vallent chascun
« escu vint-deux solz six deniers tournois, que ledit God-
« defroy en est tenu de paier auxdiz conjoins, au terme de
« Pasques prochaines venens, et dont il s'est dujourdui obligé
« à eulx. » [90]

Godefroy acheta, le 20 novembre 1404, deux *journels* de
pré sis à Selles-Saint-Denis, pour le prix de neuf livres
tournois. [91]

En 1407, le 3 mai, il fit l'acquisition de la dîme de Louray,
sise à Teillay, pour la somme de 25 livres tournois. Cette dîme
appartenait à Philippe Chabote, veuve de Pierre Le Masle,
écuyer. [92]

Le 9 janvier 1413, Goddefroi fit un partage de serfs avec
Philippe de Passac, seigneur du Chêne. Un homme de corps de
Philippe avait épousé une femme de chef et de corps de Godefroi. Lorsqu'il mourut, il laissa neuf enfants que les seigneurs
durent partager. On en fit deux lots ; et Godefroi, qui avait
fourni la mère, eût le choix, *parce que la fumelle est plus
prouffictable que le masle.* Les cinq enfants échus au sire
de Rère, « présens pardevant le Prévôt de La Ferté-Imbault,
« firent à sa requeste chascun en droit lui féaulté et serment
« de servaige en tel cas acoustumé, qu'ilz se tendroient
« homes et fames de corps serfs taillables et obéissans eulx
« et leur postérité audit Escuier et aux siens à la coustume
« de ses autres homes et fames de corps de son lieu
« de Rèze. » [93]

Godefroy d'Orléans avait épousé Jeanne d'Autry, fille de Jean d'Autry, seigneur de Laudes et de Glères, qui appartenait à une maison ancienne et illustre, dont le berceau était auprès de Gien. [94]

Godefroy mourut avant le 4 juin 1415, et Jeanne ne vivait plus le 10 juin 1422. [95] Ils eurent plusieurs enfants :

1° JEAN D'ORLÉANS, écuyer, sire de Rère, n'ayant point encore fait la foi et hommage au seigneur de Migeraut, donna souffrance, le 4 juin 1415, à plusieurs tenanciers de La Bordelle et de Saint-Genou, qui relevaient de lui ; mais il les reçut en sa foi, le 8 mars 1418. Dans le premier acte, il est appelé *Jehan Dorliens, écuyer, fils de feu Goddeffroy Dorliens, seigneur de Redde ;* et dans le second, *Jehan Dorliens, écuyer, sire de Redde.* [96] Jean mourut probablement avant 1424, puisque cette même année Pierre, son frère, se qualifiait sire de Rère.

2° PIERRE D'ORLÉANS a continué la descendance.

3° « MICHELLE D'ORLÉANS, mineure au jour du décès « de Jeanne d'Autry, sa mère, épousa : 1° Jean de Lunery, « écuyer (qui est le nom d'une paroisse sur le Cher, peu « éloignée de Cerboy, lieu de sa demeure, près Vierzon), « avec lequel elle vendit, le 28 décembre 1438, le lieu et « métairie de la Cornillère, à elle appartenant, situé dans « la paroisse d'Avaray, pour la somme de neuf vingt-trois « écus d'or ; 2° Noble homme Jean d'Ozançon, écuyer, « avant le 8 janvier 1449 (1450), date d'un accord qu'ils « firent avec l'abbé de Vierzon au sujet de leur dixme de « Surboy (Cerboy). » [97]

4° AUTRES ENFANTS mineurs au jour du décès de Jeanne d'Autry, leur mère.

III.

XV. PIERRE I D'ORLÉANS, écuyer, seigneur de Rère, d'Aubefons et de La Cour-Ligny, est appelé, dans un acte du 10 août 1422, *Pierre Dorliens, écuyer, fils et héritier en partie de feu Godeffroy Dorliens et de feue damoiselle Jeanne d'Autry, sa femme.* [98]

Le 10 juin de la même année, Pierre d'Orléans transigea avec Jean Le Bugle, écuyer, seigneur de Bastarde, son plus proche parent du côté paternel et avec damoiselle Marguerite de Pomoy, veuve de Pierre d'Autry, écuyer, son oncle maternel. Il est dit dans cet acte qu'au jour du décès de Jeanne d'Autry, sa mère, Pierre était suffisamment âgé pour jouir des *terres et possessions situées aux pays de Berry et comté de Blois.* [99]

Dans un port de foi et hommage du 20 octobre 1424, il est qualifié *Pierre Dorliens, écuyer, sire de Redde.* [100]

Il fit, le 11 juillet 1447, un partage de serfs de sa terre d'Aubefons, située en la paroisse de Langon, avec le commandeur de Villefranche-sur-Cher. [101]

Le 6 janvier 1448, Pierre rendit aveu à Jean de Cléry, seigneur de Ligny-le-Ribaud et du Misotier. [102]

Le 12 mars 1449, il s'acquittait du même devoir féodal envers le seigneur de Migeraut, pour la seigneurie de Rère. [103]

Pierre avait épousé, le 21 juillet 1421, Matheline de Tranchelion, fille de Bertrand de Tranchelion, écuyer, et de Jeanne de Saint-Julien. Elle eut pour dot 1,500 livres tournois, « c'est « assavoir cinq cens livres dedans la solempnité dudit mariaige

« et les mille livres dedans, trois ans après... pour estre mises
« et emploiées en héritaage au proffict de ladicte Matheline...
« par deux des amis dudit Pierre Dorléans et deux des amis
« d'icelle Matheline. » [104]

Pierre d'Orléans et Matheline de Tranchelion furent probablement généreux envers les abbayes de Vierzon et de
Pontlevoi, puisque leurs armes se voyaient encore en 1750
sur d'anciennes vitres de la première abbaye et sur les chefs
de voûte du cloître de la dernière. L'écu était : parti au premier, d'Orléans, c'est-à-dire : d'argent à trois fasces de sinople
accompagnées de 7 tourteaux de gueules 3 et 3 entre les fasces
et 1 en pointe ; au deuxième de Tranchelion qui était : de
gueules au lion d'argent percé en bande d'un poignard de
même. [105]

Pierre mourut avant 1461, puisque le 6 septembre de cette
année, *noble Dame Madame Matheline de Tranchelion, Dame
de Resze*, ayant la garde-noble de ses enfants, reçut en cette
qualité un aveu d'héritages mouvans en foi et hommage du
grand pré de La Bordelle. [106]

Le 18 octobre 1466, elle établit le rôle de la taille des
hommes et femmes de corps, taillables à volonté chaque année,
et appartenans à Robinet d'Orléans, son fils. [107]

Elle eut, de Pierre d'Orléans, six enfants, qui suivent :

1° ROBINET D'ORLÉANS, continuera la descendance.

2° JEAN D'ORLÉANS, écuyer, seigneur de Rère, vivait le
31 mai 1469, date d'une sentence du Bailli de Blois. [108]

3° ÉTIENNE D'ORLÉANS vendit conjointement avec Robinet, son frère, le 20 août 1478, la terre de la Cour-Ligny
à un marchand bourgeois d'Orléans. Il était curé de
Teillay, le 1er décembre 1500. [109]

4° ISABEAU D'ORLÉANS épousa Guillaume Raboutin, écuyer, seigneur de La Garenne, et le 28 avril 1452, elle donna quittance à Pierre d'Orléans et à Mathuzine de Tranchelion, ses père et mère, de la somme de cent écus d'or que ceux-ci lui avaient promise par contrat de mariage, *pour s'esbatre le jour de la bénédiction nupcialle desdits Guillaume et Ysabeau.* [110]

5° CATHERINE D'ORLÉANS eut trois maris. Le premier fut Jean d'Aucmay, écuyer. A l'occasion de ce mariage, Jacques de Milly et Jeanne de Ronny, sa femme, donnèrent à Catherine les lieux de Bastarde et de La Grange de Redde, à condition toutefois que ces propriétés retourneraient à Robinet d'Orléans, son frère, dans le cas où elle n'aurait pas d'enfant. [111]

Catherine épousa en deuxièmes noces, le 30 décembre 1470, Odon de Pierregorde ou de Périgord, écuyer, seigneur de Sendie et de la moitié du péage de Cornon de Lavau-sur-l'Allier. [112]

Enfin, le 23 août 1482, date du mariage de Robinet d'Orléans, elle est mentionnée au contrat, comme sœur dudit Robinet et femme de noble homme Hugues de Signy, écuyer. Elle était veuve pour la troisième fois, le 1er décembre 1500, puisque dans le contrat de mariage de sa nièce, Marguerite d'Orléans, elle est dite veuve de noble homme, messire Hugues de Signy, chevalier, seigneur du Liége en Touraine. [113]

6° GUILLEMINE D'ORLÉANS avait épousé *Philippe de Rivauldes, escuyer et seigneur de La Mote de Pierrefcte,* ainsi qu'il nous est démontré par un titre du 10 janvier 1485, Philippe « recongnoist et confesse avoir heu et ma-
« nuellement receu de noble homme Robinet Dorléans,

« escuyer, seigneur de Rédze, frère de ladicte Guillemyne,
« la somme de cent livres tournois ; cest assavoir cinquante
« livres tournois en monnoye et le surplus en or, les-
« quelles cent livres tournois avoient esté promises audit
« Philippe ou contract du mariage de luy et de la dicte
« Guillemyne, sa femme. » [114]

IV.

XVI. ROBINET D'ORLÉANS, écuyer, était seigneur de Rère, de Bastarde, de La Grange de Rère, d'Aubefons, de La Cour-Ligny, de Canle, du Grand-Montfoucault, du Breuil et du Grand-Pré de La Bordelle. Toutes ces qualifications sont justifiées : par un aveu et dénombrement d'héritages mouvans du lieu de Rère, reçu par Robinet le 27 décembre 1462 ; [115] — par un aveu des seigneuries de Canle et du Grand-Montfoucault, rendu, en 1468, par Robinet, à Aignan de Saint-Mesmin ; [116] — par un partage de serfs fait le 31 mai 1469, entre Robinet et Jean, son frère, seigneurs de Rère, d'une part, et le comte de Blois, d'autre part ; [117] — par une sentence du Garde de la Prévôté d'Orléans, du 16 novembre 1469, autorisant Robinet à relever les fourches patibulaires de Canle, comme haut justicier de cette seigneurie ; [118] — par le rôle de la taille des serfs d'Aubefons, que Robinet fit le 22 octobre 1472 ; [119] — et enfin par la vente que Robinet et Étienne, son frère, firent le 20 août 1478, de la terre de la Cour-Ligny à Jean Hue, marchand drapier d'Orléans, pour 480 écus d'or neufs à la couronne, du prix de 35 onzins l'écu. [120]

Et ce même jour, Robinet constitua à son frère Étienne une rente de dix livres hypothéquée sur le péage de Vouzon, sur la terre de Rère et sur tous ses autres biens. [121]

Robinet d'Orléans devint seigneur du Breuil, par son mariage avec Jeanne de Signy, fille de noble homme Louis de
Signy, écuyer, seigneur du Breuil, et de Jeanne Augustin.

Louis de Signy donna à sa fille 1600 livres tournois de dot
et comme il n'avait pas d'enfant mâle, il ajouta le lieu du Breuil
pour lui tenir lieu de droit d'aînesse, à condition, toutefois,
que si Robinet et Jeanne avaient deux fils, le puîné porterait
les armes de Signy. [122]

Les nouveaux époux étaient parents aux deuxième et troisième degrés de consanguinité, et par conséquent ne pouvaient s'unir sans des dispenses de Rome. Ils se marièrent,
néanmoins, et sollicitèrent ensuite l'approbation de la Cour
Romaine. Le Pape, Sixte IV, les releva, en 1483, des censures
ecclésiastiques qu'ils avaient encourues, et légitima ainsi leur
union. [123]

Robinet transigea le 2 juin 1503, au sujet de la dot de sa
femme, avec Gabrielle de Signy, sœur germaine de celle-ci,
et François de la Roche-Esmon, écuyer, son mari, seigneur
de Fougères et de Laugé. [124]

Le 31 décembre 1505, Robinet et Jeanne de Signy vendirent à Jacques de Laize, seigneur de Vouzon et de la Motte-sur-
Beuvron, le lieu terre et seigneurie de Canle, avec le « peaige
« par terre acoustumé prandre et lever tant en ladicte terre
« et seigneurie de Canle que de Vouson, le four à ban dudit
« Vouson et une maison ou souloit prendre l'enseigne des
« troys Roys. » [125]

Robinet mourut avant le 14 octobre 1507, et Jeanne de
Signy demeura veuve et chargée de la garde-noble de ses
enfants mineurs. [126] Elle dressa, en 1510, le rôle de la taille
des hommes et femmes, serfs de la seigneurie d'Aubefons. [127]
Et à la requête de Antoinette de Tournon, veuve de Jacques

de Laize, ratifia en 1514, le 18 novembre, la vente que Robinet d'Orléans avait faite de la terre de Canle. [128]

En 1530, elle se disait Dame du Breuil, et en cette qualité, recevait l'aveu de la dîme de Fouguenaut, rendu par Claude d'Esparville, écuyer, seigneur de Châteaulandon, et par Jeanne d'Orléans, sa femme. Cette Jeanne appartenait à une famille qui habitait Issoudun et portait pour armes : « d'azur à un chevron « losangé d'argent et de gueules de deux traits, accompagné de « trois trèfles d'or, le chevron chargé d'un besan d'or. » [129]

Jeanne de Signy rendit aveu de sa terre du Breuil, le 22 mai 1542, à Jacques d'Estampes, seigneur de Valençay, et mourut avant le 3 mars 1545-46, date d'un acte qui la qualifie *Dame du Breuil et de Vic-sur-Nahon en partie*. [130]

Robinet d'Orléans et Jeanne de Signy eurent quatre enfants :

1° JACQUES, qui a continué la descendance.

2° JEAN, écuyer, seigneur de Rère, mineur le 19 septembre 1508, assista : le 23 février 1522-23, au contrat de mariage de Jacques d'Orléans, son frère ; le 31 janvier 1541-42, à celui d'Anne d'Orléans, sa nièce ; et le 5 avril 1554, à celui de Jean d'Orléans, son neveu, seigneur de Bastarde. Il fit don à ce dernier, par acte du 5 avril 1562, de ses terres, seigneuries et héritages, et mourut le 1er mars 1563-64, sans avoir eu d'enfant. [131]

3° MARGUERITE épousa Olivier de Maignac, écuyer, seigneur du Perriz. Elle lui avait été accordée, par contrat du 1er décembre 1500. « Robinet dOrléans, écuyer, sei- « gneur de Redze, et damoyselle Jehanne de Signy, sa « femme, et dame Katherine dOrléans, dame de Bas- « tarde, sœur dudit Robinet dOrléans, et veufve de feu « noble homme Messire Hugues de Signy, en son vivant

« chevalier, seigneur de Liége, donnèrent à la dite da-
« moyselle Marguerite dOrléans le lieu, fief, terre et sei-
« gneurie du *Liège,* assis et scitué au pays de Thorayne.
« Tout ainsy et en la forme et manière que le dit feu
« Messire Hugues de Signy l'acquist et acheta durant et
« constant le mariage de lui et de la dite dame Katherine
« dOrléans, sa femme, de nobles hommes Loys et Macé
« de Signy, escuiers, ses frères, et de chascun d'eulx,
« du consentement et vouloir de damoyselle Guillemine
« de Nozay, leur mère... Et oultre le dit Robinet dOrléans
« et la dite damoiselle, sa femme, ont promis bailler aus-
« dits futurs espoux la somme de mil livres tournois,
« paiables cest assavoir au jour de leurs espousailles troys
« cens livres tournois, et le reste qui est sept cens livres
« dedans sept ans prochains venans.... »

Olivier de Maignac, du consentement de Claudin de
Maignac, écuyer, sieur du Chastellier et des Marches, et
de Ursin, Guillaume et Étienne de Maignac, ses frères,
« doua la dite damoiselle Marguerite dOrléans, sa future
« espouse, si elle le survit, de la somme de cinquante
« livres tournois de rente en douaire, soit qu'il y ait
« enfans ou non deulx deulx ; » et affecta au service de
cette rente viagère la terre et seigneurie de Laige-Ber-
nadefert. Marguerite mourut en 1508. [132]

4° CATHERINE épousa, par contrat du 19 septembre
1508, noble homme Charles de la Chastre, écuyer, seigneur de Pazay, fils aîné de noble homme Jean de La
Chastre, écuyer, seigneur de Pazay, et de demoiselle
Jeanne de Sorbiers. En faveur de ce mariage, la mère
de la future lui donna en dot la somme de 6,500 livres,
sur laquelle elle lui paya celle de 2,250 livres, au moyen

de la cession qu'elle lui fit du fief, terre et seigneurie de Liége, dont on vient de parler à l'article de sa sœur, et lui assigna aussi celle de 1,000 livres « sur le lieu et sei- « gneurie de La Grange de Rère, située dans la paroisse « de Gièuvres, châtellenie de Romorantin. » [133]

V.

XVII. JACQUES D'ORLÉANS, premier du nom, écuyer, sei- gneur de Bastarde, de Rère, de La Grange de Rère, d'Aube- fons et de La Bourdelle, était mineur le 19 septembre 1508. Il fit, le 27 septembre 1520, le rôle de ses hommes et femmes de serve condition dans sa terre d'Aubefons ; et il avoua, le 22 juin 1521, tenir de Madame, mère du Roi, « à cause de « la châtellenie de Romorantin, en foi et hommage lige, à qua- « rante jours de garde audit château, quand le cas y écherroit, « le lieu et maison de Bastarde, environné de grands fossés, « pont-levis et planchette. » [134]

« Noble homme Jacques d'Orléans, écuier, seigneur de « Bastarde, fils aîné de feu noble homme Robinet Dorléans, « seigneur de Bastarde et de Redze, et de damoiselle Jehanne « de Signy, sa femme, » épousa, par contrat du 23 février 1522-23, Jeanne Asse, fille de noble homme Denys Asse, écuyer, seigneur de La Ralluere, et de damoiselle Anne de Grueille. Il assigna le douaire de sa femme sur le lieu de La Grange de Rère. [135]

Jacques d'Orléans et Jean, son frère, comparurent pour eux et pour Jeanne de Signy, leur mère, à la revue du ban et arrière-ban faite à Blois le 16 mai 1534, tant à cause des fiefs qu'ils tenaient au baillage de Blois, qu'à cause du lieu de La

Ralluere, situé en Touraine, du lieu de Pymoreau, situé en Berri ; et de quelques autres héritages tenus en fief et arrière-fief. Les Commissaires ordonnèrent que pour « servir le Roi en ses af- « faires, ils fourniroient un archer monté, armé et bien équipé, « comme l'étoient les archers des ordonnances du Roi. » [136]

Jacques d'Orléans mourut avant le 3 mars 1545-46, puisque ce jour là Jeanne Asse avait la garde-noble de leurs enfants mineurs. [137] Ils eurent :

1° JEAN D'ORLÉANS, dont l'article suivra.

2° LOUIS D'ORLÉANS, écuyer, seigneur de Vic et de La Tour du Breuil, porta foi et hommage pour cette der- nière terre à Jacques d'Estampes, seigneur de Valançay, le 6 novembre 1550. Il mourut sans enfant, le 16 mars 1563-64. [138]

3° PIERRE D'ORLÉANS transigea, le 16 mars 1563-64, avec Jean, son frère, pour la succession de Jean d'Orléans, leur oncle, et signa, le 8 novembre 1579, au contrat de mariage de Bertrand de Mathefelon, son neveu, fils aîné de Anne d'Orléans, sa sœur. Dans cet acte, il est ainsi désigné : « Noble seigneur Pierre Dorléans, seigneur « de La Tour du Breuil et de Pymoireau, lieutenant de « cinquante hommes d'armes sous la charge de monsei- « gneur de La Chastre et chambellan de Monseigneur, « frère du Roi. » [139]

Il est appelé, dans une inscription gravée sur la cloche de la chapelle du château du Breuil : « Pierre Dorléans, « seigneur du Breuil et chambellan de monseigneur « le Duc, frère du Roi, 1578. » [140]

Il est qualifié *chevalier,* dans un aveu et dénombrement qu'il rendit le 7 août 1597, à Jean d'Estampes, seigneur de Valançay, pour le manoir du Breuil, situé sur la rivière de Nahon, paroisse de Veuil, et pour la seigneurie du Cormier. [141]

Pierre d'Orléans fit don de tous ses biens, le 26 juillet 1607, à Louis d'Orléans, son neveu, et dans cet acte, il se qualifie : « chevalier de l'ordre du Roi, seigneur des terres « et seigneuries du Breuil et Bastarde, des trois quartes « parties en la moitié de la terre, justice et seigneurie « de Vic-sur-Nahon, de la Caillaudière, du Cormier et « du Puymoreau. » Il mourut sans laisser d'enfant. [142]

4° ANNE D'ORLÉANS épousa, par contrat du 31 janvier 1541-42, noble homme François de Mathefelon, écuyer, seigneur de La Cour, de Routigni et de Grammont. Elle était veuve le mercredi 13 juin 1591, suivant un acte de ce jour où elle est qualifiée dame de La Cour, de Couffi et du Plessis. [143]

VI.

XVIII. JEAN II D'ORLÉANS, écuyer, puis chevalier, seigneur de Bastarde, de Rère, de Ballane, d'Aubefons, de Charnay, du Beuffroy, du Plessis, de Souesmes, baron de Preuilly.

Il contracta mariage, le 5 avril 1554, « avec damoiselle « Gabrielle de La Marche, fille de noble homme Pierre de La « Marche, seigneur du Plessis-lez-Victry-o-Loiges, escuyer « d'escurye de monseigneur le Daulphin, et de deffuncte « noble damoiselle Gabrielle de Sainct-Jullien. »

Pierre de La Marche dota sa fille de 3,000 livres tournois, dont 2,000 devaient être converties en héritages propres à la future. Jean lui constitua un douaire de 300 livres tournois, dans le cas où elle lui survivrait. [144]

Jean d'Orléans obtint, le 24 mars 1568, le brevet de conseiller et premier écuyer du Duc d'Anjou. Sa nomination est précédée de considérations dignes d'être reproduites :

« Henry, filz et frère de Roy, duc d'Anjou et de Bourbon-
« nois..... Nous avons, ces jours passez, disposé des princi-
« paulx offices, estatz et charge de nostre dicte maison en fa-
« veur de ceulx de noz serviteurs que dès longtemps nous
« avoient et des premiers servy. Ayant advisé avec le prudent
« advis de la Royne, nostre très-honorée dame et mère, de
« départir à nostre amé et féal escuyer ordinaire de nostre
« escurie, Jehan Dorléans, seigneur de Bastarde, aulcuns des
« estatz et honneurs de nostre dicte maison, comme il est
« bien raisonnable, considérant le service qu'il nous a dès
« longtemps faict et mesmes dès noz premiers et jeunes ans et
« que nous avons eu estat et maison tant en sondit estat que
« aultrement, oultre ceulx qu'il a faict au Roy et noz très-honorez
« seigneurs père et frère au faict de leurs guerres et mesmes au
« dernier voiage qu'il a faict avec nous portant nostre cor-
« nette, faict et continue chascun jour, donnant parfaicte et
« entière congnoissance et tesmoingnage à ung chascun de
« ses sens, prudence, vaillance, vertuz et louables qualitéz
« dont il s'est rendu envers nous recommandable, espérant
« qu'il sera pour continuer cy-après et en l'advenir. Pour ces
« causes et aultres grandes considérations à ce nous mou-
« vans, ycelluy avons faict, ordonné, retenu et estably....,
« nostre Conseiller et premier Escuyer de nostre escurye.....

« Donné à Paris, le xxiiiie jour de mars, l'an mil cinq cens
« soixante-huict.   « HENRY.

« Par Monseigneur, filz et frère de Roy : SARRES. » [145]

Le 26 juillet 1570, Charles IX nommait Jean d'Orléans gentilhomme ordinaire de sa chambre et motivait son choix en ces
termes :

« De par le Roy,

« Grand Chambellan de France, Maistres ordinaires de
« nostre hostel, et vous, Maistre et Contrerolleur de nostre
« chambre aux deniers, salut et dilection. Scavoir vous faisons
« que nous, désirans recongnoistre envers nostre amé et féal
« Jehan Dorléans, sʳ de Bastarde, premier escuyer descurye
« de notre très-cher et très-amé frère le duc d'Anjou..., les
« bons et notables services qu'il a cy-devant et jusques icy
« faictz à cest estat et Couronne au faict des guerres et autres
« occasions esquelles il a esté employé, et en contemplation
« de ce favorallement le traicter et l'approcher de nous en
« estat honorable et condigne a ses vertuz et merittes, ycelluy
« pour ces causes et pour l'entière confiance que nous avons
« de sa personne..., avons ce jourdhuy retenu et retenons par
« ces présentes en l'estat de gentilhomme ordinaire de nostre
« chambre, au lieu et place de deffunct sʳ de La Mothe-
« Nouastre Claude de Crevant, qui en estoit pourveu, na-
« gueres déceddé.... Si voulons et vous mandons....

« Donné soubz le séel de nostre secret, le xxvɪᵉ jour de
« juillet, l'an mil cinq cens soixante et dix.

« Par le Roy :

« DE NEUFVILLE. » [146]

Le 27ᵉ jour de janvier 1571-72, le même Roi, Charles IX,
donnait au même Jehan d'Orléans « l'office de capitaine de la
« forêt de Remorantin et Millancay, avecques la nomination
« et presentation aux gardes d'icelle quand vaccation y es-
« cherra par mort, resignation ou autrement. » [147]

Et le dernier jour de mai 1573, Charles IX, confirmant

la nomination faite par « sa très-chère et très-amée tante,
« la duchesse de Savoye et de Berry, » donnait et octroyait
« à son cher et bien-amé Jehan Dorléans, escuyer, s^r de
« Bastarde, chevalier de son ordre, conseiller et premier
« escuyer d'escurye de son frère le duc d'Anjou, l'office de
« Maistre des eaues et forests de Romorentin et Millançay, boys
« et buyssons circonvoisins dicelles, que soulloit cy devant
« tenir et exercer Gaucher Forget..., vaccant a present par
« la pure et simple resignation qu'il en a faicte. » [148]

Vers la fin de cette même année 1573, le duc d'Anjou
partit pour son royaume de Pologne ; mais il n'y séjourna pas
longtemps. Charles IX mourut le 30 mai 1574 ; et la nouvelle
de cette mort étant parvenue à Henri, en quatorze jours,
celui-ci s'empressa d'abandonner la Pologne et de gagner
Vienne. Puis, il visita Venise et l'Italie et n'arriva en France
qu'au mois de septembre, après avoir séjourné à la Cour de
Turin. Il n'est pas besoin de dire que Jean d'Orléans avait
accompagné son maître et Roi dans toutes ses pérégrinations :
la preuve en est donnée par la pièce suivante :

« Aujourd'hui, xxve jour d'aoust mil cinq cens soixante-
« quatorze, Madame la duchesse de Savoye et de Berry estant
« à Thurin, désirant bien et favorablement traicter en tout ce
« qu'il luy sera possible le s^r de Bastarde, chevalier de l'ordre
« du Roy, gentilhomme ordinaire de sa chambre, et premier
« escuyer d'escurye de Sa Majesté, luy a pour certeines causes
« et considérations faict don du gouvernement de la ville de
« Romorentin et admis et accordé la resignation de l'office
« de cappitaine du chasteau dudit lieu faicte par le s^r de
« la Blatière, gentilhomme servant de madicte dame, person-
« nellement en ses mains, pour et au proffict dudit s^r de
« Bastarde. M'ayant pour cest effect ladicte dame com-

« mandé luy en expédier ce présent brevet et touttes lettres
« pour ce requises et nécessaires, à la survivance de luy et de
« Jacques Dorléans, son filz, monsieur de Rochefort, conseiller
« de madicte dame et ledit s^r de la Blatière presens.

« SULLAIN. » [149]

Jean d'Orléans partagea, le 17 mars 1575, avec Louise de
la Marche, sa belle-sœur, femme de Bonaventure Lamy,
s^r de Château-Guillon, la terre et seigneurie du Plessis, près
de Vitry-aux-Loges ; et le 11 octobre suivant, il obtint de
Catherine de Médicis, duchesse d'Orléans, des lettres de
souffrance pour l'hommage que ses enfants mineurs devaient
à cause de ce même fief du Plessis. [150]

En 1578, Jean d'Orléans acheta, pour 5,000 écus, la baronnie
de Preuilly, sise en Touraine, et qui appartenait à Charles de la
Rochefoucault, seigneur de Barbezieux, et à dame Françoise
Chabot, sa femme. [151] La même année, le 29 juillet, il acquit de
Claude d'Estampes, baron de La Ferté-Imbault, les deux tiers
de la seigneurie de Souesme, en Sologne, moyennant 2,000
écus d'or. [152]

Le 12 septembre 1582, et jours suivants, les détenteurs des
héritages compris dans les limites du censif de Charnay,
passèrent leurs reconnaissances à « noble seigneur messire
« Jehan Dorléans, chevallier de l'ordre du Roy, son conseiller
« et chambellan ordinayre, cappitaine et gouverneur de la
« ville, chastel et chastellenye de Romorentin, seigneur de
« Bastarde, de Redze et de Charnay. » Ce censif était assis
en la terre de Vierzon. [153]

Jean d'Orléans se rendait à Paris, afin de reprendre son
service auprès du Roi, lorsqu'il tomba malade à Étampes et y
mourut le 13 novembre 1584. Ce dernier fait est attesté par
une inscription qui existait encore en 1677, dans l'église des

Cordeliers : « Ici est le cœur de haut et puissant seigneur
» Messire Jehan d'Orléans, seigneur de Bastarde, de Redzes,
« de Ballane et de Charnay, en son vivant chevalier de l'ordre
« du Roy, gentilhomme ordinaire de sa chambre, gouverneur
« pour Sa Majesté, des ville et château de Romorantin,
« lequel décéda en cette ville d'Estampes, allant au service
« du Roy, le treizième jour de novembre 1584. Priez Dieu
« pour son âme. » [154]

Le corps de Jean fut transporté à Pruniers et inhumé dans
l'église de cette paroisse, auprès de celui de Gabrielle de La
Marche, sa femme. Sur le tombeau qui les enfermait, on voyait,
en 1640, leurs effigies et leurs armes. [155] Ils eurent quatre
enfants :

1° JACQUES D'ORLÉANS, seigneur de Bastarde, de Ballaine et de La Grange de Rère.

Quand son père mourut, en 1584, il avait un grave différend avec Vincent et Jacques de Barbansson, seigneurs
de Champleroy, lesquels « mus d'un mal contentement
« pris très-mal à-propos contre Jehan de Bastarde,
« étoient avec une extrême témérité, entrés avec nombre
« de soldats qui avoient harquebuses et feu au serpentin
« d'icelles, dans l'auditoire de la justice de Romorantin,
« pendant que le lieutenant particulier du bailly de Blois
« y tenoit son siége, et dict plusieurs propos injurieux et
« de contumélie contre ledict de Bastarde ; lequel pour
« le rang d'honneur qu'il tenoit, et son âge qui estoit de
« plus de 60 ans, et aussi qu'ils tenoient de lui en foi et
« hommage tout leur bien, ils devoient respecter. » [156]
Jean d'Orléans, justement blessé de ce procédé, avait
activé vigoureusement ses auteurs; mais étant mort au
cours de ce procès, les poursuites étaient demeurées sus-
pendues. Cette querelle, faisant partie de l'héritage pa-

ternel, fut reprise par Jacques et Louis d'Orléans. MM. de
Barbansson se voyant sur le point de succomber en justice,
eurent recours aux armes. Ils assemblèrent à Champleroy
leurs amis et des gens de guerre en grand nombre, et marchèrent sur Bastarde. Jacques et Louis d'Orléans, pré-
venus à temps, se renfermèrent dans leur château et
attendirent l'ennemi, tandis que des amis communs
s'efforçaient de négocier une réconciliation. MM. de Barbansson ne voulurent pas s'y prêter. Alors, le Roi intervint, et écrivit à Jacques d'Orléans :

« Monsieur de Bastarde, j'ay entendu qu'entre vous
« et le seigneur de Champleroy il y a quelque différend
« et querelle, pour raison de laquelle vous vous accompa-
« gnez et assemblez de forces d'une part et d'aultre, ce que
« je trouvè fort maulvais, ayant bien voullu à ceste cause
« vous faire la presente pour vous dire que je vous
« deffendz expressément, sur peine d'encourir mon indi-
« gnation, de rechercher ny entreprendre aulcune chose
« par voye de faict contre la personne dudict seigneur de
« Champleroy, lequel je vous baille en garde pour en
« respondre s'il y advenoit inconvénient, comme je faictz
« vous à luy par semblables lettres que je luy escripts,
« ainsy que vous fera plus amplement entendre de ma
« part le seigneur de La Ferté-Aurain, auquel j'en
« escriptz vous aller trouver et regarder d'accorder amia-
« blement ceste querelle dont vous le croirès comme si
« c'estoict moymesme, ou sinon qu'il me mande vostre
« dict differend, affin que j'en ordonne ainsy que je advi-
« seray estre à faire. Priant Dieu, monsieur de Bastarde,
« vous avoir en sa saincte et digne garde. Escript à Paris,
« le quinzeiesme jour de janvier 1586.   HENRY.

« PINART. » [137]

Fort de cette lettre, le seigneur de La Ferté-Aurain obtint facilement de MM. d'Orléans qu'ils s'en rapportassent à l'arbitrage de gens d'honneur et d'expérience ; mais MM. de Barbansson ne voulurent pas y consentir. Alors, le Roi manda près de lui les parties belligérantes. Jacques d'Orléans se rendit immédiatement à la Cour et y attendit inutilement, durant un mois, l'arrivée de ses adversaires. Le Roi proposa de remettre la décision du différend à l'arbitrage de M. d'Aumont, maréchal de France ; Champleroi refusa. Il refusa également l'arbitrage de M. de La Châtre, gouverneur du Berri. En désespoir de cause, le Roi écrivit à M. de Rochefort, gouverneur de Blois, de s'employer activement à la réconciliation des deux familles ennemies. [158]

« Comme les choses estoient en ces termes, le di-
« manche, second jour du mois d'août 1587, Jacques
« d'Orléans sortit de sa maison sans aultre arme qu'une
« espée et un poignard, ne aultre train que ses servi-
« teurs, qui n'estoient en tout que cinq chevaux, le
« sien compris, et deux jumens de somme chargées de
« meubles remplis d'habillemens pour aller voir le *sieur*
« *du Breuil,* son oncle, et de là le *sieur de Prie,* en sa
« maison de Montpoupon, et prinst son chemin par le
« village de Pruniers, comme il est. Jacques d'Orléans
« estant descendu joignant le cimetière dudit lieu, il
« laissa là ses chevaux et s'en alla ainsi qu'il a accoustumé
« voir le *sieur de Mathefelon,* son cousin, qui a sa maison
« dans ledict village de Pruniers, et lui demanda s'il vou-
« loit ouyr messe. Et n'ayant fait qu'entrer et sortir,
« allèrent pour ce faire ensemble en l'église dudit lieu.
« Entrant en ladicte église, trouvèrent le sieur de
« Champleroy et le sieur de Barbansson qui avoit une

« pistole bandée et le chien abbattu, et quatre soldats
« ayant arquebuses la mèche allumée au serpentin. Et la
« messe dicte, Jacques d'Orléans sortit de ladicte église
« avec tous ceulx de sa compagnie, pour continuer son
« voyage ; mais il se vit suivi de si près dudict de Champ-
« leroy et son frère et des siens qui lui marchoient sur
« ses tallons, qu'il tourna visage et dit à Champleroy :

« — Monsieur de Champleroy, j'ai vu une lettre que
« vous avez escripte à monsieur de Rochefort, par la-
« quelle vous dictes qu'il faut que nous soyons confrontés
« l'un à l'autre ; je vous prie de me dire que c'est.

« Champleroy répondit : Allons nous en à deux quarts
« de lieue d'ici, et là je vous le diray.

« — Il n'est besoing d'aller si loing, il ne faut que
« s'accorder là même.

« Et Champleroy s'écria : Allons nous en à un quart
« de lieue d'ici, et je vous le dirai et interpréterai avec
« une épée et un poignard.

« — Eh bien, soit, dit Jacques d'Orléans, pourvu que
« ce soit sur le chemin du lieu où je vais.

Ils se dirigèrent vers la Sauldre ; et étant arrivés sur
le bord de cette rivière, ils s'arrêtèrent dans une aubraye
et tirèrent leurs épées. Champleroy reçut deux blessures,
dont il mourut peu après. Jacques d'Orléans jugea prudent
de quitter le pays jusqu'à ce que l'émotion causée par cette
malheureuse affaire eût été calmée. Au mois de janvier
1588, il obtint du Roi des lettres de rémission qui lui
permirent de rentrer dans ses foyers, et le déchargèrent
de toute la procédure faite contre lui durant son absence. [159]

L'année suivante, Jacques d'Orléans avait pris les

armes, et secondé des sieurs de Tannerre, son beau-frère, de Montigny et de Vatan, il surprit la ville de Romorantin, qui tenait pour la Ligue, et y mit garnison pour le Roi. [160]

Nous lisons dans l'histoire du Berri, par La Thaumassière : « que le 27 septembre 1591, la ville de Celles-sur-« Cher fut investie par le prince de Conti et les sieurs de « Montigny, Vatan et Bastarde, qui avoient cinq ou « six mille hommes, tant de pied que de cheval, et six « pièces de canon. » [161]

Entre ces deux expéditions, Jacques d'Orléans s'était marié. Il avait épousé, le 25 février 1590, Françoise de Prie, fille de René de Prie, baron de Toucy, s^r de Montpoupon, et de Jossine de Selles-de-Beuzeville. [162]

Jacques d'Orléans était, en 1588, gouverneur et capitaine de Romorantin, lieutenant de cinquante hommes des ordonnances du Roi, sous la charge de M. de Valençay. Il devint capitaine de cent chevau-légers, le 30 juillet 1594. Il était en outre chevalier de l'ordre du Roi, gentilhomme ordinaire de sa chambre et maître des eaux et forêts de Romorantin et Millançay.

Il mourut avant le 6 juillet 1596, à peine âgé de 30 ans. [163] Il avait eu trois enfants :

N. D'ORLÉANS, qui mourut au berceau.

GABRIELLE D'ORLÉANS, dame de Ballaine, épousa, suivant les articles de son mariage, accordés le lundi 6 juillet 1615, François de Bourzolles-de-Caumont, fils aîné de François de Bourzolles, qualifié dans cet acte seigneur de La Cassagne, vicomte de Carlus, baron de Berbières, conseiller

du Roi en ses conseils d'État et privé, capitaine de
cinquante hommes d'armes de ses ordonnances, et
de dame Françoise de Caumont, sa femme, dame de
Berbières. Elle vendit, avant le 28 mai 1625, la terre
de Ballaine, qu'elle avait eue en mariage. Vers ce
temps-là même, elle plaidait contre sa sœur Madeleine sur la succession de leurs père et mère, et le
procès durait encore le 22 avril 1627. — Devenue
veuve, elle transigea, le 6 avril 1652, avec ses enfants
au sujet de son douaire et de ses conventions matri-
moniales. [164]

MADELEINE D'ORLÉANS épousa, par contrat du
24 juin 1623, Pierre Brun, écuyer, fils d'Abraham
Brun, écuyer, seigneur de Magnon et de La Ligne,
et de demoiselle Suzanne d'Albanie. [165]

2° LOUIS D'ORLÉANS, continuera la descendance.

3° MADELEINE D'ORLÉANS, fut mariée deux fois. Elle
épousa en premier lieu, par contrat du 20 décembre 1581,
Edme du Pé, écuyer, seigneur de la Bruyère et de Louesme,
baron de Tannerre, fils de Hervé du Pé et de Claude
Stuart. Elle reçut en dot 8,000 écus, à la condition
qu'elle renoncerait aux successions de ses père et mère.
Plus tard, elle prouva que cette renonciation avait lésé
ses intérêts, et ses deux frères Jacques et Louis, lui abandonnèrent, à titre d'indemnité, la baronnie de Preuilly
et les deux tiers de la terre de Souesmes en Sologne.
Elle perdit son premier mari, avant le 30 juillet 1594,
et se remaria à Jean de Courtenay, seigneur des Salles,
de Blandy et du Parc-Vieil. Elle assista au contrat de
mariage de Louise d'Orléans, sa nièce, le 11 décembre
1605, et mourut postérieurement au 29 août 1624. [166]

4° Gabrielle d'Orléans épousa César des Roches,
écuyer, seigneur de la Morinerie, de Champlivault et du
Breuchay, fils de noble seigneur Guillaume des Roches et
de Marie Herpin. Son contrat de mariage, du 28 octobre
1584, lui attribuait une dot de 8,000 écus, à condition
qu'elle renoncerait aux successions de ses père et mère.
Mais son père étant mort le 13 novembre suivant, avant
la célébration du mariage, Gabrielle, autorisée de son
futur, réclama sa part héréditaire. Jacques et Louis
d'Orléans lui donnèrent 3,000 écus en outre des 8,000
portés au contrat, « afin de nourrir paix union et amitié
« entre frères et sœurs. » Cette transaction, du 5 mai
1585, est relatée dans une autre transaction du 6 septembre 1597, passée entre Françoise de Prie, veuve de
Jacques d'Orléans, Louis d'Orléans et Gabrielle d'Orléans,
épouse de César des Roches. [167]

VII.

XIX. LOUIS D'ORLÉANS, écuyer, seigneur de Rère, du
Breuil-Bastarde, du Plessis, de La Moussetière, de La Billardière, du Cormier, de La Caillaudière, de Vic-sur-Nahon,
d'Aubefons, de Charnay, de Beufroy, d'Arpeau, du Rouablay et
de La Bourdelle, gentilhomme ordinaire de la chambre du Roi,
chevalier de son ordre, capitaine de cinquante chevau-légers,
gouverneur, pour Sa Majesté, de la ville et grosse tour de
Villeneuve-le-Roi. Il perdit son père, Jean II, en 1584, et l'année
suivante, il transigea, ainsi que Jacques, son frère aîné, avec
Marguerite et Gabrielle, ses sœurs, au sujet des successions de
leurs père et mère. [168] La même année, il reprit le procès contre

MM. de Barbansson, procès qui se termina comme nous l'avons dit, par la mort de M. de Champleroy.

En 1586, Louis d'Orléans épousa Edmée de Montjouan, fille de noble seigneur Louis de Montjouan, sʳ de la Moussetière, de la Billardière, de la Terre et Justice de Vic, et de Louise de La Chastre. Il reçut, pour la dot de sa femme, la seigneurie de la Billardière et la métairie de la Bonefarderie. [169]

Le 4 avril 1587, « Loys Dorléans, escuyer, seigneur de
« Reze, Aubefons, Charnay et le Beufroy, demeurant au lieu
« de Reze, parroisse de Teillé, a recongneu et confessé que
« par le decedz de deffunct Messire Jehan Dorléans, son père,
« vivant, chevallier des deux ordres du Roy, notre sire, sei-
« gneur de Bastarde et autres terres et seigneuries, luy sont
« escheues et advenues lesdictz lieux et seigneuryes de La
« Motte, de Charnay et du Beufroy, lesquelles seigneuryes
« chasteaux et pourpris il recongnoist estre tenus et mouvans
« du Roy, nostre sire, et estre tenu luy en faire et porter la
« foy, hommaige et serment de fidellité à cause de la grosse
« tour et chastel de Vierzon. » [170]

Louis d'Orléans suivait la carrière des armes, ainsi que ses ancêtres avaient fait, et comme eux, au milieu des troubles religieux et politiques qui agitèrent la France, il marcha bravement et sans hésitation dans la voie droite. Aussi, après l'assassinat de Henri III, et alors que grand nombre de catholiques se rangeaient sous les drapeaux de la Ligue, Louis d'Orléans demeura-t-il attaché à la fortune du Béarnais. Henri IV, qui se connaissait en bravoure et en capacité militaire, donnait à Louis d'Orléans, le 2 février 1594, la *commission* suivante :

« Henry, par la grâce de Dieu, Roy de France et de Navarre,
« à notre amé et féal Louis Dorléans, sʳ de Reidze et Bastarde.

11

« Nous voullant pourveoir en tant qu'il nous est possible à la
« seureté et garde de notre ville de Villeneufve le Roy, affin
« qu'il n'en arrive aucun inconvénient au préjudice de notre
« service, nous avons advisé d'y mettre dedans un bon, vaillant
« et expérimenté personnage, pour commander en icelle et
« aux gens de guerre que nous y avons establis en garde; et
« sachant que pour cet effect nous ne scaurions faire meilleure
« et plus digne eslection que de vostre personne, pour l'assu-
« rance que nous avons de vostre fidelle expérience au fait
« des armes. A ces causes, nous vous avons commis, ordonné
« et député, et par ces présentes signées de notre propre main,
« commettons, ordonnons et députons pour commander
« en ladite ville de Villeneufve le Roy, et auxdits gens de
« guerre y establis en garde, veiller à la conservation d'icelle
« en notre obéissance, s'opposer aux pernitieux desseings
« que nos ennemis pourroiyent dresser dessus, faire assembler
« les habitants de ladicte ville et adviser avec eux ce qu'il
« sera besoing de faire pour nostre service, et faire vivre
« lesdits soldats avec telle pollice et modestie qu'il ne nous
« en vienne aucune plainte. De ce faire, vous avons donné et
« donnons plain pouvoir, puissance, auctorité et mandement
« spécial. Mandons et commandons aux habitants de ladite
« ville, auxdits gens de guerre et à tous autres qu'il appar-
« tiendra qu'à vous, ce faisant, soit obéi. Car tel est notre
« plaisir. Donné à Chartres, le deuxiesme jour de febvrier,
« l'an de grâce mil cinq cens quatre-vingts quatorze, et de
« nostre reigne le cinquiesme. HENRY. » [171]

Le 19 du même mois, Henri IV écrivait de nouveau à « son
« cher et bien-amé Loys Dorléans, seigneur de Redze.....
« Nous vous commectons, ordonnons et depputons par ces
« presentes pour lever et mettre sus incontinant et le plus

« dilligement que faire ce pourra trente hommes de guerre,
« montez et armez à la legère, des meilleurs et plus aguerris
« soldatz que vous pourrez choisir et eslire pour iceulx mener
« conduire et exploicter à la guerre aux occasions qui s'en
« offriront pour notre service sans desamparer, ladite com-
« pagnie soubz l'auctorité de notre très-cher et très-amé
« nepveu le comte d'Auvergne, collonnel général de nostre
« cavallerye légère.... — Donné à Chartres, soubz le scel
« de notre secret, le 19 février 1594. HENRY.

« Par le Roi : RUZÉ. » [172]

Louis d'Orléans obéit aux ordres du Roi et se mit en campagne. Il guerroya pendant trois années et se trouva au siége
d'Amiens, en 1597, commandant cinquante chevau-légers et
deux compagnies d'infanterie. [173]

Il était rentré à Rère en 1598, puisque le 24 mai de cette
année, il obtenait titre nouvel d'une rente assise sur le lieu de
Faveroles. Cette redevance consistait en « une poule bonne et
« recepvable, à chascun jour de caresme prenant. » [174]

Louis reçut de Pierre d'Orléans, son oncle, le 26 juillet
1607, les terres et seigneuries : du Breuil-Bastarde, du Cormier, sis en la justice de Valençay, paroisse de Laugé, de la
Caillaudière, sise en la paroisse de Vic, de Vic-sur-Nahon, et
de tous les autres biens qu'il pouvait avoir dans les paroisses
de : Valençay, Veuil, Bourgneuf, Laugé et Poullaines ; plus
2,000 livres à prendre sur la terre du Puymoreau, en la paroisse d'Arthon, au comté de Châteauroux. [175] Lorsqu'il
voulut percevoir les redevances qui lui étaient dues par ses
vassaux, il éprouva de telles difficultés, qu'en désespoir de
cause, il s'adressa au Roi ; et Henri IV manda, le 2 avril 1610,
au Bailli de Blois, de faire afficher et publier à son de trompe
dans toutes les paroisses où les seigneuries de Louis étaient

situées, que si, dans un certain délai, les vassaux de ces seigneuries ne portaient pas foi et hommage, leurs fiefs et censives seraient saisis et mis en la main du Roi. [176]

Louis d'Orléans mourut avant le 5 novembre 1612, laissant de son union, avec Edmée de Montjouan, morte elle-même avant le 11 décembre 1605, les six enfants qui suivent :

1° PIERRE D'ORLÉANS, continuera la descendance.

2° JACQUES D'ORLÉANS, auteur de la branche des seigneurs du *Plessis de Rère*, rapportée en son rang.

3° LOUIS D'ORLÉANS, dit *le chevalier de Rère*, qualifié seigneur du Breuil et du Cormier, dans un acte du 3 février 1617, et seigneur du Breuil et de Bastarde, dans un autre du 29 août 1624, servait en l'armée du Roi, au pays de Bresse, lorsqu'il rendit aveu conjointement avec Jacques d'Orléans, son frère, le 6 octobre 1629, à Jacques d'Estampes, seigneur de Valençay, pour l'hôtel et manoir du Breuil-sur-Nahon. Il était capitaine d'une compagnie de gens de pied, dans le régiment de Normandie, le 9 août 1633, jour auquel il vendit cet hôtel et manoir à Pierre Goguery, marchand, demeurant à Valançay, moyennant la somme de 7,000 livres. Il eut la tête tranchée par sentence du 9 août 1636, étant âgé de 33 ans. [177]

4° LOUISE D'ORLÉANS épousa, le 11 décembre 1605, « illustre seigneur du sang royal, Monsieur Gaspard de « Courtenay, seigneur de Bléneau, Villards l'Hermitte et « Plancy. » Elle reçut en dot : 1° de son père, la somme de 9,000 livres; 2° de Pierre d'Orléans, son grand oncle paternel, celle de 6,000 livres tournois en écus d'or, étant du poids et prix de l'ordonnance. Dans le cas où elle eût survécu à son mari, elle devait « gaigner de préciput

« et adventage ses habitz, bagues et joyaulx, avec son
« carosse et quatre chevaulx, sa litière et une chambre
« garnye, ou pour ladicte garniture de chambre la somme
« de quinze cens livres à son obtion. » [178]

Le 5 janvier 1609, mourut Gaspard de Courtenay. Son
cœur fut mis dans l'église de l'abbaye de Fontainejean,
ainsi qu'il en avait exprimé le désir, et Louise d'Orléans
y fit placer cette inscription gravée sur marbre :

« Cy devant est enclos le cœur de très-haut et très-
« illustre Prince du sang royal, Monseigneur Gaspard
« de Courtenay, seigneur de Bléneau, Villar l'Hermite
« et La Motte-Messire-Raoul, lequel est décédé en sa
« maison de Bléneau, le cinquième jour de janvier,
« l'an MDCIX. — Priez Dieu pour son âme. »

> « L'éternel souvenir qu'à son espoux fidelle
> « Louyse d'Orléans, portoit quand il vivoit,
> « A ce marbre gravé pour tesmoigner son zèle,
> « Combien que dans son cœur bien mieux empreint il soit. » [179]

Louise d'Orléans se remaria, le 2 août 1616, avec François
de Tenance, baron de Champignelles, écuyer de la petite
écurie du Roi, fils de Christophe de Tenance, baron de
Champignelles, chevalier de l'ordre du Roi, gentilhomme
ordinaire de sa chambre, capitaine de 300 arquebusiers
à cheval, et de dame Louise de Vieilchatel. Elle partagea,
le 13 mai 1616, avec ses frères et ses sœurs, les biens
de la succession de leur père ; et la seigneurie du Plessis-
aux-Loges lui échut, par un nouveau partage qu'elle fit
de cette succession, le 12 mars 1620, avec Pierre, son frère,
et Catherine, sa sœur. [180]

5° GABRIELLE D'ORLÉANS, qualifiée Dame du Vergier et
de Montjouan, dans deux actes datés du 3 février 1617

et du mercredi 7 mars 1618, était mariée le 30 octobre 1619 avec René Allemant, écuyer, seigneur de Concressault, du Guépéan et de Bizard. [181]

6° CATHERINE D'ORLÉANS, Dame du Cormier en partie et de la Billardière, partagea, le 13 mai 1616, avec ses frères et sœurs, la sucession de leur père, passa un accord avec eux, le 29 août 1624, et mourut avant le 6 octobre 1629. [182]

VIII.

XX. PIERRE II D'ORLÉANS, écuyer, seigneur de Rère, de Bastarde, du Plessis, de la Tour-du-Breuil, de la Mouchetière, de la Billardière, de Charnay, d'Harpeau et du Cormier, chevalier de l'ordre du Roi, capitaine et gouverneur des ville et grosse tour de Villeneuve-le-Roi.

Le 5 novembre 1612, Pierre porta à Jean d'Estampes, seigneur de Valençay, la foi qu'il lui devait, à cause de la Tour-du-Breuil et du Cormier, tant en son nom qu'en ceux de Louise d'Orléans, veuve de Gaspard de Courtenay, de Jacques et Louis d'Orléans, écuyers, et de damoiselles Catherine et Gabrielle d'Orléans, ses frères et sœurs. [183]

Pierre d'Orléans, épousa, par contrat du 17 février 1614, Diane Gaillard, fille de Gallerand Gaillard, sieur de La Motte-d'Huisseau, de la Tousche et Baschesnoy, conseiller du Roi et son avocat au siége présidial de Blois, et de damoiselle Marguerite de Nambu.

Diane eut en dot 6,000 livres tournois, données par son père, et 21,000 livres tournois données par son beau-frère,

Henri Hurault, comte de Cheverny, gouverneur des pays Chartrain, Blaisois, Dunois, Vendômois et Amboise, qui avait épousé Marguerite Gaillard. Son douaire fut fixé à 1,200 livres de rente viagère, avec la jouissance du Plessis, de la Mouche-tière ou de Rère, à son choix. [184]

Le 30 octobre 1619, Pierre d'Orléans partagea la succes-sion de Louis, son père, avec ses frères et sœurs. Les puînés abandonnèrent à l'aîné le manoir de la Grand'-Maison-de-Vic, la métairie de la Caillaudière, la métairie de la Cousinière, celle de la Chesnerie, le lieu seigneurial du Cormier et le lieu du Moulin-Neuf, à condition qu'il prendrait à sa charge les dettes laissées par Louis, leur père. [185]

Pierre d'Orléans acheta, moyennant 21,000 livres tournois, de Pierre de Mascarel, baron de Boisgeoffroy, la charge d'Écuyer servant par quartier dans les écuries de Gaston, duc d'Orléans. Il en obtint la commission, le 18 avril 1626, et prêta serment, le 29 du même mois, entre les mains de M. Dornano, maréchal de France. [186]

Ces sortes de charges étaient honorables, mais contribuaient le plus souvent à appauvrir leurs titulaires. Et, en effet, ceux-ci voulant, avant tout, faire bonne figure à la Cour, se trou-vaient entraînés à de fortes dépenses, et par suite à contracter des emprunts. Telle était la règle, et Pierre d'Orléans n'y fit point exception. Ses affaires étaient tellement dérangées, en 1628, que Diane Gaillard plaida en séparation de biens. Elle obtint sentence en sa faveur le 7 juin, et, le 15 du même mois, elle fit sommation à son mari de lui restituer 27,000 livres, montant de sa dot, et 3,000 livres pour ses habits, bagues joyaux, carosse et chevaux. Pierre d'Orléans refusa, et l'huis-sier porteur de la sentence procéda à la saisie de tous les biens meubles existant dans les châteaux et métairies du seigneur de Rère. Nous mentionnons ces objets en mettant en regard le prix auquel ils furent adjugés aux enchères publiques :

Une enseigne garnie de diamants, 200 livres ; — une paire de petits pendants d'oreilles d'or aussi garnis de petits diamants, 15 livres ; — deux pendants d'oreilles en forme de croissants, accompagnés de quelques perles, 6 livres ; — deux autres pendants d'oreilles aussi garnis de petits diamants, 60 livres ; — un miroir garni d'or et d'agathe, 30 livres ; — un petit étui d'or avec sa petite chaîne d'or, 15 livres ; — un reliquaire avec un cercle d'or émaillé, 3 livres ; — deux colliers de perles, 50 livres ; — deux autres colliers de perles, 40 livres ; — deux autres petites chaînes d'or servant de pendants à ceinture, 110 livres ; — une montre couverte de petits diamants, 150 livres ; — une chaîne d'or, 45 livres ; — une bague garnie de petits diamants, 72 livres ; — une chemisette de chartre d'or, 3 livres ; — total : 779 livres tournois.

48 marcs d'argenterie, à 21 livres le marc, ensemble : 1,008 liv.

53 bœufs arables, vendus en moyenne, chacun 18 liv.

19 taureaux,	—	—	8	
56 vaches,	—	—	10	
19 taures,	—	—	5	
25 veaux de l'année,	—	—	2	10 s.
5 juments,	—	—	40	
38 porcs,	—	—	3	
32 cochons,	—	—	1	
247 chefs de brebis,	—	—	1	10
119 agneaux,	—	—	1	187

Pierre d'Orléans mourut avant le 1er avril 1632, laissant sept enfants, dont l'aîné n'avait pas quatorze ans. Mais leur mère, Diane Gaillard, était une femme douée d'un très-grand jugement et d'une fermeté extraordinaire. L'ardeur qu'elle mit à refaire la fortune de sa maison, profondément atteinte par les dépenses de son mari, et à défendre les intérêts de ses enfants, se manifesta dans les procès multipliés qu'elle eut à soutenir devant diverses juridictions. [188] Jusqu'en 1654, année de sa mort, elle ne cessa de penser et d'agir pour sa famille.

1° Louis d'Orléans était l'aîné et n'avait que quatorze ans le 1er avril 1632, date d'un port de foi et hommage au seigneur de Migeraut. Cet acte contient ce passage : « Louis Dorléans, chevalier, seigneur de Rère, La Bour- « delle, Charnay, Arpeau, La Billardière, Villaines, et de « la terre et seigneurye de Vic-sur-Naon en partye, de- « meurant audit Rère, paroisse de Theillay, aagé de qua- « torze ans à presant, tant en son nom privé que garan- « tissant en paraige pour damoiselles *Loyse, Charlotte* « et *Margueritte* Dorléans, *Pierre* et *Michel* Dorléans, « escuyers, ses frères et sœurs, tous enfans et héritiers « de feu Mre Pierre Dorléans, vivant, chevalier, seigneur « de Rère, s'est transporté au lieu et seigneurye de Mige- « rault, paroisse de Loreux...... [189]

Il semblerait, d'après cet acte, que les enfants de Pierre d'Orléans et de Diane Gaillard n'étaient que six ; et pour- tant dans un autre port de foi et hommage, du 4 janvier 1644, il est dit que Michel et *Magdellaine* Dorléans, mi- neurs, sont enfants et héritiers de défunt messire Pierre d'Orléans. Il est donc probable que Madeleine aura été oubliée dans l'acte du 1er avril 1632. [190]

Louis d'Orléans, convoqué à Blois le 7 août 1635, pour le ban et l'arrière-ban, y comparut par procureur, et s'excusa sur ce qu'il était parti pour le service de Sa Majesté, ainsi qu'il est prouvé par ce certificat :

« Nous, comte de Cheverny, conseiller du Roy en ses
« Conseils d'État et privé, cappitaine de cinquante
« hommes d'armes de ses ordonnances, et lieutenant-
« général pour Sa Majesté es duchez d'Orléans, Chartres,
« comté de Blois, Dunois et Vendomois, certiffions à tous
« qu'il appartiendra que nous estans acheminez par com-
« mandement de Sa Majesté, dès le cinquiesme jour de
« septembre dernier, vers Chaalons en Champagne, avec
« plusieurs gentilshommes des provinces susdictes sub-
« jets au ban et au service à quoy les fiefs qu'ils poceddent
« les obligent, aurions receu aultre commandement de sa
« part de retourner en nos gouvernemens et accordé de
« ramener quelques ungs desdicts gentilhommes, pour
« demeurer près de nous pour sondit service, entre les-
« quels nous aurions mené et ramené Louis Dorléans,
« escuier, sieur de Reize, auquel nous avons dellivré
« le présent certificat pour luy servir et valloir en temps
« et lieu.

       « Fait ce vingtiesme octobre MVI^e trente-cinq.

                        « CHEVERNY. » [191]

En produisant ce certificat, Louis obtint la décharge de la contribution dont avaient été frappés tous ses fiefs du Blesois et du Berry. Il était dès-lors capitaine de cavalerie. [192]

Le 30 août 1641, Louis, de concert avec sa mère, emprunta une somme de 3,000 livres, pour parfaire la dot de Louise d'Orléans, sa sœur, et il assista à ce mariage, dont le contrat fut signé le 24 novembre de la même année. [193]

Louis fut tué en 1643. Il semblerait résulter de la délibération des maréchaux de France : que Louis et Pierre
d'Orléans auraient battu un des habitants de Tenniou,
village appartenant à M. de La Chastre ; qu'ils auraient
frappé un boulanger qui suivait les chiens du même
seigneur, et enfin outragé un page qui avait la livrée
de M. de La Chastre. Que ce seigneur, justement offensé
de ces procédés, aurait voulu en avoir raison par la voie
judiciaire, et qu'à cet effet cinq prévots se seraient trans-
portés à Theillay. Que là ils seraient entrés inconsidéré-
ment dans l'église où était M. de Rère, et qu'à leurs corps
défendans, ils l'auraient blessé si grièvement qu'il en
serait mort quarante-cinq jours après cette rixe. [194]

Diane Gaillard prétendait au contraire que les cinq
assassins, sachant que son fils était dans l'église, avaient
attendu sa sortie pour le frapper tous ensemble, dans
le cimetière. Elle n'hésitait pas à accuser M. de La Chastre
de cet assassinat. Ce déplorable évènement mit les armes
à la main de tous les parents et amis des deux familles.
Pierre d'Orléans se rendit chez le marquis d'Aumont,
qui lui était allié, afin d'organiser un plan d'attaque et
de défense. Et les hostilités allaient commencer, quand
le duc d'Orléans intervint :

« Monsieur le marquis d'Aumont, ayant appris que
« le sieur de Rère l'aîné est chez vous, et qu'au subjet
« de la mort de son frère arrivée par accident, luy et ses
« amis s'assemblent pour entreprendre quelque chose au
« préjudice de l'ordre que j'ai cy devant donné sur leur
« différend avec le sieur de La Chastre, j'ay voulu vous
« escrire cette lettre à ce que vous ayés à luy dire de ma
« part que je désire que cette affaire se termine par

« la voye que je leur ay prescripte, luy faisant deffence de
« partir d'auprès de vous, ni de rien entreprendre direc-
« tement ou indirectement contraire à cela ; et pour une
« plus grande précaution, je désire aussi que vous soyés
« chargé de la personne dudit sieur de Rère pour en
« répondre jusques à ce que vous ayés reçu autre ordre
« de moy. Je ne doute point que vous ne suiviés ponc-
« tuellement mon intention en cela, laquelle n'est que
« pour prévenir les mauvaises suites et inconvéniens
« qui en peuvent arriver et le mauvais exemple de tels
« procédés qui est de très-grande conséquence ; aussi
« n'ajouterai-je autre chose à cette lettre qu'une assu-
« rance de l'estime singulière que j'ai pour vous, et que
« je suis parfaitement,

> « Monsieur le marquis d'Aumont,

>> « Votre bien bon amy,

>>> « GASTON.

« A Paris, ce 14 juillet 1643. » [195]

Le marquis d'Aumont obéit au Duc, et écrivit à Madame
de Rère :

> « Madame,

« ...... Je croy que dans le malheur qui est arrivé,
« les suittes n'en peuvent estre que fâcheuses de part
« et d'autre, et que ce seroit embarquer messieurs vos
« enfants à une affaire qui ruineroit leur fortune, les
« attacheroit au péis et sans doubte cousteroit la vie
« à l'un des deux partis, la ruine certene de l'une des
« Maisons, et ne feroit revivre le deffunt. Ce n'est point
« une affaire qui ne s'en soit veue d'aussi criminelle

« et qui n'aie esté acomodée. Dans nostre Maison nous
« avons perdu un frère, et nostre grand-père, le mares-
« chal d'Aumont, a esté assasigné. Il i en a eu en France
« milles de ceste nature. Je suis tellement ami et servi-
« teur de Monsieur vostre fils, que je ne voudrois lui
« conseiller chose contre son honneur, et *aiant tesmoigné*
« *son courage comme il a fait à la guerre*, je ne lui
« conseilleray jamais de s'embarquer à des procédés de
« campagne. J'escris à Monsieur le comte de Cheverny
« et le prie de faire trouver Monsieur des Pins, lorsque
« Monsieur de La Chastre se trouvera à Cheverny; et pour
« les intérêts civils, j'attendray sur ce vos sentiments, et
« me porteray, comme je dois, à tout ce qui poura
« contribuer à vostre contentement, vous assurant que
« je suis si fort désireux de tesmoigner à Monsieur de
« Rère combien je l'estime et je l'aime, que je n'auray
« nul repos d'esprit que je ne lui aie tesmoigné. Possible
« ceste campagne prochene, je seray en estat de le faire,
« si l'on me tient ce que l'on me promet, et je vous done
« parole qu'il sera le premier qui aura part à ma bone
« fortune, et que je m'estimerai heureux de lui tesmoi-
« gner et à vous que je suis,

                    « Madame,

              « Votre très-humble serviteur,

                          « D'AUMONT.

« A Madame, Madame de Rère, en sa maison. » [196]

. Grâce à l'intervention active de M. d'Aumont et à l'autorité des maréchaux de France, grands juges du point
d'honneur, cette triste affaire n'eut pas de suite.

2° PIERRE D'ORLÉANS a continué la descendance.

3° MICHEL D'ORLÉANS est nommé dans un port de foi et hommage fait par Louis, son frère, le 1ᵉʳ avril 1632, au seigneur de Migerault. Il est aussi nommé dans un autre port de foi, du 4 janvier 1644. Il assista, le 24 novembre 1641, au contrat de mariage de Louise, sa sœur, avec René le Fuzelier ; [197] et, au mois d'avril 1645, reçut du duc de Chaulnes la lettre suivante :

« Monsieur, ayant eu advis qu'il y a ci-devant eu
« quelque différend entre Monsieur de La Chastre et
« Monsieur de Raire, vostre frère, qui fust acomodé par
« feu Monsieur le mareschal de Vitry ; et sachant que
« vous prenés part au subjet qui fist naistre ledit diffé-
« rend, et que pour cette raison Monsieur le mareschal
« de Grammont vous en a parlé, je vous ai faict ce mot
« pour vous dire qu'aussitôt que vous l'aurés receu vous
« nous veniés treuver pour nous en informer, et nous
« donner moyen de le terminer ; vous faisant cependant
« deffences de faire aucunes procédures contraires aux
« ordonnances du Roy, sur peine d'en encourir la
« rigueur : de quoy m'asseurant, je demeureray,

« Monsieur,

« Votre très-affectionné à vous servir,

« Le duc de CHAULNES.

« De Paris, ce 21 avril 1645.

« A Monsieur, Monsieur d'Orléans de Raire le jeune. » [198]

Michel se soumit comme Pierre s'était soumis, et la lettre du duc de Chaulnes fut le dernier écho du grand bruit qu'avait fait la mort de Louis d'Orléans. Michel mourut avant le 14 février 1654. [199]

4° MADELEINE D'ORLÉANS. Son existence n'est connue que par un port de foi et hommage du 4 janvier 1644, fait au seigneur de Migerault, par Pierre d'Orléans, tant en son nom qu'en ceux de Michel et Magdelaine, ses frère et sœur, mineurs. [200]

5° LOUISE D'ORLÉANS, mariée, par contrat du 24 novembre 1641, avec René le Fuzelier, écuyer, seigneur de Cormeray, du Cochet et de Bréviande, fils de René le Fuzelier, seigneur desdits lieux, et de Anne Duplessis. Elle reçut de sa mère, Diane Gaillard, à titre de dot, la somme de 25,000 livres. Son mari lui assigna pour douaire une rente viagère de 1,000 livres, ou de 600 livres si elle avait des enfants. Elle mourut avant le 14 février 1654. [201]

6° CHARLOTTE D'ORLÉANS fit profession dans le Prieuré de Menetou-sur-Cher, en 1638, et mourut le 17 décembre 1658. [202]

7° MARGUERITE D'ORLÉANS fit profession dans le même monastère de Menetou-sur-Cher, en 1649. Gabrielle Gillier, prieure de la Maison, ayant ensuite abdiqué en sa faveur, elle fut pourvue du Prieuré par bulles du Pape Alexandre VII, datées du 28 octobre 1666, et en prit possession le 29 mars 1667. Elle abdiqua à son tour, en 1705, en faveur de Renée Françoise de Verthamont, religieuse de Fontaines, au diocèse de Meaux, et mourut, le 27 juin 1712, âgée de 80 ans. [203]

IX.

XXI. PIERRE III D'ORLÉANS, seigneur de Rère, de Charnay, de Tracy, de Beuffray, de la Bourdelle, d'Arpeau, de la Billardière. Nous avons dit les efforts qu'il tenta pour venger la mort de Louis, son frère aîné, et comment il en fut empêché par les maréchaux de France et par le duc d'Orléans. Nous devons ajouter que probablement au cours de la querelle soutenue contre monsieur de La Chastre, Pierre et Louis d'Orléans avaient eu un autre différend avec Pierre Helouys, écuyer, seigneur de la Croix. Ce dernier avait été tué, et ses héritiers actionnaient vivement en justice : « Messires Louis et « Pierre d'Orléans, chevalliers, sieurs de Rère, les nommés La « Roze et La Ramée, leurs vallets et autres, à cause de la mort « arrivée de la personne dudict Pierre Helouys. » On plaida longuement, et enfin le comte de Cheverny donna 300 livres tournois aux héritiers, et obtint ainsi leur désistement, le 18 novembre 1644. [204]

Pierre III eut encore une querelle avec Messieurs d'Autry et d'Estampes; mais le duc d'Orléans, voulant en empêcher les suites, écrivit au seigneur de Rère :

« Messieurs de Rère et de Saint-Georges, j'ay sceu le diffé-
« rend qui est survenu entre vous et les sieurs d'Autry et
« d'Estampes; et parce que je désire en prendre une connois-
« sance particulière, je vous fais cette lettre pour vous dire
« que vous ayez à me venir trouver en mon chasteau de Blois,
« au retour du voiage que je vay faire à Orléans, où je pas-
« seray seulement la feste, et que cependant vous n'ayez à
« vous assembler pour entreprendre les uns sur les autres,

« ny rien vous demander, sur peyne d'encourir mon indigna-
« tion. Comme je ne doute point que vous n'ayez toute la
« déférence pour moy que je désire de vous en cette ren-
« contre, vous devez croire aussy que j'auray un soing parti-
« culier de vos interets, et que je vous feray connoistre que
« je suis,

> « Messieurs de Rère et de Saint-Georges,

>> « Vostre bien bon amy,

>>> « GASTON.

« De Blois, ce 26ᵉ jour d'octobre 1653. » [205]

Il est probable que la paix se fit entre les parties adverses,
puisque nous verrons bientôt que Marie-Catherine, fille de
Pierre d'Orléans, épousa François-Edme d'Estampes, seigneur
de La Motte.

Nous nous sommes peut-être trop étendu sur ces rivalités
et ces querelles entre les seigneurs de Rère et leurs voisins;
mais nous avons cru utile de mettre ainsi en relief l'esprit
qui animait la noblesse aux xvɪᵉ et xvɪɪᵉ siècles, et le rôle
actif et paternel que le Roi et le duc Apanagiste remplis-
saient au milieu de tous leurs nobles, véritables *enfants
terribles*.

Pierre III d'Orléans était un capitaine de grande bravoure,
ainsi que le témoignait, en 1644, le marquis d'Aumont, sous
lequel il servait. Il fut blessé à la prise de Thionville, et fit les
campagnes de Flandre jusqu'en 1648. [206] Alors, il revint
à Rère, et, le 8 février de la même année, épousa « Catherine
« Le Chat, fille de deffunct messire Gabriel Le Chat, chevallier,
« seigneur de Tracy, et de dame Catherine de Bonnault. » Cette
dernière dota sa fille de 30,000 livres, et « Diane Gaillard,
« mère dudict futur espoux estant en bonne santé et dispo-

« sition, grâce à Dieu, certaine pourveue et bien conseillée,
« pour la bonne amytié quelle porte audict seigneur de Rère,
« son fils, et pour luy donner mieux le moien de maintenir
« sa maison, a vollontairement donné par donnation entre vifs
« audit seigneur de Rère, tous et chascun les meubles tant vifs
« que morts... plus luy donne tous ses acquets et conquests...
« plus elle luy payera la somme de mil livres pour chascun
« an et nosrira ledit seigneur de Rère, luy, sa femme, une
« damoiselle ou fille de chambre pour elle, ung vallet, ung
« lacquais et deux chevaulx quant ils seront à Rère avecq elle
« et non ailleurs ny aultrement, sans estre tenue a aultre chose
« que ladicte nosriture. » [207]

Pierre céda la terre et seigneurie de la Billardière à Charles
et René Le Fuzelier, ses neveux, par un accord passé le 14 février 1654, au sujet de la succession de Diane Gaillard, sa
mère. [208] Il fit au Roi, le 20 février 1660, les foi et hommage
qu'il devait pour les terres de Charnay et de Beuffray, et en
rendit aveu le 21 avril suivant. [209]

En 1658, le 11 février, Pierre d'Orléans, « considérant que
« touttes choses terriennes sont périssables et transitoires, et
« au contraire les spirituelles, fermes, stables et permanentes,
« voullant et désirant commuer le temporel au spirituel pour
« le sallut de l'ame de luy et de ses prédecesseurs et succes-
« seurs, parens et amis, présens et advenir, ayant extrême
« désir et vollonté fonder à perpetuitté une chappelle en son
« chasteau de Rère, dans lequel il y en a eu une d'antiennetté
« et qui est encore a present dans ses vieux bastimans qui
« menassoient totalle ruisne, et les voullant restablir et faire
« rabastir pour y faire des esdiffices de considération, les a
« faict desmollir sauf ladicte chappelle qu'il désire aussy faire
« abattre, et a faict faire à neuf une grosse thour de muraille

« de pierre, chau et sable, dans laquelle il a faict bastir et
« esdiffier pour le lieu le plus commode de sa maison une
« chappelle voultée fort belle et bien approprié, laquelle il
« veut et entend fonder et dotter soubz le bon plaisir de très-
« reverand père en Dieu monseigneur l'illustrissime et reve-
« randissime l'archevesque de Bourges, et ce en l'honneur de
« la Saincte Vierge Marye, et pour ladicte fondation et dotta-
« tion la somme de quinze livres par chascun an à perpé-
« tuitté pour estre ladicte somme employée à faire dire par
« ledict seigneur de Rère et ses successeurs douze messes par
« chascun an qui est une par chascun mois, a chascun jour de
« jeudi en ladicte chappelle et ung libera à la fin de la messe,
« par monsieur le curé de Theillay ou son vicquaire ou par
« tels aultres prestres qu'il plaira audict seigneur de Rère et
« successeurs, dont la liberté leur en est réservée sans que
« ladicte chappelle puisse tomber en bénéfice, patronnaige,
« collation, provision, institution, n'y aultre manière de
« disposition que ce soict. » [210]

Le 16 avril 1658, Anne de Levy de Vantadour, archevêque
de Bourges, approuva cette fondation, et autorisa le curé de
Theillay à bénir la nouvelle chapelle. [211]

Pierre s'occupa ensuite activement de la construction du
nouveau château de Rère; c'est celui qui existe encore aujourd'hui.

Lors de la recherche des usurpateurs de noblesse faite en
1666 et années suivantes, Pierre d'Orléans produisit ses titres,
et monsieur de Machault, intendant de la province, le maintint
au rang des nobles, par ordonnance du 17 juin 1668. [212]

En 1675, le bailli de Vierzon rendit une sentence portant
injonction aux marchands fréquentant les marchés de cette
ville, de payer les droits qu'ils devaient au seigneur de Rère,

et le 16 septembre 1679, le bureau des finances de la généralité de Bourges, fixa « le tarif des droits qui seront levés par
« messire Pierre d'Orléans, chevalier seigneur de Rère et de
« Charnay, sur les bestiaux et marchandises qui se vendent
« et étalent chascun jour de mardy d'après la Pentecôte,
« en la ville et faubourgs de Vierzon. » [213]

Pierre assista au contrat de mariage de Jacques, son fils aîné,
le 11 janvier 1684, [214] et mourut le 7 août 1688. [215] De son
mariage avec Catherine Le Chat étaient nés six enfants :

1° JACQUES D'ORLÉANS, qui a continué la descendance;

2° FRANÇOIS D'ORLÉANS, auteur de la Branche de Tracy;

3° DIANE D'ORLÉANS fit profession de la règle de Saint-
Benoit, dans le Prieuré de Menetou-sur-Cher, le 16 novembre 1665. Son père et sa mère lui donnèrent en dot
la somme de 3,000 livres, qui fut employée à la construction du dortoir des religieuses. Elle mourut le 24
juillet 1701. [216]

4° CATHERINE D'ORLÉANS fit profession le 14 juillet 1667
dans le couvent du Saint-Sépulcre de Vierzon, et y mourut
le 13 juin 1707, âgée de 57 ans. [217]

5° MARIE D'ORLÉANS partagea, le 5 mars 1696, avec
Jacques et François, ses frères, la succession de leurs
père et mère. [218]

6° MARIE-CATHERINE D'ORLÉANS épousa, par contrat
du 10 mai 1696, « François Esme d'Estampes, chevallier,
« seigneur de La Motte-Enordre, fils de deffunct Mre Jac-
« ques d'Estampes, chevallier, et de Dame Esmée de La
« Chapelle. » Elle assista au mariage de sa nièce, Marie
Thérèse d'Orléans, le 23 avril 1722; et à cette date elle
était veuve. [219]

X.

XXII. JACQUES II D'ORLÉANS, seigneur de Rère et de Tracy, servit pendant les campagnes de 1674 et 1675, en Franche-Comté, dans le régiment de cavalerie du Gas. [220]

Jacques d'Orléans épousa, le 11 janvier 1684, Elisabeth de Berthereau, « fille de Messire Pierre de Berthereau, cheval-« lier, seigneur de Montefranc, gouverneur de la citadelle de » Valencienne et capitaine d'une compagnye de gentilhommes, « et de dame Élisabeth Longuet. » Le futur reçut de ses parents le lieu et métairie de Tracy, et la future apporta en dot la somme de 30,000 livres. Son douaire fut fixé à 1,000 livres, ou à 500 livres dans le cas où elle demeurerait veuve avec enfant. [221]

Jacques partagea, le 5 mars 1696, avec François d'Orléans, son frère, et Marie, sa sœur, les biens de leurs père et mère. [222] Il fut nommé, le 10 avril 1701, pour travailler avec M. de Bouville, intendant de la généralité d'Orléans, à la confection du rôle de la capitation de la noblesse de l'élection de Romorantin. [223] Jacques mourut le 4 décembre 1710, deux ans après Élisabeth de Berthereau. [224] Ils eurent six enfants :

1° JACQUES D'ORLÉANS a continué la descendance.

2° PIERRE-FRANÇOIS D'ORLÉANS, auteur de la Branche de Villechauve.

3° CHARLES-EDMOND D'ORLÉANS, sieur de Loré, mourut à Orléans le 13 septembre 1726. [225]

4° LOUIS D'ORLÉANS, sieur de la Bretonnière, lieutenant dans le régiment royal infanterie, fut tué en duel, à Lille, le 21 juillet 1723. [226]

5° CATHERINE-ÉLISABETH, ou Marie-Catherine, mourut à Orléans, le 6 mars 1730, sans avoir été mariée. [227]

6° MARIE-THÉRÈSE épousa, par contrat du 23 avril 1722, Messire Louis David de Conflan, écuyer, lieutenant au régiment royal des carabiniers, fils de Messire Jacques Philippe David, écuyer, seigneur de Perthuy, et de Dame Jeanne Pertat. [228]

XI.

XXIII. JACQUES III D'ORLÉANS, seigneur de Rère et de Montefran, né le 12 novembre 1686, à Valencienne, eut pour parrain Pierre de Berthereau, chevalier, sʳ de Montefran, gouverneur de la citadelle de Valencienne, son grand-père, et pour marraine Élisabeth Longuet, sa grand'mère. [229]

Jacques entra fort jeune dans le régiment royal infanterie, où son aïeul et son oncle maternel avaient servi; il fut fait prisonnier, en 1704, à la bataille d'Hochstedt, et conduit en Hollande, d'où étant revenu, il fit une campagne en qualité de cornette dans le colonel-général, et entra l'année suivante dans royal Roussillon. Le 16 juillet 1709, il obtint dans ce régiment un brevet de lieutenant en la compagnie de Piffond. [230]

Jacques épousa, le 14 avril 1714, « Marie Catherine Midou, « fille de Messire Jean-Maximilien Midou, chevallier, seigneur « de Cormes et Lauroy, lieutenant de nos seigneurs les Maré-« chaux de France, dans l'Orléanois, et de deffuncte dame « Catherine Durant. » Chacun des conjoints apporta à la communauté la somme de 16,000 livres, et se réserva la propriété et jouissance du surplus de ses biens. Le douaire fut fixé à 800 livres. [231]

Jacques, devenu veuf, se remaria, le 25 janvier 1717, avec
« Magdelaine Lambert, fille de Jean-Baptiste Lambert, escuyer,
« sieur de Cottinville, et de dame Magdelaine Lambert de
« Cambray, son espouze. » Elle reçut en dot la somme de
30,000 livres. [232]

La terre de Montefran échut à Jacques, pour sa part dans la
succession de Pierre de Berthereau, son oncle, seigneur de
Villechauve, de Montefran et de la Turpinière, ancien capitaine
au régiment royal, mort sans postérité, en 1724. [233]

Jacques d'Orléans mourut le 13 octobre 1726, sans avoir eu
d'enfant de sa première femme. [234] Il laissa de la seconde,
un fils et une fille :

1° Jacques-François d'Orléans qui suit.

2° Marie-Catherine, baptisée le 28 février 1722, se fit
religieuse dans l'abbaye royale de Maubuisson, près Pon-
toise. [235]

XII.

XXIV. JACQUES-FRANÇOIS D'ORLÉANS, seigneur de Rère
et de Montefran, naquit le 20 avril 1723. [236] A seize ans, il
était lieutenant en la compagnie de Lançon, dans royal infanterie. Il fit, avec ce régiment, les campagnes de 1740 à 1745. [237]
Après la bataille de Fontenoi, Jacques revint à Orléans et y
épousa, le 23 novembre 1745, Marie-Françoise de Troyes,
fille de Guillaume de Troyes, écuyer, conseiller du Roi, président au baillage et siége présidial d'Orléans, et de dame Marie
Jogues. [238]

Jacques d'Orléans figure, en 1761, sur la liste des vingt membres fondateurs de la Société royale d'agriculture d'Or- léans, et y est qualifié chevalier de Saint-Louis. [239]

En 1768, il acheta la terre d'Ardeloup, du marquis de Laage, et la réunit à celle de Rère. [240] Il mourut au château de Rère, le 30 avril 1770, [241] et laissa quatre enfants :

1° JACQUES-GUILLAUME, qui suivra.

2° PIERRE, vicomte d'Orléans, né le 15 août 1747, entra dans royal infanterie, le 1er février 1762, et y servit jusqu'en 1766. Le 12 janvier de cette année, il abandonna l'armée de terre pour la marine, et ne cessa de courir les mers jusqu'en 1792. [242]

En 1787, dans l'intervalle de deux campagnes, Pierre se rendit à la Cour, et le 16 mai, monta dans les carosses du Roi. Il avait donc, aux termes du règlement du 17 avril 1760, produit préalablement devant le généalogiste des ordres de Sa Majesté, trois titres sur chacun des degrés de la famille de son père, par lesquels sa situation était établie clairement depuis 1400. Cette distinction de monter dans les carosses du Roi n'était donc accordée qu'aux seules familles issues d'une noblesse de race ; aussi, le Roi enjoignit-il au généalogiste de ses ordres de ne délivrer aucun certificat, lorsqu'il aurait connais- sance que la noblesse dont on voudrait faire preuve, aurait pris son principe dans l'exercice de quelque charge de robe et d'autres semblables offices, ou par lettre d'a- noblissement. [243] Au mois d'octobre 1787, Pierre d'Orléans reprit la mer.

En 1789, il se trouvait à Orléans, puisque le 18 mars il assista à la 3e séance du corps de la noblesse, convoqué

pour élire les députés aux États généraux. [244] Il était dès-
lors chevalier de Saint-Louis. Il commandait la frégate
l'Embuscade, en 1790, lorsqu'en arrivant à la Martinique
il trouva cette colonie en pleine insurrection. Ce fut à
son énergie et à son intelligence que la France dut la
conservation de cette colonie. Nous le prouvons par la
pièce suivante :

« Les habitants de la Martinique, soussignés, rem-
« plissent avec satisfaction et empressement un devoir
« de reconnaissance à l'égard de Monsieur d'Orléans,
« en rendant témoignage des services essentiels qu'il
« a rendus à cette colonie, et par suite à l'État, en
« contribuant à préserver cette possession de la des-
« truction.

« Les soussignés n'entreront pas dans le détail des
« services que Monsieur d'Orléans a rendus à la Marti-
« nique, leur énumération serait très-longue.

« Ils se borneront à dire qu'en 1790, cette colonie
« était menacée d'une subversion totale, lorsque Monsieur
« d'Orléans y arriva, commandant la frégate l'Embuscade,
« et que son activité et son intelligence mirent le gouver-
« neur général en mesure de conserver la colonie jusqu'à
« l'arrivée des forces et des commissaires envoyés en
« 1791, en exécution d'un décret de l'Assemblée consti-
« tuante, que la conduite que Monsieur d'Orléans avait
« tenue lui mérita l'approbation de ces commissaires, qu'il
« continua à servir d'une manière toujours distinguée
« jusqu'à la fin de cette année 1791.

« Qu'allant à la Guadeloupe chercher ces commissaires
« pour les ramener à la Martinique, il fut contraint par
« son équipage insurgé à faire route pour France.

« Il est certain que si les colonies du Vent ont été
« préservées de l'excès de maux qui aurait causé leur
« perte, Monsieur d'Orléans, à l'époque ci-dessus citée,
« y a éminemment contribué.

« Les soussignés le déclarent avec plaisir et avec le
« désir que cette déclaration puisse lui être utile.

> « Signé : B. Lareinty; G. Maupertuis; Achille
> « de Jorna; Dubuc du Ferret; L. Seguin;
> « Malherbe; La Barthe; Carreau; Tascher
> « de la Pagerie; Beaufond fils aîné. » [245]

Rentré en France avec son équipage révolté, Monsieur
d'Orléans rendit compte des événements, et le Ministre
de la marine écrivit à M. de Villeblanche, major de vaisseau, à Paris, la lettre suivante :

« Paris, le 4 décembre 1791.

« Vous ne devez pas douter, Monsieur, de toute la part
« que j'ai prise aux événements qui se sont passés à
« bord de la frégate l'Embuscade. Je me suis empressé
« de mettre sous les yeux du Roi les comptes qui ont été
« rendus par M. d'Orléans; S. M. a été vivement touchée
« de sa position, et a donné les plus grands éloges à sa
« conduite. Cet officier est autorisé à se rendre ici; je
« serai fort aise de le voir, et de lui témoigner l'intérêt
« qu'il mérite, et l'opinion que j'ai conçue de sa fermeté,
« de son courage et de ses talents.

> « Le Ministre de la marine,
>
> « Cte DE BERTRAND DE MOLEVILLE. » [246]

M. d'Orléans, à la suite de son entrevue avec le Ministre,
fut promu au grade de capitaine de vaisseau. [247]

Peu après il émigra et fit la campagne des Princes. [248]
Il fut admis à la retraite avec le brevet de contre-amiral,
par ordonnance royale du 31 décembre 1814, [249] et mourut
à Orléans, au mois de mai 1819, âgé de 72 ans. [250]

Pierre d'Orléans avait épousé, en 1785, Mlle La Touche
de Tréville, qui mourut l'année suivante des suites de
couche. L'enfant suivit de près sa mère. [251]

3° MARIE-BABIENNE D'ORLÉANS épousa Pierre de Gyvès,
écuyer, seigneur de Monguignard. [252]

4° MADELEINE D'ORLÉANS. [253]

XIII.

XXV. JACQUES-GUILLAUME D'ORLÉANS, comte, seigneur de
Rère, naquit le 8 août 1746. [254] Il était lieutenant des Maréchaux de France, au département de Romorantin, lorsqu'il
épousa, le 11 mai 1774, Marie-Paule-Félicité Bidé de Chezac,
fille de Paul Osée Bidé, chevalier, seigneur de Chezac, chevalier de Saint-Louis et capitaine des vaisseaux du Roi, commandant la compagnie des gardes de la marine, à Brest,
et de Marie-Élisabeth Boyelet.

Mademoiselle de Chezac apportait à son mari 110,515 livres,
dont 70,400 en immeubles, et Jacques d'Orléans possédait
lui-même 118,568 livres. Dans ce chiffre, la seigneurie de Rère
figurait pour 83,872. Le douaire de la future épouse fut fixé
à 1,500 livres de rente viagère. [255]

Jacques d'Orléans concourut, en 1789, à la nomination
des députés aux États généraux. Dans les procès-verbaux

des séances de l'ordre de la noblesse, tenues à cet effet,
il est qualifié comte. [256]

Il périt en 1792. Le 16 septembre de cette année, il y eut à
Orléans une émeute produite par la cherté du pain ; des maisons
furent pillées, et un commissionnaire de grains eut la tête coupée.
En présence de ces désordres, le corps municipal « ordonna,
« le 17, à tous les citoyens composant la garde nationale de
« se présenter en armes à la maison commune, pour y obéir
« aux réquisitions qui leur seraient faites. » A cet appel, ré-
pondirent quelques hommes courageux. Cependant, le pillage
et l'émeute continuaient. Alors, trois officiers municipaux se
portèrent sur le Martroi pour haranguer la multitude qui
mettait le feu à la maison Prozet. Le Maire prit la parole :
Allons, mes bons amis ! dit-il, *plus que celle-là ; oui, plus que*
celle-là, promettez-le-moi ! Puis, satisfaits de leur éloquence
et de leur énergie, les autorités communales retournèrent à
l'Hôtel-de-Ville. Ce fut à ce moment qu'une étincelle tombée
de la lance à feu que tenait un artilleur fit partir un des canons
remisés dans la cour de la Mairie. Monsieur d'Orléans et huit
autres gardes nationaux furent victimes de ce malheureux
accident. [257]

Jacques d'Orléans et Marie de Chezac eurent deux enfants :

1° JACQUES-MARIE, qui suivra.

2° AUGUSTIN-CHARLES-JULIE D'ORLÉANS naquit le 18 no-
vembre 1779, il eut pour parrain Charles Boyetèt de
Domainville, son grand oncle maternel, et pour marraine
Élisabeth-Marguerite-Julie Bidé de Chezac, épouse de
André de Fougeroux, sa tante maternelle. [258]

Il fut reçu de minorité chevalier de l'ordre de Malte,
le 27 mars 1782. [259]

Il partagea avec son frère les successions de leur père, mort en 1792, et de leur mère, décédée en 1804. La propriété de Rère lui fut abandonnée par son aîné, et il y fixa sa résidence habituelle. [260]

Augustin d'Orléans, nommé maire de Theillay, le 1er mars 1813, exerça ces fonctions jusqu'au 6 janvier 1843. [261]

Il avait en outre fait partie du Conseil d'arrondissement de Romorantin, pendant de longues années, [262] et représenté au Conseil général le canton de Salbris, de 1840 à 1848. [263]

Il mourut à Rère, le 13 juillet 1850, âgé de 71 ans, sans avoir été marié. [264]

XIV.

XXVI. JACQUES-MARIE D'ORLÉANS, comte, naquit en 1777.[265] Il entra au service en 1798, et fit les campagnes d'Italie et de Suisse, dans les guides de Masséna. Il fut blessé à la bataille de Zurich. [266] Rentré dans ses foyers, en 1805, il épousa, le 2 mai, Aurélie-Félicité de Loynes d'Autroche, fille de Jean-Jacques de Loynes d'Autroche, chevalier, officier aux gardes françaises, et de Adélaïde-Marie d'Orléans de Villechauve. [267] Monsieur le comte d'Orléans possédait une grande instruction et de vastes connaissances. Il s'exprimait avec une facilité remarquable, et sa conversation était nourrie de faits. S'il fût resté dans l'armée, s'il eût embrassé tout autre carrière, il eût, sans contredit, monté au premier rang ; mais au brillant il préféra le solide, et sa modestie fut telle que, depuis son mariage jusqu'à sa mort, il refusa toutes charges, toutes fonctions même gratuites.

Monsieur le comte d'Orléans mourut le 24 février 1855 ; il avait eu cinq enfants :

1° ALBÉRIC-JACQUES-MARIE-JOSEPH, qui continue la descendance.

2° GABRIEL-CHARLES-JOSEPH, vicomte d'Orléans, né le 22 juin 1825. [268] Il suit l'exemple de son père, et s'adonne à l'agriculture.

Sans entrer dans les détails des biens possédés en Beauce et dans le Val de Loire par la famille d'Orléans, nous croyons devoir dire quelques mots de la terre de Rère, qui depuis près de 600 ans n'est pas sortie de ses mains.

En 1366, la seigneurie de Rère se composait en biens fonds de 1,200 arpents environ. Aujourd'hui, elle contient 2,959 hectares, dont 2,248 appartiennent à Monsieur Albéric d'Orléans, et 711 à Monsieur Gabriel. Cette vaste propriété s'étend sur les communes de Theillay, Salbris, Saint-Genou, La Ferté-Imbault, Châtres et Orçay, [269] et comprend une population de 325 âmes.

Monsieur Gabriel d'Orléans possédait, en outre, dans le bourg de Theillay, la maison où l'on rendait autrefois la justice. Il l'a fait reconstruire d'après ses plans et entourer d'un charmant jardin ; puis il l'a donnée aux sœurs chargées d'instruire les petites filles de la commune.

Monsieur le vicomte Gabriel d'Orléans n'est pas encore marié.

3° FÉLICITÉ-MARIE-PIERRE-LAURENCE D'ORLÉANS a épousé, en 1835, le comte O Riordan, descendant d'une de ces illustres familles irlandaises qui suivirent en France le roi Jacques II. De ce mariage sont provenus : [270]

RACHEL O RIORDAN.

DONALD O RIORDAN.

4° AURÉLIE-MARIE-MADELEINE D'ORLÉANS, née le 7 février 1806, morte le 11 août 1823. [271]

5° MATHILDE-CHARLOTTE-JULIE D'ORLÉANS, née le 20 avril 1812, décédée le 14 décembre 1825. [272]

XV.

XXVII. ALBÉRIC D'ORLÉANS, comte, officier de la Légion-d'Honneur, chef d'escadron d'état-major et officier d'ordonnance du Ministre de la guerre, est né le 6 mars 1822. [275]

Après avoir terminé ses études d'une manière brillante, Albéric entra à l'école militaire de Saint-Cyr, en 1844, puis en 1846, à l'école d'application d'état-major. Il en fut détaché pendant les journées de juin et remplit les fonctions d'aide de camp du brave Négrier. Il était à ses côtés lorsque le général fut tué, à l'entrée du faubourg Saint-Antoine, dans le dernier assaut livré aux insurgés. A l'occasion de ces événements, le Ministre de la guerre accorda à l'école d'état-major une croix de la Légion-d'Honneur, pour que les élèves la décernassent au plus digne. Ceux-ci, sans hésitation, l'attachèrent sur la poitrine d'Albéric d'Orléans.

A la fin de 1848, Albéric entra au 67ᵉ de ligne, qui occupait Dijon. Là il donna une nouvelle preuve de cette fermeté et de ce courage calme qui dénotent la capacité militaire. Voici comment le maréchal Bugeaud appréciait lui-même la conduite d'Albéric d'Orléans :

« Ordre du jour de l'armée des Alpes.

« Je suis heureux toutes les fois que je puis signaler à « l'armée des Alpes des militaires qui ont bien rempli les « devoirs sacrés de soutien de la loi, de protecteur de la société. « On peut être assuré que ceux-là sauraient se conduire aussi « vaillamment sur le champ de bataille, contre l'ennemi du « dehors, qu'ils montrent de zèle et de vigueur contre les « perturbateurs de leur pays.

« A Dijon, le lieutenant d'état-major, *d'Orléans,* qui fait « son stage au 67ᵉ de ligne, avait reçu à son poste quel- « ques artilleurs licenciés de la garde nationale. Une partie « de cette garde civique, oubliant tous ses devoirs, a cherché « à les délivrer par la force. Le lieutenant d'état-major, « *d'Orléans*, par sa courageuse résistance, a fait échouer ce « coupable projet. Cependant, il n'avait qu'un faible poste « à opposer aux emportements de la multitude ! Honneur « lui soit rendu !

« Au quartier général, à Lyon,

« BUGEAUD D'ISLY. » [274]

En quittant le 67ᵉ de ligne, Albéric entra dans le 3ᵉ hussards et y termina ses deux années de stage.

En 1852, M. d'Orléans était à Bordeaux, aide de camp du général de Martimprey, lorsque ce dernier fut nommé chef d'état-major de l'armée d'Orient. M. d'Orléans partit un des premiers pour Gallipoli, puis suivit le quartier général à Varna, passa en Crimée et prit part à la bataille de l'Alma. Apprécié par le général de Martimprey, il eut un service très-actif pendant le long et mémorable siége de Sébastopol. Nommé officier de la Légion-d'Honneur, il ne quitta la Crimée qu'un des derniers, et revint en France sur le vaisseau qui ramenait le maréchal Pélissier.

Peu après, M. de Martimprey ayant été nommé à la division d'Oran, le capitaine d'Orléans y suivit son général. Il le suivit encore, en 1859, à l'armée d'Italie, et assista aux différentes batailles qui signalèrent cette courte et rude campagne.

Quand l'occupation française se retira de la Lombardie, le capitaine d'Orléans fut attaché à la division de Grenoble. [273]

En 1861, le 9 juillet, M. le comte d'Orléans épousa Mademoiselle Louise Gudin, fille du général, comte de Gudin, et de Mademoiselle Mortier de Trévise, fille de l'ancien maréchal de France. [276]

A l'occasion de cette alliance, le journal *le Nord* s'exprimait ainsi, dans son numéro du 18 juin 1861 :

« On annonce le mariage de M. le comte d'Orléans, capitaine « d'état-major, avec Mlle Gudin, fille et petite-fille des géné- « raux de division, comtes de Gudin.....

« Les d'Orléans sont de très-vieille famille orléanaise, et on « cite la réponse d'un des ancêtres du futur d'aujourd'hui. « Gentilhomme de la Chambre, il fut présenté au Régent qui « en plaisantant lui aurait demandé s'il avait quelque alliance « à évoquer avec lui; soulignant ce mot d'un sourire qui dési- « gnait suffisamment que dans sa pensée cette alliance ne « pouvait venir que de la main gauche : « Non, Monseigneur,

« il y avait des comtes d'Orléans avant qu'on ne connût
« les Ducs. » Le Régent ne répliqua pas et parla d'autre
« chose. »

M. le comte d'Orléans est aujourd'hui chef d'escadron d'état-
major et officier d'ordonnance du Ministre de la guerre. [277]
Il utilise les rares loisirs que lui laisse son service à sur-
veiller les restaurations du château de Rère, qui sera une des
belles habitations de la province, lorsque tous les plans auront
été exécutés.

SEIGNEURS DE VILLECHAUVE. 278

XI.

PIERRE-FRANÇOIS D'ORLÉANS, seigneur de Villechauve et de la Turpinière, près Orléans, second fils de Jacques d'Orléans IIe du nom, seigneur de Rère, et d'Élisabeth de Berthereau, naquit à Orléans le 27 octobre 1695; eut pour sa part dans la succession de Pierre de Berthereau, son oncle, seigneur de Villechauve, de Montefran et de la Turpinière, ancien capitaine au régiment royal, mort sans postérité, en 1724, les terres de Villechauve et de la Tupinière; fut fait le 16 avril 1725, capitaine dans le régiment royal infanterie; et le 15 mars 1731, lieutenant des Maréchaux de France au bailliage d'Orléans. Il avait épousé, le 8 janvier 1726, demoiselle Marie-Anne-Élisabeth Prevost de la Janès, fille de Guillaume Prevost de la Janès, conseiller au bailliage et siége présidial d'Orléans, et de Marie-Anne Pasquier, sa femme. De ce mariage sont nés deux enfants qui suivent.

1° PIERRE-AUGUSTIN, qui suivra.

2° MARIE-ANNE-ÉLISABETH D'ORLÉANS, née le 21 décembre 1726, sur la paroisse de Saint-Michel, à Orléans, mourut le 30 décembre 1745.

XII.

PIERRE-AUGUSTIN D'ORLÉANS, né le 3 septembre 1728, épousa, le 15 août 1757, Louise-Marie Violette de Beaumarchais. Elle était mère de messire Étienne Leaureault de Foncemagne, sous-gouverneur du duc de Chartres et l'un des Quarante de l'Académie francaise. Pierre-Augustin d'Orléans mourut, vers 1789, des suites d'une chute de cheval qu'il fit à Villechauve. Il ne laissa qu'une fille.

ADÉLAIDE-MARIE D'ORLÉANS, née en 1762, et mariée, le 3 août 1778, à Jean-Jacques de Loynes d'Autroche, chevalier, officier aux gardes françaises, fils de Jean de Loynes d'Autroche, chevalier d'honneur au Présidial d'Orléans, et de Marie-Thérèse du Coing. Adelaïde-Marie d'Orléans mourut au mois de novembre 1845.

Sa fille, AURÉLIE-FÉLICITÉ DE LOYNES D'AUTROCHE, née à Orléans, le 8 janvier 1785, a épousé, en 1805, Jacques-Marie, comte d'Orléans de Rère.

SEIGNEURS DE TRACY. 279

X.

FRANÇOIS D'ORLÉANS, I. du nom, seigneur de Tracy, second fils de Pierre d'Orléans, III. du nom, seigneur de Rère, et de demoiselle Catherine Le Chat, sa femme, capitaine d'une compagnie dans le régiment d'infanterie de Berri, par commission du 12 août 1687, ayant partagé, le 5 mars 1696, avec Jacques d'Orléans, II. du nom, son frère, et Marie d'Orléans, sa sœur, la succession de leurs père et mère, eut pour son lot la terre de Tracy, qui est alternativement, d'année en année, de la paroisse de Pierrefitte et de celle de Nouan-le-Fuzellier, et qui avoit appartenu à leur ayeul maternel. Il épousa, par contrat du 1er octobre de la même année 1696, demoiselle Anne Lamirault, fille d'Étienne Lamirault, écuyer, seigneur de Plissay et de Ruys, et de dame Marie du Chon, sa femme ; mourut le 5 janvier 1716, et eut trois enfants de son mariage avec Anne Lamirault.

1° FRANÇOIS D'ORLÉANS suit.

2° ANTOINE D'ORLÉANS, de Tracy, né le 2 juin 1700, fut fait lieutenant en second dans la compagnie de Nocé au régiment dauphin infanterie, le 2 janvier 1721 ; capitaine

d'une compagnie dans le même régiment, le 24 novembre
1734; et chevalier de l'ordre royal et militaire de Saint-
Louis, le 1ᵉʳ juin 1745. Il s'est retiré du service, et a obtenu du Roi une pension de retraite de 400 livres, le 23
mars 1747.

3° PIERRE-ÉTIENNE D'ORLÉANS, de Charnay, né le 16
novembre 1702, est capitaine de Milice dans le bataillon
de Blois.

XI.

FRANÇOIS D'ORLÉANS, II. du nom, seigneur de Tracy, épousa,
par contrat du 11 avril 1727, demoiselle Marie Lamirault de
Ruys, fille d'Antoine Lamirault de Ruys, seigneur de Cottinville, et de dame Marie-Madeleine du Coing, sa femme;
mourut le 18 mars 1744, et eut de son mariage trois enfants,
savoir :

1° Deux fils dont l'aîné mourut au mois de septembre
1741, âgé d'environ douze ans; et le second en....

2° MARIE-MADELEINE D'ORLÉANS, de Tracy, née le 28
septembre 1728.

SEIGNEURS DU PLESSIS DE RÈRE. 280

VIII.

JACQUES D'ORLÉANS, écuyer, second fils de Louis d'Orléans, seigneur de Rère, et d'Aimée de Montjouan, sa femme, fut seigneur de Plessis de Rère, de la Mouffetière, de Vic en partie, et du Breuil aussi en partie, de la Caillaudière et de la Tartelinière ; partagea, le vendredi 13 mai 1616, avec Pierre, Louis, Louise, Gabrielle et Catherine d'Orléans, ses frères et sœurs, les biens de la succession de leur père ; et rendit aveu conjointement avec Louis d'Orléans, son frère, le 6 octobre 1629, à Jacques d'Estampes, seigneur de Valançay, pour l'hôtel et manoir du Breuil. Il avait été accordé en mariage par articles sous seings privés, le 14 septembre 1615, avec dame Alexandre Gallant, fille de noble homme Adam Gallant, écuyer, seigneur de Vallières, et de dame Isabel Tergatz, sa femme ; et Alexandre Gallant, qui était veuve de lui, le jeudi 21 août 1631, rendit aveu ce jour-là à Jacques d'Estampes, seigneur de Valançay et de Villantrois en Berri, pour le lieu, fief et seigneurie de la Caillaudière, qu'elle avait acquis du seigneur de Rère ; pour les trois quarts, et la quatrième partie en l'autre quart de la moitié de la justice de Vic-sur-Nahon ; et pour le lieu, terre et seigneurie de la Tartelinière, qu'elle avait encore acquise du sieur de Villelune dans la même paroisse de Vic, en la terre et justice de Veuil, le tout mouvant aux termes de cet acte en plein fief, foi et hommage lige de la seigneurie de Villantrois. On leur connoît cinq enfants :

1° FRANÇOIS D'ORLÉANS suit.

2° LOUIS D'ORLÉANS suivra après les enfants de son frère.

3° ANNE D'ORLÉANS reçut le supplément des cérémonies du baptême le 27 mars 1641.

4° LOUISE D'ORLÉANS, religieuse bénédictine à Beaumont-lez-Tours.

5° CATHERINE D'ORLÉANS, religieuse chanoinesse de Saint-Augustin, aux Véroniques, à Blois.

IX.

FRANÇOIS D'ORLÉANS, écuyer, seigneur du Plessis-de-Rère, de la Moussetière, de la Tartelinière et de Vic-sur-Nahon en partie, né le 12 mai 1619, obtint le 30 août 1650 une Commission de capitaine d'une compagnie de chevau-légers, et avoit épousé, le 6 février 1640, Élisabeth Carré, dame d'Anjoüin, fille de Bernardin Carré, écuyer, seigneur d'Anjoüin, des Forges et de la Motte-Chauveron. Il vivoit encore avec elle le 23 août 1679, et en eut cinq enfants qui suivent :

1° PIERRE-JOSEPH D'ORLÉANS, célèbre jésuite, né le 5 novembre 1642, ne fut nommé que le 2 mai 1650. Ce fut

Pierre d'Orléans, III du nom, seigneur de Rère, qui fut
son parrain, et qui le nomma simplement *Pierre*,
comme lui. On l'appela dans la suite *Pierre-Joseph*;
et il avait pris sans doute ce second nom à son entrée
en Religion. Ce savant religieux, connu dans la République des Lettres par différents ouvrages qu'il a mis
au jour, mais surtout par son Histoire des Révolutions
d'Angleterre, dont il s'est fait plusieurs éditions, tant
en France qu'en Hollande, est mort le 31 mars 1698.
Voyez son éloge dans le Supplément de Moréri.

2° Louis d'Orléans fut baptisé le 15 avril 1648, et
mourut en bas âge.

3° Jeanne-Jacqueline d'Orléans, née le 10 novembre
1642, et baptisée le 1er juin 1643, fut religieuse chanoinesse de Saint-Augustin, à Loches.

4° Marie d'Orléans épousa, par contrat du 16 décembre 1666, Philippe de Vellar, écuyer, capitaine d'infanterie dans le régiment d'Auvergne, fils de René de
Vellar, écuyer, seigneur de Paudi, de Diou, de Saint-
Romain et d'Availles, et de dame Catherine Heurtaut,
sa femme. Leur mariage fut célébré le 27 du même
mois.

5° Gabrielle d'Orléans fut baptisée le 17 mai 1649.

IX.

LOUIS D'ORLÉANS, écuyer, seigneur de la Moussetière et
de la Richardière, épousa, le 21 octobre 1647, Catherine

du Moulin ; vivoit encore le 16 décembre 1666 ; et eût deux filles qui suivent :

1° SILVINE-MARIE D'ORLÉANS fut femme d'Alexandre de Bonnafault, écuyer, sieur de Roches et de Presque.

2° CATHERINE D'ORLÉANS épousa, par contrat du 6 juillet 1674, Louis de Mathefelon, écuyer, seigneur de la Cour de Couffi.

SEIGNEURS DE CRÉCY. 281

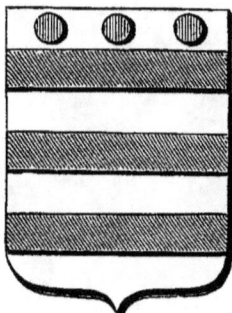

ARMES : d'argent à trois fasces de sinople, surmontées, en chef,
de trois tourteaux de gueules.

Les seigneurs de Crécy du nom D'ORLÉANS ont à peu près
les mêmes armes que ceux de Rère, comme on le voit ici ;
et c'est une tradition constante, parmi les uns comme parmi les
autres, qu'ils ne forment entr'eux qu'une seule famille divisée
en deux branches, sorties du même tronc, quoique jusqu'à
présent il ne leur ait pas été possible de découvrir la source
commune de leur origine. Ceux dont il s'agit maintenant
remontent par preuves jusqu'à MILÈS d'Orléans, présumé fils
de MICHEL ou MICHELET d'Orléans qui vivoit en 1480 et 1496,
c'est-à-dire du temps de Robinet d'Orléans, seigneur de Rère.
Les titres de leurs productions ne vont pas plus loin ; et il est
vrai qu'ils n'ont pu en produire qu'un assez petit nombre.
Dans un inventaire de ceux qu'Henri d'Orléans, III du nom, fils
de l'arrière petit-fils de ce même Milès, représenta en 1667,

devant M. Lambert-d'Herbigny, intendant de Berri, pour justifier sa noblesse, il exposa « que suivant une information « faite pardevant le lieutenant au siége royal de Concres- « sault, il étoit vérifié que la plupart des titres concernant sa « famille avoient été brûlés par les gens de guerre pendant « les troubles des années 1651 et 1652. » Peut-être sera-t-on assez heureux pour en recouvrer quelques-uns dans la suite, sur l'autorité desquels on pourra avec certitude rejoindre Milès à Michelet, et celui-ci soit à Robinet ou à Pierre d'Orléans, I du nom, son père, soit même à Godefroi, père de Pierre I, ou à quelqu'un de ses ancêtres. En attendant, pour ne rien établir ici que sur des preuves solides, on n'omettra rien de ce qu'on a pu découvrir de certain au sujet de Michelet d'Or- léans; mais on ne commencera la filiation de cette nouvelle branche qu'à Milès d'Orléans, dont descendent incontestable- ment tous ceux qui suivront.

MICHEL ou MICHELET d'Orléans est appelé *noble homme Michelet d'Orlléans, écuyer, seigneur da la Vérie*, paroisse de Cernoy, en Berri, dans un acte du 8 mai 1490. Les sieurs Hubert et Proust de Chambourg ont écrit dans leurs généalo- gies de la maison d'Orléans qu'il étoit fils de Pierre d'Orléans, I du nom, sire de Rère; mais il n'y en a aucune preuve. Pierre I a eu une sœur nommée *Michelle*, qui a pu être marraine de ce Michel d'Orléans; mais il ne s'ensuit pas de là nécessaire- ment que Pierre I fût son père; peut-être descendoit-il de quelques-uns de ceux dont il sera parlé dans le chapitre IV de cette généalogie. Quoiqu'il en soit, sous le nom et la qualité de *noble homme Michel d'Orléans, écuyer, seigneur de la Vaiserie*, il ratifia le 18 mars 1496, vieux style, c'est-à- dire 1497, un bail à rente qui avait été fait de sa portion en la terre de Cormes; et l'acte ajoute qu'il se faisoit fort de demoiselle Marguerite de Chaumont, sa femme. Il l'avoit épousée, par contrat du 26 mars 1480, vieux style, c'est-à-dire 1481, et selon une note de famille, elle étoit fille de Robert de Chaumont, écuyer, sieur de Cuissy, paroisse de Saint-Aignan en Sologne et de Jeanne de Bar. On lit dans la même note « que ce contrat « fut passé à Concressault ; que le sieur de Mestresse, oncle « du futur, » appelé par M. Hubert, dans sa généalogie manuscrite d'Orléans, *Jean Gauthier de Mestresse,* et par le sieur Proust de Chambourg, dans celle qu'il fit imprimer en 1684, page 25, *Gautier de Maitresse, seigneur de la Vaiserie et du Mouceret, lieutenant au gouvernement d'Ast,* « lui donna alors « les terres de la Vaiserie et du Moulceret ; et que la future « apporta en mariage celles de la Tallardière, du Cauquay et « de la Haye, en la châtellenie de la Ferté-Nabert. »

I.

Milès d'Orléans, qualifié *noble homme, écuyer, seigneur de la Veserie,* le 3 février 1538, vieux style, c'est-à-dire 1539, date du contrat de mariage de noble homme André de la Bussière avec demoiselle Claudine Besle, où il fut présent, passa une transaction le 14 juillet 1545, et épousa Laurence de la Motte, dont il eut six enfans qui suivent :

1° Aimeri d'Orléans, écuyer, seigneur de Courceine, paroisse de Cernoi, passa le 18 novembre 1555, avec Pierre et Jean d'Orléans, ses frères, une transaction en forme de partage ; est nommé dans un autre acte du 18 mars 1595 ; vivoit encore le 22 mars 1599 ; et mourut avant le 27 août 1639.

2° Pierre d'Orléans continuera la descendance.

3° Jean d'Orléans, écuyer, seigneur de la Billotière,

passa le 18 novembre 1555, avec Aimeri et Pierre d'Orléans, ses frères, une transaction en forme de partage; et de demoiselle Anne d'Estut-d'Assai, sa femme, qui étoit veuve de lui le 14 juillet 1598, et qui vivoit encore le 1ᵉʳ décembre 1621, naquirent deux filles qui suivent :

1° CHARLOTTE D'ORLÉANS, épousa Gui d'Anglars, écuyer, seigneur de Crézanci et du fief de la Billotière, fils de Jean d'Anglars, écuyer, seigneur de Crézanci, et de demoiselle Jeanne Esgrin, sa femme, par contrat du 14 juillet 1598, où assistèrent François d'Estut, sieur d'Assai, son oncle maternel, et Jean de la Bussière, aussi son oncle, sieur de la Motte des Prez et de la Croulaye; et vivoit encore avec son mari le vendredi 24 septembre 1627, jour auquel celui-ci passa un accord avec Gabriel de Jaucourt, écuyer, sieur de Bussière, sur les différends qu'ils avoient pour la place des siéges et pour les droits honorifiques dans l'église de Cernoi.

2° JEANNE D'ORLÉANS assista, le 14 juillet 1598, au contrat de mariage de Charlotte d'Orléans, sa sœur. On ne doute nullement que ce ne soit la même Jeanne d'Orléans, qui épousa, le 9 janvier 1605, Richard le Fort, écuyer, seigneur de Villemandeur, baron de Cernoy, dont elle fut la seconde femme.

4° THOMAS D'ORLÉANS, écuyer, seigneur de Chassi, vendit le 23 juillet 1564 à Pierre et à Jean d'Orléans, ses frères, tous les héritages qui lui étoient échus de la succession de Milès d'Orléans, leur père, et de Laurence de la Motte, leur mère; et assista, le 20 juillet 1580, au contrat de mariage de noble homme François de la Bussière et de demoiselle Blaise Ponard, comme parent ou allié de celle-ci, qui étoit fille de noble homme Guion Ponard, seigneur du Four-Philippe, et de demoiselle Roberte des Paillards, sa femme.

5° AYMÉE D'ORLÉANS fut femme de Jean de la Bussière, écuyer, sieur de Grosbois, et eut pour fils Jean de la Bussière, aussi écuyer, et sieur de Grosbois et du Verdoy.

6° SILVINE D'ORLÉANS, dame de la Vaiserie, porta cette terre en dot à Claude de la Perrière, son mari, écuyer, seigneur de Champcour, lieutenant pour le Roi dans le Nivernois et le Donziois, dont Claude de la Perrière, fille unique, qui épousa, le 24 février 1599, Gabriel de Jaucourt, écuyer, seigneur de Buxières, et à cause d'elle de la Vaiserie.

II.

PIERRE D'ORLÉANS, écuyer, seigneur du Portal, de la Billotière en partie, et de Crécy, qualifié *noble seigneur* dans le contrat du mariage de Charlotte d'Orléans, sa nièce, auquel il assista le 14 juillet 1598; passa le 18 novembre 1555, avec Aimeri et Jean d'Orléans, ses frères, une transaction en forme de partage; épousa, par contrat du 24 août 1563, damoiselle Anne de Peytavi, laquelle fit son testament le 15 juin 1594; partagea le 5 avril 1564 avec Renée de Peytavi, sœur de sa femme, la succession de François de Peytavi, leur père, écuyer, seigneur de Crécy; obtint du seigneur de la Chastre, au mois de mai 1587, un certificat des services qu'il avoit rendus à l'armée; et autre pareil certificat du duc de Retz, le 18 juillet suivant. Il ne vivoit plus le 6 novembre 1602. On lui connoît trois enfants qui suivent :

1° ADRIEN D'ORLÉANS, écuyer, seigneur de Crécy et de la Chevillonnière, dans la paroisse de Pierrefitte-ès-Bois, fit hommage, le 27 juin 1598, à Jean du Faur, chevalier, seigneur de Courcelles, de Fay-aux-Loges, de Pierrefitte-ès-Bois et de Marcault, pour les deux tiers ou environ de la maison noble et hôtel seigneurial de Crécy et du lieu de la Chevillonnière, mouvans en plein fief de la terre et châtellenie de Pierrefitte-ès-Bois ; et en rendit aveu pour les trois quarts ou environ, le 15 octobre suivant. Dans le premier de ces actes, il est qualifié *noble seigneur*.

2° RENÉ D'ORLÉANS, écuyer, sieur de Mouceret et du Portal.

Le duc de Retz donna, le 18 août 1588, à Adrien et René d'Orléans, un certificat des services qu'ils avoient rendus dans les armées ; et ils vivoient encore le 6 novembre 1602.

3° HENRI D'ORLÉANS va continuer la descendance.

III.

HENRI D'ORLÉANS, I du nom, écuyer, seigneur de Viefvre, assista, avec Adrien et René d'Orléans, ses frères, le 14 juillet 1598, au contrat de mariage de Charlotte d'Orléans, fille de Jean d'Orléans, dans lequel ils sont tous qualifiés cousins germains de la future. Il fut aussi présent, le 18 novembre 1612, à celui de Gui de la Bussière, écuyer, sieur de Launai, et du Verdoi en partie, avec demoiselle Françoise de Bourdesoles, fille de Gabriel de Bourdesoles, écuyer, sieur de la Forest, et de demoiselle Joachine de Rivaude, sa femme, comme parent ou allié de la future ; et le 31 décembre suivant, à celui de François des Prés, écuyer, sieur de Préfontaine, avec demoiselle Suzanne Le Fort, fille de Richard Le Fort, écuyer, seigneur de Villemandeur, et de demoiselle Marie Chenu, sa première femme. Un acte signé par le secrétaire de la noblesse du Berri, en date du 24 juillet 1614, fait foi qu'il fut élu et député par celle du ressort de Concressault. Il avoit épousé, par contrat du 7 février 1600, demoiselle Françoise du Houssay, dont il eut cinq enfants qui suivent :

1° HENRI D'ORLÉANS continuera la descendance.

2° PIERRE D'ORLÉANS, écuyer, sieur de Saint-Posant et des Ragués (aliàs de Ragu) est nommé dans trois actes, l'un du 8 novembre 1655, l'autre du samedi 16 juin 1657, et le troisième du 4 février 1663. Ce dernier acte apprend qu'il avoit épousé demoiselle Edmée de Fréteville, et qu'elle étoit alors veuve de lui. On lui connoit trois enfants qui suivent :

> 1° LOUIS D'ORLÉANS, écuyer, sieur du Mesnil, étoit âgé de dix ans le 2 mars 1667, et mourut à Mastrick en 1674.

> 2° MARIE D'ORLÉANS, femme de Georges Gourdet.

> 3° HENRIETTE D'ORLÉANS, dame de Saint-Posant.

3° JEANNE D'ORLÉANS, mariée à François du Lucet, écuyer, sieur d'Auferville, mourut le 8 octobre 1638. Elle et son mari sont inhumés dans l'église de Sentranges en Berri, où leurs épitaphes se lisoient en 1684.

4° CLAIRE D'ORLÉANS.

5° MARIE D'ORLÉANS doit être celle qui assista, le 8 novembre 1655, au contrat de mariage d'Adrien de la Bussière, écuyer, sieur de Launay, avec demoiselle Anne de Montmoran, fille de Jacques de Montmoran, écuyer, sieur de la Ronville, et de demoiselle Edmée de Lucet, où elle est qualifiée *dame de la Thiaudière*, et cousine germaine de la future, laquelle y est dite également cousine germaine de Marie Bourguignon, à cause d'Henri d'Orléans, son mari, écuyer, sieur de Crécy, et de Pierre d'Orléans, sieur de Saint-Pousant.

IV.

HENRI D'ORLÉANS, II du nom, écuyer, seigneur du fief de Crécy, obtint, le 16 juin 1634, une sentence au siége de l'élection de Bourges, par laquelle il fut ordonné « qu'il jouiroit « des priviléges et exemptions concédés aux nobles; » et le 6 octobre 1636, un certificat des services qu'il avoit rendus. Il avoit épousé, par contrat du 26 novembre 1628, demoiselle Marie Bourguignon; et il mourut au lieu de Crécy, en 1642, avant le 24 juillet, laissant sous la tutelle de leur mère, qui ne vivoit plus le 16 juin 1657, cinq enfants mineurs, qui suivent :

1° HENRI D'ORLÉANS a continué la descendance.

2° NICOLAS D'ORLÉANS, écuyer, sieur de Boisgirault et de Crécy, partagea avec son frère et ses sœurs, le 16 juin 1657, la succession de leur mère, et eut pour sa part le lieu et métairie de Boisgirault, situé dans la paroisse d'Arrabloy, prisé 4,000 livres. L'acte porte qu'il étoit alors au service du Roi; et il servoit en qualité de lieutenant au régiment de Schulemberg, lorsqu'il fit son testament dans la ville de Vic, le 27 mars 1664, par lequel il voulut être enterré à Vic, dans l'église paroissiale de Saint-Marien, devant la chapelle de N. D. de Bon-Secours.

3° MARIE D'ORLÉANS, femme de Jean de Bonnestat,

écuyer, seigneur de la Fontaine, eut pour son lot, dans le
partage de la succession de sa mère, fait le 16 juin 1657,
le lieu et métairie de la Rattonnière, situé dans la paroisse
de Châtillon-sur-Loire, estimé la somme de 6,000 livres.

4° HENRIETTE D'ORLÉANS étoit mariée avec Nicolas de
Boyau, écuyer, sieur de la Ronce, le 16 juin 1657, date
du partage qu'elle fit avec ses frères et sœurs de la succession de leur mère.

5° ANNE D'ORLÉANS épousa Jean des Prés, écuyer,
sieur de Mouron, avant le 16 juin 1657, jour auquel le
lieu et fief du Challoy, situé dans la paroisse d'Ouzouer-
sur-Treizée, estimé 10,000 livres, lui échut pour sa part
dans la succession de sa mère. Elle mourut avant le
4 février 1663.

V.

HENRI D'ORLÉANS, III du nom, écuyer, seigneur de Crécy
et de Boisgirault, partagea, le 16 juin 1657, avec son frère et ses
sœurs, la succession de Marie Bourguignon, leur mère; et eut
pour son préciput et droit d'aînesse le lieu de Crécy, avec la
métairie de la Chevillonnière, évalué à 12,000 livres. Henri
Lambert, intendant du Berri, lui donna acte, le 2 mars 1667,
de la représentation qu'il avoit faite devant lui des titres justi-
ficatifs de sa noblesse. Il avoit épousé, par contrat du 4 février
1663, demoiselle Marie d'Aligret, fille de Claude d'Aligret,
écuyer, seigneur de la Croix-Marnay, et de demoiselle Antoinette
Le Jeune, sa femme. Marie d'Aligret, qui étoit veuve de lui
le 8 mai 1691, vivoit encore le 26 avril 1720; et de son mariage
avec Henri d'Orléans étoient nés six enfants, qui suivent:

1° HENRI D'ORLÉANS a continué la descendance.

2° NICOLAS D'ORLÉANS, baptisé le 7 juin 1665, mourut avant le 8 mai 1691.

3° PIERRE D'ORLÉANS, né le 12 janvier 1668.

4° JEAN D'ORLÉANS, chevalier de Malte en 1684.

5° HENRIETTE ou CHARLOTTE-HENRIETTE D'ORLÉANS.

6° FRANÇOISE D'ORLÉANS.

VI.

HENRI D'ORLÉANS, IV du nom, écuyer, seigneur de Crécy, de Pierrefitte-ès-Bois en partie, de Chevaise, de la Clavinière, de Clavières et du Tremblay, né le 29 avril 1664, se qualifioit, le 29 décembre 1710 et le 22 septembre 1714, l'un des deux cents chevau-légers de la garde ordinaire du Roi; et étoit prisonnier de guerre en Hollande, le 17 octobre 1712. Il épousa, par contrat du 8 mai 1691, demoiselle Michelle-Huberte du Faur, fille de Michel du Faur, écuyer, seigneur de Pierrefitte-ès-Bois, etc., et de dame Huberte de Farou, sa femme, alors remariée avec Nicolas de Boyau, écuyer, seigneur de la Ronce. Michelle-Huberte du Faur partagea, le 11 avril 1720, avec Jeanne-Marie du Faur, sa sœur, femme de Jean de Bonnestat, écuyer, seigneur de la Fontaine, la succession de leur père, et celle d'Edme de Farou, leur aïeul; et eut pour son lot la terre de Couet, avec toutes ses appartenances, située en la paroisse de Menestou-Rastel; ensemble la moitié de la terre d'en haut de Pierrefitte-ès-Bois, à partager avec les héritiers de feu Jean-Louis du Faur, le fief de la vigne du Pré, autrement dit le fief de Clavière, qui faisoit encore partie de cette succession, restant indivis entre les deux sœurs pour en jouir en commun. Henri d'Orléans vivoit encore avec sa femme le 11 janvier 1741 ; et de leur mariage sont nés quatre enfants qui suivent :

1° Henri-Hubert d'Orléans, écuyer, seigneur de Pier-refitte-ès-Bois en partie, de la Croix de Marnay et de Chevaise, né le 17 avril 1692, étoit lieutenant au régiment de dragons de Bonnelles, lorsqu'il épousa : 1° par contrat du 6 août 1725, demoiselle Marie-Anne-Jeanne Faure, fille de Louis Faure, écuyer, seigneur de Saint-Gengoulph, et de dame Jeanne de Vassaux, sa femme. Il a épousé : 2° par contrat du 26 octobre 1734, demoiselle Marie de Barbarin, fille de Pierrre de Barbarin, écuyer, seigneur du Bost, et de dame Marie-Michelle de Saint-Martin, sa femme. Il est mort le......, et n'a laissé aucun enfant de ses deux mariages.

2° François d'Orléans va suivre.

3° Michel d'Orléans suivra après son frère François.

5° Élisabeth-Françoise d'Orléans, née le 7 janvier 1695, a épousé, par contrat du 26 avril 1720, Jacques Le Fort, écuyer, seigneur de Saint-Victor-lez-Orléans, fils de Jacques Le Fort, écuyer, seigneur de Jussy-lez-François, etc., et de dame Anne de Sarbource, sa femme.

VII.

FRANÇOIS D'ORLÉANS, écuyer, seigneur en partie de Pierre-fitte-ès-Bois, né le 25 décembre 1693, servit d'abord en qualité de lieutenant dans le régiment de dragons de Bonnelles, dit depuis d'Armenonville, et étoit garde du corps du Roi, lorsqu'il épousa, par contrat du 11 janvier 1741, demoiselle Marie-Louise d'Assigny, nommée Thérèse-Marie-Louise dans les extraits baptistaires de deux de ses enfants, fille de Léon d'Assigny, écuyer, seigneur de Saully, de la Motte-d'Ouaine, d'Ouaine en partie, etc., et de dame Louise-Antoinette d'Assigny, sa femme. De son mariage il a trois enfants, savoir :

1° Léon-François-Marie d'Orléans, écuyer, né le 8 novembre 1741.

2°. Jacques-Antoine d'Orléans, écuyer, baptisé le 21 janvier 1743.

3° Louise - Antoinette - Marie d'Orléans, née le 17 juillet 1744.

VII.

Michel d'Orléans, écuyer, seigneur du Tremblay, troisième fils d'Henri d'Orléans, IV du nom, et de Michelle-Huberte du Faur, sa femme, baptisé le 22 novembre 1696, fut élevé page du comte de Toulouse ; a été lieutenant dans le régiment de ce nom ; et a épousé : 1° par contrat du 6 février 1726, dame Jeanne de Las, veuve du sieur Jacques de Las, en faveur duquel mariage, son père et sa mère lui ont donné la moitié du domaine du Tremblay, situé dans la paroisse d'Ouzouer-sur-Trézée ; 2° par contrat du 2 août 1737, demoiselle Charlotte de Finance, fille de François de Finance, écuyer, et de demoiselle Charlotte Fouchier, sa femme, laquelle en faveur de ce mariage a cédé à sa fille le lieu et domaine de la Goudière, situé en la paroisse de Dampierre. Il a de ce second mariage deux enfants, savoir :

1° Jean-Henri d'Orléans, écuyer, né le 22 avril 1739.

2° Marie-Huberte d'Orléans, née le 30 juillet 1741.

CHAPITRE IV.

PERSONNAGES ISOLÉS DU NOM D'ORLÉANS.

———————

JEAN d'Orléans, est dit père de Badarand, dans une charte de 1079.

BADARAND d'Orléans, sous le nom de *Badarandus filius Joannis de Aurelianis*, souscrivit comme témoin un acte du 10 mai 1079, dans lequel Lancelin de Beaugency s'exprimait ainsi :

« Moi Lancelin, chevalier, qui suis appelé de Beaugency,
« rends, plutôt que je ne donne, à Dieu et au monastère
« de la Trinité, de Vendôme, une église située près du mur
« de mon château, consacrée en l'honneur du Saint-Sépulcre
« de notre Seigneur Jésus-Christ. Cette église commencée par
« quelques fidèles était demeurée inachevée ; je l'ai fait ter-
« miner à mes frais ; et, en cet état de perfection, je la donne
« audit monastère afin que l'office divin y soit célébré jour et
« nuit, à perpétuité. » [282]

ÉTIENNE d'Orléans, était archidiacre de Bourges. Il reconnut, en 1129, que les églises de Gy et de Vineuil dépendaient
de l'abbaye de Saint-Sulpice et non de l'Archidiaconé.

Nous lisons dans le cartulaire de l'abbaye de Tyron :
1° qu'Étienne d'Orléans assista comme témoin au bail du
moulin des Planches, consenti par l'abbé Guillaume, moyennant une redevance annuelle d'un demi-muid de froment,
rendu à Chartres ; 2° qu'Étienne se porta caution d'une vente
faite à la même abbaye, environ l'an 1149. Est-ce le même
Étienne qui a concouru à ces trois actes ? Nous n'osons pas
l'affirmer. [283]

GAUDIN d'Orléans. Simon, fils de Girard de La Tour,
se mourait d'une maladie de langueur, chez son beau-frère,
Guillaume, qui demeurait à Chartres. Un jour, il quitta
la maison de ce dernier et se retira dans le monastère de
Saint-Père, auquel il légua une terre qu'il possédait auprès
de Ver. Guillaume ne voulant pas ratifier la donation faite par
son beau-frère, le couvent eut recours au comte Thibaud.
Celui-ci, après plusieurs tentatives inutiles, obtint enfin
que les parties transigeraient. Il fut convenu que Guillaume
conserverait la moitié de la terre de Ver et que le monastère
prendrait l'autre moitié. L'évêque de Chartres et Saucion
de La Ferté, seigneurs féodaux dominants, approuvèrent cette
transaction à laquelle Gaudin d'Orléans assista comme témoin,
vers 1130. Il souscrivit à une autre charte, donnée l'an 1150,
par Goslen, évêque de Chartres, en faveur de l'abbaye de
Saint-Avit, près Châteaudun. [283 bis].

RAINAULD d'Orléans vivait vers 1345. Il est mentionné dans
une donation ainsi conçue : « Que tous les fidèles sachent qu'il
« y avait autrefois une paroisse à Saint-Sulpice (*in paillo*) :
« mais que les sévices exercés par les seigneurs féodaux en
« chassèrent le prêtre et les habitants, et que cette localité
« changée en désert ne fut pendant longtemps fréquentée que
« par les ermites. Enfin, il plut à Dieu de mettre Hugues

« de saint Aubin en la possession de l'église ruinée, de son
« cimetière et d'une portion de la paroisse. Hugues les donna
« à Bernard, abbé de Tyron. Plus tard, Hugues voulant aller
« à Jérusalem, rassembla les anciens habitants de *Saint-
« Sulpice qui s'étaient réfugiés à Saint-Paul, les réintégra
« dans leur première paroisse, et les donna à la même
« abbaye. »

Dans cette charte, Rainault d'Orléans est appelé *Rainaldus*.
Il est nommé *Rainardus*, dans une autre donation faite à
l'église de Saint-Père de Theillay par Ingelger de Méréville et
Odon Arrachepel.

Rainardus et son fils approuvèrent ce don qui consistait en
15 arpents à diviser entre trente colons ou hôtes, et en la quantité de terre que le moine habitant les lieux pourrait cultiver
avec deux bœufs. Ce moine devait choisir le meilleur terrain
et construire sa maison où il voudrait.

Ici encore nous ne pouvons affirmer que Rainaldus et Rainardus désignent le même personnage. [284]

Mathieu d'Orléans est nommé dans une charte de Pierre,
archevêque de Bourges, de l'an 1152, en faveur du chapître
de Moyen-Moutier, du même diocèse, portant confirmation de
la donation faite par Pierre *de calceata* (de La Chaussée) de
ce qu'il tenait de son père dans la paroisse *de Cildriaco*. [285]

Payen et Brute, sa sœur. — Hugues, fils d'Éric, avait
donné à l'abbaye de St-Mesmin-de-Micy un moulin et quatre
hôtes, en réservant toutefois la jouissance viagère à Brute,
sa femme, pour lui tenir lieu de douaire. Plus tard, Brute
renonça à ses droits, en faveur du couvent, et obtint de ses
enfants, de son gendre et de son frère, *Payen d'Orléans*, qu'ils
confirmassent cette double donation. Ces faits sont contenus
dans une charte de Louis VII, donnée à Orléans, l'an 1155. [286]

Bugle d'Orléans fut témoin, vers l'an 1170, d'une donation que Remi et Vivien firent à l'abbaye de Saint-Mesmin-de-Micy-lez-Orléans, en considération de Robert Rafita, leur père, qualiffé *miles de firmitate Nerberti,* qui avait embrassé la vie religieuse dans ce monastère. [287]

Jean d'Orléans, chanoine de Tours, souscrivit la veille de la décollation de saint Jean-Baptiste (c'est-à-dire le 28 août 1180) à un accord passé entre Raoul, évêque d'Angers, les chanoines de Saint-Maurice et l'abbaye de Saint-Aubin de la même ville. Il fut aussi présent à un acte non daté, mais de l'an 1181 ou environ, avec Pierre de Vendôme, Barthélemi de La Haye, Geoffroy de Montbazon et Jean de Lavardin, aussi chanoines de Tours. Mais comme ce sont là tous noms de lieux, il y a peut-être à craindre que Jean d'Orléans et ses confrères ne soient ici désignés chacun sous le nom du lieu de sa naissance plutôt que sous son nom de famille. [288]

Geoffroy d'Orléans. — Le cartulaire de Saint-Pierre-le-Puellier, de Bourges, contient trois actes qui prouvent l'existence d'un Geoffroy d'Orléans, de 1193 à 1221.

Le premier, du mois de décembre 1193, est une vente faite par Étienne de Graçay à Girard, chanoine de Saint-Pierre-le-Puellier, et dont Geoffroy est témoin.

Le deuxième, du mois d'avril 1207, est une reconnaissance de 60 livres, monnaie de Gien, souscrite au profit de Geoffroy d'Orléans, par Odonet de Croces, en présence de Hugues de la Chapelle.

Par le troisième acte, du mois de juillet 1221, Archambauld, doyen de la cathédrale de Bourges, déclare que Geoffroy d'Orléans, ancien chanoine de ladite église, a prêté à Geoffroy Pantoner 29 livres, monnaie de Gien. [289]

Mathieu d'Orléans, doyen de Tro, petite ville du bas Ven-dômois, où il y avait une collégiale, publia au mois de mai 1219, une donation faite à l'abbaye de l'Aumône, autrement dite le Petit-Citeaux, située dans le Dunois, diocèse de Chartres. [290]

Barthélemi d'Orléans, chanoine d'Angoulême, fut nommé commissaire avec Philippe de Montléard, chevalier, par Al-phonse, comte de Toulouse, pour aller faire une enquête sur les lieux à l'occasion des différents mûs entre l'évêque de Toulouse et les religieuses de l'abbaye du Mas-Garnier. Ces deux commissaires citèrent le sénéchal de Toulouse qui n'osa comparaître, et ils le condamnèrent par coutumace, le 8 mars 1264-65, à rendre à l'abbaye du Mas tout ce qu'il en avait enlevé. [291]

Jean d'Orléans eut pour femme Isabelle Trousseau, *Isabella Trosselli filia Gaufridi Trosselli,* laquelle du consentement de son mari vendit, au mois de février 1271-72, pour 200 livres tournois, plusieurs terres de son propre héritage. [292]

Bienvenu d'Orléans est compris au nombre des chevaliers ou écuyers de la châtellenie de Lorris, en Gâtinois, intendance d'Orléans, qui furent convoqués à Tours, à la quinzaine de Pâques 1272. [293]

Guillaume d'Orléans était en 1280 chanoine de l'église de Montermoyen de Bourges. [294]

Pierre d'Orléans était archidiacre de l'église d'Orléans le 12 janvier 1298-99, le 2 décembre 1301, et un vendredi, fête de saint Nicolas, c'est-à-dire le 7 décembre 1303. [295]

Payen d'Orléans, chevalier, *de aurelianis miles,* avait en 1275 un pressoir dans le faubourg de Saint-Vincent d'Orléans. C'est sans doute le même Payen d'Orléans, chevalier, vivant selon Blanchard en 1285. On trouve aussi un Payen d'Orléans, chevalier, qui confessa redevance en 1296 au comte de Blois, à cause de sa femme pour la métairie de Pannes; et rien n'empêche que ce ne soit encore le même. Le sceau de cet aveu représente un fascé de huit pièces avec sept annelets et un lambel; et autour du sceau on lit ces mots : *Poien Dorliens chevalier*. C'est peut-être encore le même *Payen d'Orliens, chevalier*, qui eut pour femme *Madame* Jeanne du Bois, fille de Hugon du Bois, chevalier, laquelle étant veuve de lui, donna, le dimanche veille de la Saint-Martin d'hiver 1308, conjointement avec Jean de Vendôme, écuyer et Jeanne de Baillon, sa femme, à Nicol de Vaux, abbé de Saint-Sauveur de l'Étoile, un demi-muid de Méteil, mesure de Montoire, pour la fondation d'une messe qui serait célébrée tous les dimanches, dans la chapelle du Plessis-Godehoust. [296]

RAOUL d'Orléans était, en 1287, prieur de l'hôpital de Saint-Jean-de-Jérusalem, en France. Ne serait-ce pas lui que l'on trouve employé pour 32 livres en ces termes, *de rendis terræ Radulphi de Aureliis*, dans un compte de régale rendu par Ad... de Bucy et Guillaume de Rebréchien, lequel s'étend depuis le 4 juin 1299 jusqu'au 7 mars suivant? Ce compte de régale semble prouver que Raoul d'Orléans était engagé dans l'état ecclésiastique. [297]

SIMON d'Orléans était en 1307 chanoine de Montermoyen de Bourges. [298]

AMI d'Orléans fut l'un des trois maîtres ecclésiastiques des requestes de l'hôtel du Roi. Il était en 1301 chanoine de Vatan. Les auteurs de la nouvelle Gaule chrétienne, appuyés sur le témoignage de Gérard du Bois, dans son histoire de l'église de Paris, donnent à cet Ami d'Orléans le surnom de *Le Ratif*, et disent qu'il n'eut celui *d'Orléans*, que parce qu'il était natif de cette ville. Il était archidiacre d'Orléans en 1309 et 1314;

est qualifié *Grand-Archidiacre d'Evreux en l'église Sainte-Croix d'Orléans, familier de nostre sire le Roi,* dans un acte du jeudi après la saint Michel 1316 ; et fut doyen de l'église cathédrale de Paris depuis l'an 1320 ou environ, jusque vers l'an 1330. Philippe-le-Long le commit en 1321 avec Fremin Cocquerel, depuis chancelier de France, pour asseoir sur certains biens le douaire de la reine Jeanne de Navarre, qui était de 16,000 livres de rente. Il eut aussi une commission en Champagne, pour le Roi, en 1329 ; et fut encore employé en diverses autres affaires, dans le détail desquelles on n'entre point ici, de crainte de donner trop d'étendue à un article qui pourrait bien être entièrement étranger à la présente généalogie. Ami d'Orléans mourut le 22 janvier ou le 1er mars. On ne sait pas en quelle année.

Blanchard, en ses généalogies des maîtres des requêtes, dit : « Amy d'Orléans portait pour armes fascé de huit pièces « d'argent et de sinople à l'orle de neuf annelets de gueules « sur l'argent. » [299]

Perrot d'Orléans est nommé dans une prisée de la seigneurie de Beaugency, faite au mois de février 1328, par ordre du roi Philippe de Valois, au profit de la reine Jeanne de Bourgogne, son épouse, en ces termes : *Perrot d'Orliens tient (de la seigneurie de Beaugency) dis livrées de terre, pour l'ommage dis sols.* » [300]

Jean d'Orléans, écuyer, est mentionné comme n'existant plus en 1353. Dans trois aveux, rendus cette même année, par Baudoin de Bauvilliers, par Ameline de Vères et par Pierre Le Convers. [301]

Guillaume d'Orléans ne vivait plus le vendredi avant la Purification de Notre-Dame 1353, date d'un acte où il est dit

que « les hoirs Guillaume d'Orléans tenaient en fié... en la
« ville de Courboison (près Baugency) la taille la grant et la
« petite qui monte 12 livres parisis et la justice et le rouage et
« le mesurage, et en la ville de Saint-Lorens-des-Eaux, du
« paaige de terre unze livre parisis quatre arpens séans à
« Chemaust. » [302]

GUILLAUME d'Orléans, écuyer, partit en 1341 de Châteaurenard, avec un Jean d'Orléans, écuyer, et messire Geoffroy de
Patay, chevalier, sire de Beauverger, tous à la solde du comte
de Blois, pour aller servir Charles de Blois, son fils, en
Bretagne.

Est-ce le même qu'un Guillaume d'Orléans qui est nommé
comme vivant dans un acte du vendredi avant la Purification
de Notre-Dame 1353-54, où il paraît en qualité d'arrière-
vassal de Marie et de Jeanne d'Orléans, pour des biens situés
du côté de Beaugency ? [303]

PAIENNOT d'Orléans, écuyer, seigneur de Pennes et de La
Motte, dans l'Orléanais, est nommé dans un acte du mercredi
après la quinzaine de Pâques 1323; mais de la façon dont est
conçue la note qu'on a de cet acte, on ne sait pas s'il vivait
alors ou s'il était mort. Il est certain qu'il ne vivait plus le
vendredi avant la Purification de Notre-Dame 1353-54. [304]

RAOUL d'Orléans, écuyer, seigneur de La Motte, de Pennes,
était fils de Paienot, qui précède, ainsi qu'il résulte d'un aveu
rendu le mercredi après la quinzaine de Pâques 1323, il y est
dit : « Le fié Raoul d'Orliens, fils Paiennot d'Orliens, écuyer,
« l'hébergement de Pennes assis en la paroisse de Ceiry. »

Nous lisons dans le *Livre des fiés de la Duchée d'Orliens,*
ce qui suit :

« Raoul d'Orliens, écuyer, sire de La Motte, par lettres

« scellées du scel de la prévosté de Baugenci données la vigile
« de Pasques, quatrième jour d'avril mil ccc cinquante et
« cinq, adveue à tenir en fié lige à une foi et un hommaige de
« mons. le Duc à cause de son chastel de Baugency les héri-
« tages qui ensuivent, c'est assavoir : deux moëes et demi de
« terre assis en trois pièces en la paroisse de Saint-Lorent-des-
« Eaux...., item l'usage du bois mort dans la forest de Briou
« et le droit de pesche dans la rivière d'Isme. » [305]

JEAN d'Orléans, écuyer, rendit aveu, en 1353, au Duc d'Orléans, à cause de la châtellenie de Beaugency, pour onze arpents de pâtis situés dans la paroisse d'Avaray, au lieu appelé
La Revelle, et pour une pièce de terre appelée La Plaine, aussi
située dans la paroisse d'Avaray, joignant l'héritage de Guillaume Le Jay, écuyer. [306]

MARIE d'Orléans, femme de haut et puissant Gedoin de
Beauvillier, chevalier, seigneur de Binas, du Lude, de La
Potronne et de Germigny, était dame d'Avaray. Marie était
probablement sœur de Jeanne qui suit.

JEANNE d'Orléans, femme de Guillaume Le Jay, écuyer, était
dame d'Avaray. Jeanne et Marie, sa sœur, rendirent aveu, en
1354, pour leur *habergement et leur grange d'Avazoy* (d'Avaray) avec toute justice et seigneurie haute et basse, relevant
de la terre d'Espiers.

A cause de cet habergement d'Avaray, elles avaient pour
tenanciers : Jean d'Orléans, Guillaume d'Orléans, les hoirs
de Panniot d'Orléans, ceux de Jean d'Orléans, écuyer, ceux
de Guillaume d'Orléans. [307]

RAOUL d'Orléans, chevalier, est mentionné dans un aveu
rendu par Guillaume, de Patay, au comte de Blois, en 1321 :
« item la femme feu messire Raoul d'Orléans, jadis chevalier,

« pour sa terre sise proche Guillelmin, de Patay, écuyer. »
Raoul laissa un fils. [308]

Raoul d'Orléans, chevalier, seigneur de Châtillon, en la
paroisse de Lailly, était fils de Raoul qui précède. Un aveu de
La Mote de Moncoy, et un autre de la métairie de Poilli, rendus
en 1353, en font foi :

Le premier dit :..... Et les arrières-vassaux sont « monsei-
« gneur Raoul Dorls, chevalier, fils de feu monseigneur Raoul
« dOrléans. »

Le dernier contient ce passage : « Les vassaux qui tiennent
« dudit Pierre Le Convers, à cause de ladite maison sont
« entr'autres..... Monseigneur Raoul dOrléans, à cause de
« son habergement de Chastillon, situé dans la paroisse de
« Lailly. »

La même année, Jean de Varennes avouait tenir en fief du
Duc d'Orléans, « le paaige d'Orouer-le-Marché, d'Enchap et
« de Lannoy et du Soich...., sur lequel paaige *Monseigneur*
« *Raoul dOrléans*, Pierre de La Ferté, Regnaut du Pont, dit
« le Goiloys, et Philippot Roussigneau ont chascun dix sols
« tournois de rente chascun an..... »

Enfin, un autre aveu rendu en 1404, par Jean de Chartres,
écuyer, contient ce qui suit : « Item maistre Gentian Cabu
« tient en fié..... une mestoiere séant au lieu que l'en appelle
« Montiseau...... jusques aux terres feu monseigneur Raoul
« dOrliens...... item ce que les filles feu monseigneur Raoul
« dOrliens, chevalier, tiennent dudit Gentien à deux fois
« et à deux roucins de service..... leur mestoierie séant
« à Montiseaux. »

D'où nous concluons que Raoul était mort antérieurement
à 1404, et qu'il avait laissé des enfants. [309]

Héliot d'Orléans, écuyer, servait en 1368 dans la compagnie de messire Louis de Sancerre, avec Jean d'Orléans, aussi écuyer. [310]

N.... d'Orléans et demoiselle Philipotte, sa femme, remariée en 1392 avec Flament d'Estures, écuyer, eurent un fils qui suit. [311]

Engueran d'Orléans, était fils du précédent. Blanche de France, veuve de Philippe, duc d'Orléans, lui légua, par testament daté du 29 mai 1392, tout ce que la même Philipotte et Flament d'Estures, alors son mari, pouvaient devoir à cette princesse et certaine..... faite sur Jean Ajeir de Caën, montant à 20 livres de rente, qu'elle lui avait *ja pieça* donnée. [312]

Jean d'Orléans, écuyer, se reconnut vassal de l'évêque d'Orléans et tenir de lui plusieurs fiefs et arrière-fiefs. Cet aveu n'est pas daté; mais il peut être de l'an 1310 ou environ.

Serait-ce le même qu'un *Jean d'Orliens, écuyer de la Bailliée d'Orliens*, qui servait au mois d'octobre 1339, et qui avait huit ou neuf écuyers dans sa compagnie, aux termes de deux quittances qu'il donna le 20 et le 28 de ce mois, auxquelles est attaché le sceau de ses armes?

C'est peut-être encore le même Jean d'Orléans, écuyer, qui partit en 1341 de Châteaurenard avec Guillaume d'Orléans, écuyer, et messire Geoffroy de Patay, chevalier, sire de Beauverger, tous à la solde du comte de Blois, pour aller servir Charles de Blois, son fils, en Bretagne. [313]

Simon d'Orléans, écuyer, servait le 9 septembre 1364, date d'une quittance donnée par Gedoin de Beauvillier, chevalier, pour leurs gages de dix mois, à Guillaume de Châtillon, receveur des Aydes du diocèse d'Orléans. Ce Gedoin de Beauvillier avait épousé Marie d'Orléans, dame d'Avaray. [314]

GUILLAUME d'Orléans, écuyer, demeurant dans la paroisse de Garchi ou Guerchi, au diocèse d'Auxerre, vivait le 26 mai 1426, et eut trois enfants qui suivent. [315]

GUILLAUME et PHILIPPE, enfants du précédent, vivaient l'un et l'autre le 26 mai 1426. [316]

MARGUERITE d'Orléans, leur sœur, fut mariée avec Michel de la Barre, écuyer, par contrat du 26 mai 1426, passé sous le scel de la Prévôté de Saucoins, en Berri. [317]

PIERRE d'Orléans, chevalier, seigneur de La Brosse, est connu par un acte dont on n'a qu'une note ainsi conçue : *Messire Pierre d'Orléans, chevalier* : « son hebergement de La « Brosse-Salerne et huit vassaux relevant de l'hebergement de « Lestiou, qui appartient à Robert de Chartres, sire d'Autry, « escuyer ; mercredi 15.... 1407, relevant de Blois. » [318]

PIERRE d'Orléans, écuyer, seigneur de La Brosse, fit hommage de son fief de La Brosse, mouvant de la terre de La Ferté-Imbaut, le vendredi 8 juillet 1446, à Jean de Roye, seigneur de Beausault et Muret, qui le reçut au nom de Catherine de Montmorency, sa mère, dame de Roye, de Beausault et de La Ferté-Imbaut. [319]

GASPARDE d'Orléans épousa, le 15 novembre 1509, Antoine de La Chapelle, sieur de La Chapelle. [320]

LOUIS d'Orléans, sieur de Foizeau, où il demeurait, baillage d'Auxerre, est compris au nombre des archers dans une montre de la compagnie du marquis de Néelle, faite à La Neuville, près Sorci, le 9 décembre 1567.

On trouve encore qu'un Louis d'Orléans, seigneur de Foisseau (sans doute le même), épousa, le 4 juillet 1574, Lucrèce de Courtenay, fille de Jacques de Courtenay, seigneur de Changy, et de Christine de Villeblanche. [321]

CHAPITRE V.

PREUVES:

PIÈCES JUSTIFICATIVES, NOTES & RENVOIS.

———◦———

1.

Armorial général, ou Registres de la noblesse de France, par d'Hozier. Registre IIIe, partie IIe. Généalogie d'Orléans de Rère, f° 2, 3.

2.

Armorial, par d'Hozier. Généalogie d'Orléans de Rère, page 1.

3.

Généalogies des principales familles de l'Orléanais, par Hubert, vol. I, f° 218.

Histoire de Berry, par Gaspard Thaumas de La Thaumassière, à Bourges, 1689, page 934.

4.

Généalogie de la maison Dorléans de Rère, par Aimon Proust de Chambourg, Orléans, 1684, page 1.

5.

Armorial, par d'Hozier. Généalogie d'Orléans de Rère, f° 1, note A;
f° 13, 31, notes A, B; f° 32, note E; f° 36, note G; f° 37 verso, note E.

6.

Armorial, par d'Hozier. Généalogie d'Orléans, f° 17.

7.

La charte de rétablissement de l'ordre monastique dans l'abbaye de
Saint-Aubin d'Angers, a été publiée par dom Luc d'Achery. Elle se termine ainsi :

Signum hugonis francorum ducis. Signum Gaufridi comitis qui hoc
privilegium fieri jussit et affirmare rogavit. S. Widonis, abb. S. Nefingi
Andecavorum Episcop. S. Widonis suessionen. Episcop. S. Arduini Turo-
norum Archiepiscop. S. Roberti comitis Trecassino. *S. Alberigi Aurel. vicecomitis....*

Spicilege de dom Luc d'Achery, édition in-4°, tome VI, page 423.

La donation faite à l'abbaye de Micy-Saint-Mesmin, par Albéric d'Orléans, est mentionnée dans une charte du roi Robert, de l'an 1022. En voici
un extrait :

In nomine sanctæ et individuæ Trinitatis, Rotbertus dei gratia francorum
rex... Noverint... Universi quod... Venerabilis Odolricus episcopus, et
Albertus abbas sancti maximini miciacensis loci... humiliter petierunt sere-
nitatem nostram innovari sibi privilegia quædam a predecessoribus nostris
regibus... monasterio miciacensi indulta, quorum videlicet privilegiorum
sigilla præ nimia vetustate nobis videntibus fracta penitus fuerant et con-
sumpta... Prædictorum igitur privilegiorum tenore considerato, ad notitiam
futurorum placuit nobis... confirmari et annotari possessiones... quas præ-
sentialiter ejusdem cœnobii fratres... secure et quiete possident. Prior est
fundus Miciacensis cum appendiciis suis, et fluvius Ligeris et Ligeriti; et in
civitate Aurelianensi possident in alodo claustrum sancti maximini... Hanc
etiam communitatem habent ex dono *Alberici Vicecomitis Aurelianensis,*
ut pertotam silvam quæ adjacet Fontanellæ... omni tempore glandis porcos
ducentos absque ullo pasnatico vel aliquo servitio habere sibi liceat... Actum

Aurelianis publice anno incarnationis domini millesimo vigesimo secundo, regni Rotberti regis XXVII et indictione V...

Annales bénédictines de dom Mabillon, tome IV, pages 706 et suivantes.

8.

D'Hozier. Généalogie d'Orléans, f° 18.

9.

Proust de Chambourg, page 4.

10.

La Thaumassière, page 934.

11.

Confirmation par Hugues du Puiset de la donation faite par Évrard, son frère, en 1073, à l'abbaye de Marmoutiers :

Illustris quidam Carnotensium Vicecomes, Ebrardus nomine... dedit nobis monachis videlicet majoris monasterii Beati Martini sub regimine nunc agentibus domni Abbatis nostri Bartholomæi, anno ab incarnatione domini MLXXIII, quidquid in dominio habere videbatur in villa illa, quæ villa Nantulfi nuncupatur quæ in dunensi territorio consistit...

Primum domni Ebrardi donum factum est apud Blesis castrum in ipsius domo....

Donum et auctoramentum domni Hugonis vicecomitis, fratris domni Ebrardi factum est apud majus monasterium in capitulo, ubi affuerunt hii audientes et videntes, domnus Ebrardus frater ejus Adam filius Bernelmi, Anselmus filius Aremberti, *Rotbertus filius Berengerii de Aurel.* Ingrannus filius Guarnerii, Hainricus de Pitveris. Et quando misit hujusmodi donum super altare Beati Martini, affuerunt Guicherius de Castro Rainaldi et Sulpitius de Calvomonte et multi de hominibus eorum.

Dom Mabillon. Actes des saints de l'ordre de saint Benoit; IVe siècle, 1re partie, pages 762, 763.

12.

Observations sur Villehardouin, édité par du Cange, page 256.

13.

Albéric d'Aix, dans le recueil *Gesta dei per francos*, pages 189, 190, 192, 193.

Guillaume de Tyr, dans le même recueil, pages 642, 647.

14.

Les quatre chartes souscrites par Payen d'Orléans, bouteiller de France, sont imprimées, savoir :

Celle de 1106, donnée à Orléans, dans la diplomatique de dom Mabillon, page 593 ;

Celle de 1106, donnée à Poissy, dans les Éloges historiques du père Labbe, page 585 ;

Celle de 1107, donnée à Paris, dans les mêmes Éloges, pages 586, 587 ;

Celle de 1108, donnée à Bourges, dans les Annales bénédictines de dom Mabillon, tome V, page 518.

15.

Généalogie d'Orléans de Rère, par Proust de Chambourg, page 5.

16.   17.

Les faits énoncés à l'article d'*Hugues* sont prouvés par la charte suivante :

CYROGRAPHUM.

Quoniam ea que in tempore fiunt cum tempore persepe mutantur et transeunt, placuit predecessoribus nostris ut ea que ab illis fierent ne vetustate quae mater oblivionis est unquam deleri possent, sed rata et inconcussa persisterent, litterarum notitie commendarentur. Ea igitur suffultus auctoritate ego Simon de Baugentiaco a Sancte Ecclesie Doctoribus vetitum esse audiens ne quispiam laicus in Sanctuarium Dei manum mittere presumat, pariterque formidans ne et ego et predecessores mei pro negligentia seu trangressione mandatorum Dei perpetue dampnationis laqueis incidamus, Ecclesiam Beate Marie que Boni Nuntii dicitur in urbe Aurelianensis sitam propter inhabitantium negligentiam tam in spiritualibus quam in temporalibus ad nichilum fere redactam, religiosorum virorum sano usus consilio, cum his que ad pretaxatam Ecclesiam pertinere dinoscuntur de manu et potestate

Ugonis Aurelianensis, annuente *uxore sua et heredibus suis,* liberavi et Monachis egregii confessoris X'pi Martini Majoris Monasterii pro mea et Radulfi patris mei matrisque mee Matildis necnon et conjugis mee Adenordis cujus precibus hoc donum factum est fratrumque meorum Lancelini et Radulfi animabus, per manum d'ni Manasse venerabilis Aurelianensis Episcopi, concedente piissimo Rege Ludovico qui partes Jerosolimitanas adiit, in elemosinam donavi et imperpetuum habendam concessi. Predictus tamen Ugo unum de ejusdem Ecclesie hominibus sibi retinuit qui beati Martini Monachis jurabit quod jura Ecclesie non celabit : immo pro posse suo adquiret et disrationabit. Si vero filium habuerit eodem modo tunc Monachis se habebit. Nec pretereundum reor quod idem Ugo in domibus sepedicte Ecclesie contiguis tres solidatas census cum omnibus ad censum pertinentibus Monachis dimisit. Ego etiam Simon de Baugentiaco clamo solutos et quietos homines Ugonis, de Villiniaco in quibus leges et quecumque volebam capiebam propter octo familias quas de hominibus beate Marie michi retinui, quarum quedam a tempore Ludovici Regis patris alterius Ludovici qui Iherusalem perrexit facte sunt libere; alie autem libertatem nundum sunt adeptae. Harum itaque familiarum sunt hec nomina, Galterius pascens familiam et fructus ejus, Galterius Benesitus et fructus ejus, Rosco de Ceris et fructus ejus, B'taumus et fructus ejus, Ermentruz de Lucaio et fructus ejus, Raginaudus de Ceris et fructus ejus, Fulbertus de Crevenz et fructus ejus, Odo de Piro de Luchaio et fructus ejus. Preterea Monachi promiserunt se facturos anniversarium Radulfi patris mei et meum et Adenordis conjugis mee sicut consueverunt anniversaria Comitum facere, Matildis vero matris mee, Lancelini, Radulfi et Guill'mi fratrum meorum, *Roberti Vicecomitis, Ugonis Aurelianensis, Gaudini et Odonis Rufini,* facient anniversaria sicut familiarium suorum. Actum Aureliani in presentia Roberti venerabilis Vindocinensis Abbatis, *Hugonis Aurelianensis et Odonis Rufini fratris sui* et aliorum multorum. Interfuerunt etiam ex parte Monachorum Majoris Monasterii domnus Abbas Garnerius, Bermundus Prior, Rainaudus Bajulus, Robertus Notarius, Herveus de Villa peroria, Hugo Camerarius, Giflebertus Panetarius, Galodius Prior Sancti Laurentii et alii multi.

Archives départementales du Loiret, fonds de Bonne-Nouvelle.
Liasse intitulée : *Réforme,* par Simon de Beaugency, en 1149.

18. 19.

La mort d'Hugues d'Orléans, le nom de sa femme, le nom de son fils Eudes

et la transaction que ce dernier fit avec Bonne-Nouvelle, sont précisés dans
le titre suivant :

Pactionum obligationes debent mandari litteris ut indissolubile capiant
vinculum firmitatis. Ad testimonium igitur veritatis in medio proferendum,
ego Manasses Dei permissionne Aurelianensis Ecclesie humilis minister
notum facio presentibus et futuris quoniam *Hugo Aurelianensis* et *Odo filius
ejus* quedam in claustro Beate Marie Boni Nuncii et in Curia Guinemari
minus juste possidere videbantur que maxime ad jus Ecclesie attinebant.
Post mortem vero patris adepta hereditate, idem Odo memoria patris ante
oculos revocata pro remedio anime patris et predecessorum suorum et pro
suorum venia delictorum cum viam Iberosolimitanam esset ingressurus,
quidquid vel in claustro vel in Curia Guinemari tenuerant, Monachis Ecclesie
illius in perpetuum dereliquit, Verum ut jam dictus Odo et spiritualem et
temporalem susciperet recompensationem et ne predicte fratres Ecclesie in-
gratitudinis culpam offenderent, satis dicto Odoni quadragenta libras Aurelianensis monete dederunt. Idem autem Odo in manu nostra fide firmavit se
laturum guarentiam, defensionem ac tutelam adversus omnes calunpniantes
secundum consuetudinem Aurelian' civitatis excepto Radulfo de Nido.
Stephanus quoque Girardi et filius ejus Hugo et Rainaldus de Espieriis et
Hugo de Bullo idem fiduciaverunt. Hugo quoque qui dicitur Pincerna affidu-
ciavit similiter se laturum auxilium et guarentiam tam apud filiam suam
uxorem Odonis quam et omnes generis sui. Idemque Odo rogavit me sicut
dominum suum quod hujusmodi beneficium in manu susciperem et manu
tenerem ego et successores mei Catholice substituendi super totum feodum
quod habebat Odo ab Aurelianensi Ecclesia et super fidelitatis debitum
X'piane. Elisabeth mater Odonis id concessit advocatis ex parte sua Rai-
naldo de Espieriis fratre suo, Stephano Girardi et Hugone filio ejus et Odone
filio suo. Regina quoque uxor Odonis hoc apud Gidiacum concessit et ex
parte sua advocavit Hugonem patrem suum, Robertum Rubeschal et Ebrar-
dum fratrem suum. Huic concessioni mulieris ex parte Monachorum affue-
runt Gaufridus Prior et homines Monachorum de Sarcutis, Johannes Fusilz,
Menardus filius Hervei, Guillelmus de Thoscha, Lambertus frater ejus et
Johannes et alii multi. Actum publice Aurel' anno Incarnationis Dominice
M°. C°. LXVII°. Episcopatus nostri XXII° Affuerunt Gaut' Abbas Beati Maximini,
Andreas Prior ejusdem Monasterii, Gaufridus Prior Beate Marie Boni Nuncii,
Garinus Archipresbiter, Fulco Decanus Beati Petri Puell', Gaufridus Cantor
Gargol', Goffridus de Graciaco, Andreas Meldensis, Eustachius Goherius

de Sancto Marcello, Hugo de Rua nova, Ebrardus de Bettisi, Vaflimus de Monte borrici et Petrus filius ejus, Letardus minutor, Grossinus pelliparius et alii multi.

Archives départementales du Loiret, fonds de Bonne-Nouvelle.

20.

Histoire de la prise de Constantinople, par Villehardouin.

21.

Philippe Mouskes s'exprime ainsi :

> Petit après moru Liascres (1)
> Qui moult estoit vallans et aspres.
>
> . . . .
>
> Cete noviele sans faillance
> Si vint en Flandres et en France,
> Dont recommencierent la guerre
> Li Coumain par toute la terre.
> L'empereres Robiers (2) le sot,
> Et al plustost kil onques pot
> I envoia ses Cevaliers,
>
> . . . .
>
> Mais par l'estoire scay de fi
> Que nos gens furent desconfi.
>
> . . . .
>
> I ot ocis à grant la gan
> Dont la terre fu pis en l'an.
> Car li vious Quenes (3) estoit mors
> Et li jouenes Quenes (4) li fors.
> Si ert (5) mort Paiens (6) et Lienars
> Qui des Comains fisent essars (7).
> Si ert mort Pierre de Breecuel (8)
> Dont el païs ot mult grant duel.

Philippe Mouskes, à la suite de Villehardouin, édité par
du Cange, page 215.

(1) Théodore Lascaris, empereur des Grecs. (2) Robert de Courtenai, empereur des Latins. (3) Conon de Béthune-le-Vieux. (4) Conon de Béthune-le-Jeune. (5) Était. (6) Payen d'Orléans. (7) Grand carnage. (8) Pierre de Brajecuel.

22.

Fondation de l'autel de saint Jean-Baptiste, en l'église de Sainte-Croix d'Orléans :

Ego Johannes Paganus de Aurel. vocatus notum facio quod in Ecclesia S. Crucis Aurel' in altari videlicet S. Johannis Baptiste quod est in eadem Ecclesia perpetuum instituens Capellanum tam pro mea quam pro predecessorum et successorum meorum salute, in eodem altari Missarum celebraturum solemnia, furnum meum situm Aurel' in vico qui fabraterie nuncupatur cum pertinentiis suis de assensu uxoris mee necnon et liberorum et heredum meorum omnium Ecclesie S. Crucis in elemosinam contuli Capellano dicti altaris, salva annua trium solidorum elemosina Ecclesie S. Samsonis in eodem furno a meis predecessoribus assignata. Quicquid autem libertatis in dicto furno habueram, habebit in eo similiter Capellanus, lagenam vini videlicet quod hospes furni de vineis suis propriis vendi faciet infra furnum, et preterea justitiam, sanguinem et latronem. Post decessum Renaudi de Curia quem institui, Capitulum S. Crucis in prefato altari semper instituet Capellanum. Hoc etiam adjuncto quod Ecclesiæ S. Crucis Capellanus altaris servitium præstabit assiduum. Illud quoque sciendum quod supradictus Renaudus accepti non ingratus beneficii arpentum unum vineæ situm ad locum qui pratella dicitur in censiva Stephani Picau et Higonis Hyver prætaxato altari ad animæ suæ et suorum remedium contulit perpetuo habendum, quod comparasse propriis denariis noscebatur. Quod ut ratum teneatur et notum permaneat, presentem paginam litteris adnotatam sigilli mei caractere roboravi. Actum anno gratiæ M°. CC°. II°·

Hugo Dei gratia Aurel' Episcopus, omnibus notum facimus quod vir nobilis Johannes Paganus de Aur' vocatus in Ecclesia S. Crucis Aurel' in altari videlicet S. Johannis Baptistæ quod est in eadem Ecclesia, perpetuum instituens Capellanum tam pro sua quam predecessorum et successorum salute....

Archives départementales du Loiret, fonds de Sainte-Croix,
Layette des Chapelles.

23.

Le compte de la Prévôté de Lorris est imprimé dans l'*Usage des Fiefs,* par Brussel, tome II, pages 139 et 140.

Quant à la charte de Philippe-Auguste, en voici la teneur :

Philippus Dei gratia Francorum Rex, notum esse volumus tam presentibus quam futuris quod nos *Roberto de Aurelia Servienti nostro*, propter ejus fidele servitium et hæredi suo masculo de uxore sua desponsata dedimus in perpetuum terras, vineas et alia quæ acciderunt uxori defuncti Girardi de Athies a Gaufrido Anguilla avunculo suo in Castellania Turonis. Hæc autem omnia dictus Robertus et hæres suus masculus de uxore sua desponsata tenebunt ad usus et consuetudines terræ, reddendo consuetudines et servitia quæ res prædictæ debere noscuntur dominis quibus debentur. Quod ut perpetuæ stabilitatis.... Actum Compendio anno Domini millesimo ducentesimo septimo decimo, mense Aprili.

24.

Voir pour les *Sergents d'armes* :

1° La milice française, par le père Daniel, tome II, livre IX, chapitre 12 ;
2° Butilerius, in summa rurali, lib. II ;
3° Annales de Toulouse, par La Faille, tome I, p. 203 ;
4° D'Hozier, Généalogie d'Orléans, f° 10.

25. 26. 27. 28.

Pour prouver la parenté d'Herbert, de Payen, de Payen et de Jean, nous reproduisons deux chartes, l'une en entier et l'autre par extrait :

Ego Johannes miles Aurel. notum facio universis præsentibus pariter et futuris quod fratribus meis Herberto et Pagano volentibus et concedentibus, quandam pactionem supra quibusdam tensamentis Patay videlicet et Columelle Noveville Espessoleiz, Willumville, Villegamberti, Villarispetrosi, Basochiarum, Buxeti, Pertuseit Presneville, que ad feodum meum quod de Petro de Meso milite teneo pertinent, eandem ratam voto permanere et stabilem sicut in autentico Aurel' episcopi continetur. Quod ut ratum persereret et stabile, Sigilli mei munimine confirmavi. Actum anno gratie M° CC° IX°.

Titre vu par d'Hozier en 1746 et appartenant alors aux Archives de l'Abbaye de Bonneval.

Ph. Dei gratia Aurelianensis Episcopus, omnibus..... Salutem in domino. Noverit universitas vestra quod Henricus Boelli defuncti Rag. Boelli filius.

in nostra presencia constitutus totam terram quam habebat in territorio de castris domui Elesimonarie de Balgen. In elemosinam contulit.... Istam autem elemosinam *Herbertus de Aurelianis miles et uxor ejus Lucia et Paganus eorum primogenitus* de quorum censiva predicta terra movere dinoscitur, bona fide voluerunt et libere concesserunt, salvo sibi suo censu quem in dicta terra dictus miles percipere consuevit. In cujus rei memoriam et testimonium presentes litteras ad peticionem predictorum sigilli nostri impressione dignum duximus communiri. Datum anno domini Mᵒ CCᵒ XXVIIIᵒ, mense Februarii.

Archives de l'Hôtel-Dieu de Beaugency.

29.

J. de Aurelianis miles omnibus in perpetuum. Notum facimus universis presentibus et futuris quod nos elemosinam quam fecit et assignavit in feodo nostro Regbaudus major de Codreau Ecclesie Sancti Germani et Sacerdoti de Andeglo volumus, concedimus, ratam habemus, laudamus et modis omnibus approbamus. Quod ut ratum permaneat, sigilli nostri testimonio confirmamus. Auctum anno domini Mᵒ CCᵒ Xᵒ.

Archives départementales du Loiret, fonds de Sainte-Croix,
Layette des Patronages et Cures.

A cet acte pend un sceau présentant un champ chargé de trois fasces et de sept annelets posés 3, 3, 1, de l'un à l'autre.

30.

Ego Johannes de Aurelianis, miles, notum facio presentibus pariter et futuris quod Petrus et Herveus fratres milites de Mesio constituti in presentia mea petierunt quod venditionem triginta et novem minarum bladi quarum medietas erat hibernagii, altera erat avene, quas habebant annuatim in grangia Abbatis et Monachorum Sancti Petri Carnotensis apud Niglebout, ipsis Monachis concederem ; et ego ad eorumdem fratrum petitionem ipsam venditionem prefatis Abbati et Monachis concedo et presentem paginam testimonio sigilli mei confirmo. Actum anno gratie Mᵒ CCᵒ XIIᵒ, mense Decembri.

Cet Acte a été vu, en 1740, par dom Verninac, dans les Ar-
-chives de l'Abbaye de Saint-Père de Chartres.

31.

Chevaliers portant bannière, à la bataille de Bouvines :

Hi sunt Milites normaniæ ferentes bannerias... Guillelmus de Garlanda... Hugo de Pompona, Guillelmus *Prunelé*, Paganus de S. Yonio, Ansellus de *Botainviller, Johannes de Bottenviller, Johannes de Aurelianis*, Ursio Camerarius, Guido filius ejus.... Comes Barri super sequanam, *Hugo de Magduno* super ligerim, *Joannes de Baugenciuco, Robertus de Cortenaio...* Galcherus de Jovigniaco.... Jeldoinus de Bellovillari.

Historiens de Normandie, par André Duchesne, page 1035.
Traité du Ban et Arrière-Ban, par La Roque, page 17.

32.

Généalogies des principales familles de l'Orléanais, par Hubert. Vol. I, f° 218 et suivants.

33.

Histoire de l'Abbaye de Morimond, par l'abbé Dubois ; 2ᵉ édition, page 182.

34.

Pithveris quoque nobile castrum Aurelianensis Ecclesiæ, quod sub eadem, tempestate vi armata ipse Johannes de Aurelianis miles intraverat proditiose et ceperat, multo labore et instantia apud Regem qui id dissimulare videbatur ab initio, ægre ferens quod quotiens habebat aliquid adversus eum Episcopus non verebatur ei in facie resistere confidenter, tandem recuperavit, Johanne non sine confusione ejecto. Ad ultimum ejusdem et suorum infantum edomuit superbiam, quos taliter publicam subire pœnitentiam cum pecuniaria emendatione coegit ; hoc addito quod ipsi Sedem Apostolicam pro absolutione sua nihilominus adierunt ; quo non immerito cœteri terreri potuerunt, ne similia contra eum attentarent.

Histoire des évêques d'Auxerre, dans la bibliothèque du père Labbe, tome I, page 488.

35.

Cet ancien inventaire, qui n'existe plus, a été vu en 1740, par dom Verninac, dans les Archives de l'Évêché.

36.

Don à l'Aumône de Citeaux :

Ego Johannes de Aurelianis miles, notum facio universis presentes litteras inspecturis quod ego et Elizabeth uxor mea, concedentibus heredibus meis Johanne, Matildi, Agnete et Maria, pro remedio animarum nostrarum et antecessorum nostrorum, dedimus in puram et perpetuam elemosinam Monachis Elemosine Cistertiensis ordinis, quiquid juris habebamus in terra illa quam Philippus de Epiers miles dictis Monachis dederat in elemosinam, que vocatur maysia de Tiliaco, et juncta est terre eorumdem monachorum de Ollenvilla. Et ut donum istud et elemosina perpetuam habeat firmitatem, presentes litteras Sigilli nostri munimine fecimus confirmari. Actum anno domini M° CC° vicesimo, mense Octobri.

> Copie faite en 1742, par dom Verninac, sur l'original conservé dans les Archives de l'Abbaye de l'Aumône, dite le Petit-Citeaux, près d'Oucques. Layette d'Ollenville.

37.

Donation au monastère de Voisins, des dîmes des paroisses de Coulmiers, Rozières et Huisseau :

Manasses Dei gratia Aurelianensis Episcopus, omnibus presentes litteras inspecturis, salutem in Domino. Noverint universi quod cum nobilis mulier Agnes uxor Guillermi Prunelé militis in extremis laboraret, pro anime sue suorumque remedio in perpetuam legavit et contulit elemosinam dilectis filiabus nostris Monianibus de Veisins, totam decimam grossam videlicet et minutam quam in Parrochia de Colomeir et in territorio de Bona Villa in eadem Parrochia constitutam et in Parrochiis etiam de Roseriis et de Huisello, jure hereditario possidebat. Hanc autem donationem et concessionem NOBILIS MULIER HELISABETH FILIA DEFUNCTE AGNETIS, UXOR JOHANNIS DE AUREL' MILITIS, voluit et concessit, dicto Johanne marito ejus huic donationi favorem adhibente coram nobis et consensum. Dilectus autem et fidelis noster Hugo de Magduno, miles, de cujus feodo movet predicta decima premissam donationem et concessionem coram nobis laudavit et concessit. Nos itaque donationem et concessionem predicte decime que de nostro movere feodo dinoscitur ratam habentes et liberaliter approbantes, presentes litteras in premisse donationis testimonium et munimen ad supradictorum petitionem fieri fecimus, et sigilli nostri munimine roborari. Actum anno gratie millesimo ducentesimo vicesimo.

Archives départementales du Loiret, fonds de Voisins.

38.

Don au monastère de Voisins, de la dîme sur une charrue de terre exploitée
par Jean d'Orléans :

Philippus Dei gratia Aurelianensis Episcopus, omnibus presentes litteras
inspecturis, salutem in Domino. Noverit universitas vestra quod cum dilecte
filie Moniales de Vicinis *Johannem de Aurelian' militem* impeterent coram
nobis petentes decimam cujusdam carrucate terre in Parrochia de Colomeriis site, quam idem miles propriis sumptibus excolebat, ostendentes litteras
bone memorie M. predecessoris nostri quod dicta decima eis data fuerat in
perpetuam elemosinam et concessa; eodem Johanne ex adverso respondente
quod nunquam eis reddita fuerat prefate terre decima nec soluta. Tamdem
memoratus Johannes nostro usus consilio voluit et concessit ut prefate Moniales illam decimam quam petebant, in perpetuum pacifice et sine contradictione aliqua perciperent et haberent. In cujus rei memoriam et testimonium, presentes litteras ad petitionem predicti Johannis fieri fecimus et sigilli
nostri munimine roborari. Actum anno gratie millesimo cc° vicesimo tertio,
mense Maii.

Archives départementales du Loiret. Fonds de l'Abbaye de Voisins.

39.

Service divin fondé en la chapelle de Montpipeau, par Jean d'Orléans et
Élisabeth de Prunelé :

Wlgrimus beati Evurtii Aurelianensis Abbas totusque ejusdem loci Conventus. Noverint universi quod nos de communi consensu dilecto nostro nobili viro Johanni de Aurelianis et Elizabeth uxori ejus in perpetuum concessimus quod Prior noster de Usello singulis diebus in Capella de Montpipeau
Missam faciet celebrare per se vel per alium de sociis suis Canonicis nostris,
qui etiam in festis annualibus Matutinas et omnes Horas ibi dicet. Propter
onus autem illud Prioratui impositum, Priori ejusdem loci concessimus in
perpetuum redditus quosdam quos in Parrochia de Usello suscipere consuevimus, videlicet minutæ decimæ et quicquid etiam in terra de Seronvilla
et in decima de Valerii percipere solebamus. De centum autem libris

quas idem Johannes nobis contulerat pro emptione redditus facienda ad
relevationem prædicti Prioratus...... Actum anno Domini мº ccº xxxº,
mense Octobri.

Philippus Dei gratia Aurelianensis Episcopus nos supradictas litteras
approbantes, ad requisitionem predicti militis sigilli nostri munimine fecimus
consignari. Actum anno Domini мº ccº xxxº primo.

Archives départementales du Loiret, fonds de Saint-Euverte.
Cartulaire.

40.

Archives départementales du Loiret, fonds de Voisins. Cartulaire.

41.

Traité du Ban et Arrière-Ban, par La Roque. Rôles, pages 26, 27, 28.

42.

Charte de Louis IX, relative aux bois de Daumery et de Montpipeau,
appartenant à Jean d'Orléans :

Ludovicus Dei gratia Francorum Rex.... Noveritis quod cum contentio
esset inter nos et dilectum et fidelem nostrum Johannem de Aurelianis
super eo quod ipse dicebat se posse vendere sine assensu et licentia nostris
nemora infrascripta, videlicet nemus de Daumeri continens circa quinquaginta arpenta, nemus de Montpipel continens circa viginti arpenta, moventia
de hereditate matris sue.... nobis prout datum erat intelligi in contrarium
asserentibus; tandemque per inquestam quam super hoc magister Johannes
de Goumes et Petrus de Estaval de mandato nostro fecerunt, nobis constitit
quod dictus Johannes poterat vendere libere nemora supradicta, et propter
hoc dicta nemora eidem Johanni vendenda libere remanserunt. Actum apud
Corbolium anno Domini мº ccº quadragesimo septimo, mense Julio.

Copie faite en 1742, par dom Verninac, sur une copie Vidimée
de la chambre des comptes de Blois. Layette de Beaugency.

43. 44.

Joinville. Histoire de Saint-Louis; édition du Louvres, pages 40 à 57.

45.

Donation de 20 sols de rente, faite à l'Abbaye de Beaugency, par Jean d'Orléans :

Guillelmus divina miseratione Aurelianensis Episcopus, noveritis quod nos vidimus contineri in testamento bonæ memoriæ Johannis junioris de Aurelianis militis, nostro et ejusdem Johannis sigillo sigillato, quod idem Johannes legavit Abbatiæ B. M. de Balgentiaco vigenti solidos annui redditus vel viginti libras ad emendos redditus, ita quod Conventus habebit die anniversarii sui decem solidos, et alii decem solidi in usum ejusdem Conventus secundum dispositionem Abbatis. Datum anno Domini M° CC° L° III°, mense Martio.

Archives départementales du Loiret, fonds de l'Abbaye de
Beaugency, Cartulaire, f° 43 verso.

46.

Transaction entre Marguerite, dame de Montpipeau, veuve de Jean d'Orléans, et l'Abbaye de Saint-Père de Chartres :

Omnibus presentes litteras inspecturis, Matheus de Belna Ballivus Aurelianensis, salutem in Domino. Notum facimus quod cum contentio verteretur inter nobilem mulierem Margaritam dominam de Montepipelli ex una parte, et Religiosum virum Abbatem et Conventum beati Petri Carnotensis ex altera, super hoc quod dicta domina dicebat se et Johannem quondam virum suum defunctum fuisse et esse in possessione habendi et percipiendi super duos hospites in terra dictorum Monachorum manentes apud Nidos, videlicet Erminardim Regine et ejus heredes et super defunctum Guillelmum dictum Pointure et ejusdem Guillelmi heredes, talliam ad placitum, fretengias, mutones, mestivas, biennium et corveias ; et super hoc fuisset inter dictas partes diutius litigatum. Tandem quadam inquesta facta super hoc per Johannem Agni et Johannem... de mandato Johannis Monetarii quondam Ballivi Aurelianensis et de consensu partium predictarum, que inquesta nondum apperta fuit, inter dictas partes taliter extitit concordatum, videlicet quod dicta domina confessa fuit in judicio coram nobis se a dictis Monachis quinquaginta libras turonenses habuisse et recepisse pro omnibus predictis quitandis et remittendis in proprium Monachis et hospitibus antedictis, tali pacto apposito quod nisi Margarita filia dicte domine quando ad etatem legitimam pervenerit, dictam quitationem voluerit laudare, concedere et confirmare, dicta domina vel ejus heredes tenebuntur dictas quinquaginta libras turonenses persolvere Monachis antedictis; et tunc dicte partes ad examen Ballivi Aurelianensis qui pro tempore erit redibunt processure prout justum fuerit et secundum inquestam supradictam que interim remanebit clausa et de consensu partium in deposito ponetur in Abbatia Sancti Evurtii Aurelianensis, salvis utrique parti rationibus et allegationibus tunc proponendis et dicendis coram Ballivo predicto. In cujus memoriam et testimonium presentes litteras sigillo nostro fecimus roborari. Et ipsa domina ad majorem roboris firmitatem presentibus litteris sigillum suum fecit apponi. Datum anno Domini M° CC° L° quinto, die crastina beati Andree Apostoli.

47.

Don de 40 sols parisis de rente, fait à l'Abbaye de Voisins, par Payen d'Orléans :

Universis presentes litteras inspecturis, Paganus de Aurel' miles, salutem in Domino. Noveritis quod nos volumus et concedimus quod Religiose Moniales de Vicinis quadraginta solidos Parisienses annui redditus super furno nostro de Clariaco annis singulis in Octabis Sanctorum Omnium, pro legato sibi facto a defuncto Johanne de Aurel' quondam milite, fratre nostro, percipiant et habeant sine contradictione qualibet in futurum; nos et successores nostros quoad id observandum inviolabiliter obligantes. In cujus rei memoriam et testimonium presentes litteras sigillo nostro duximus sigillandas. Datum anno Domini M° CC° LX° VII° die veneris post festum beati Luce Evangeliste, mense Octobri.

Archives départementales du Loiret, fonds de Voisins.

48.

Don de quatre muids de blé, sur le champart de Bonneville, fait à l'Abbaye de Voisins, par Payen d'Orléans :

Universis presentes litteras inspecturis, Paganus de Aurel' miles, salutem in Domino. Noveritis quod nos considerata devotione Religiosarum Monialium de Vicinis, eisdem karitatis intuitu quatuor modios bladi annui redditus ad mensuram Aurel' capiendos annis singulis post quendenam festi Omnium Sanctorum super campipargio nostro de Bona Villa juxta grangiam nostram de Nocumento, de volumptate et assensu Agnetis uxoris nostre in puram et perpetuam elemosinam damus et concedimus dictos quatuor bladi modios donatione facta inter vivos sine spe revocationis alicujus faciende; nos ad id inviolabiliter observandum nos et heredes nostros obligantes. Et quod id ratum maneat in futurum, presentes litteras sigilli nostri una cum sigillo predicte Agnetis uxoris nostre dedimus munimine raboratas. Datum anno Domini м° cc° lx° viii° die Dominica ante festum Decollationis beati Johannis Baptiste.

Archives départementales du Loiret, fonds de Voisins.

49.

Legs faits à l'Abbaye de Voisins, par Payen d'Orléans :

Universis presentes litteras inspecturis, Officialis curie Aurel' salutem in Domino. Noveritis nos anno Domini м° cc° lxx° quarto die jovis post Dominicam qua cantatur Letare Jerusalem vidisse testamentum nobilis viri Pagani de Aurel. quondam militis, quod sic incipit : In nomine Sancte et individue Trinitatis, amen. Ego Paganus de Aurel' miles, et cetera; et sic terminatur : Septuagesimo primo, die mercurii in festo Sancti Hylarii, mense Januario, et cetera. In quoquidem testamento continentur due clausule inter cetera que sic incipiunt : Item lego monialibus de Vicinis unum modium misteoli ad mensuram Magdunensem annis singulis capiendum in campipartibus meis de Bona Villa pro anniversario meo et Agnetis uxoris mee imperpetuum in dicta Abbatia de Vicinis celebrando. Item quadraginta solidos Parisienses capiendos super talliam meam de Villamarz annui redditus pro pitentia dictis Monialibus in die anniversarii facienda. Item sorori Marie Prunelee decem libras. Et hoc omnibus quorum interest tenore presentium intimamus. Datum anno Domini millesimo ducentesimo septuagesimo quarto, die jovis predicti. Jaquetus.

Archives départementales du Loiret, fonds de Voisins.

50.

Legs fait à l'Abbaye de Sainte-Euverte, par Payen d'Orléans :

Item habemus apud Munpipellum xiv minas bladi in grangia de la Gounaudiere sitas, pro anniversario dominæ Margaritæ et domini Pagani de Aurelianis et dominæ Agnetis uxoris suæ annis singulis faciendo. Item pro anniversario DOMINI JOHANNIS DE AURELIANIS V solidos annui redditus super censum Sancti Remigii sitos. Item habemus in festo Sancti Georgii x solidos pro anniversario DOMINI JOHANNIS DE AURELIANIS ET DOMINI PAGANI FRATRIS SUI, in Ecclesia de Uxello annis singulis faciendo.

Archives départementales du Loiret, fonds de Saint-Euverte.

51.

Bibliothèque de la ville d'Orléans. Hubert, tome I, f° 218.
Proust de Chambourg. Généalogie d'Orléans, page 7.
Histoire du Berri, par La Thaumassière, page 934.

52.

D'Hozier. Généalogie d'Orléans, f° 38 verso, Registre 3, partie 2ᵉ.

53.

Cartulaire des fiefs de l'Évêché d'Orléans, vu par dom Verninac en 1747.

54.

Amortissement de la dîme de Villemain, par Jean d'Orléans, en faveur du Chapître de Sainte-Croix :

Universis presentes litteras inspecturis, Johannes de Aurelianis miles salutem in Domino. Notum facimus quod nos totam decimam de Villemain in Parrochia de Charconvilla sitam quam tenebat a nobis in feudo Raginaldus de Sours miles, quamquidem decimam dictus Raginaldus vendidit viris venerabilibus et discretis Decano et Capitulo Aurelianensi, dictis Decano et Capitulo tamquam primus dominus feudalis dicte decime admortificamus et volumus et concedimus quod dicti Decanus et Capitulum dictam decimam admortificatam ex nunc in perpetuum in manu mortua teneant et possideant et promittimus bona fide quod nos tamquam primus dominus feudalis dictam decimam liberabimus, guarentizabimus et deffendemus dictis Decano et Capitulo perpetuo contra omnes qui se dicerent seu facerent dominos feudales decime supradicte, excepto domino Episcopo Aurelianensi a quo tenuimus in feudum decimam supradictam.... In cujus rei memoriam.....

presentes litteras dictis Decano et Capitulo ad preces dicti Raginaldi dedimus sigillo nostro sigillatas. Datum anno Domini millesimo cc° lxxme septimo, die jovis post festum Sancti Martini estivalis.

Archives départementales du Loiret, fonds de Sainte-Croix.
Layette de Villemain.

55.

Dom Verninac dit : « Au-dessus de l'aveu de Jean d'Orléans, chevalier, « est écrit : *Loco Johannis est Guido de Aur. armiger, anno IIII^xx* « *primo;* et à la marge à commencer entre la première et la seconde ligne : « *Petrus de Aur. armiger filius dicti Guidonis est de presenti.* J'ai marqué « deux *xx* sur IIII. Ces deux dizaines sont un peu effacées; mais en y re- « gardant bien, on les y découvre sans autre secours que celui des yeux. « On y a omis m. ccc. Ainsi, ce fut en 1381 que Guyon d'Orléans, écuyer, « fit hommage à l'Évêque et donna aveu ou consentit seulement celui qui « étoit écrit. Cette note a été écrite dans le tems même. La note marginale « doit être d'environ 1400 et antérieure à 1415. »

56.

Mariana raconte ainsi ce qui se passa à Messine, après que tous les Français eurent été massacrés à Palerme :

Oppida alia et urbes, Panormitanorum exemplo, multis in locis tumultuatæ sunt. Messana in fide tantisper perstitit *Herberti Aurelianensis* totius insulæ pro Francis prefecti diligentia et auctoritate. Metus haud diuturni officii magister extitit. Itaque Messanenses brevi aliarum urbium auctoritatem secuti correptis armis rebellarunt, gallico tum Præsidio tum Præfecto urbe pulso.

Joannis Marianæ hispani e societate Jesu historiæ de Rebus
hispaniæ. Francofurti 1606.

57.

Duchesne. Histoire de la maison de Montmorency. Preuves, pages 370 et 371.

58.

Les titres dans lesquels Herbert d'Orléans est mentionné comme ayant épousé Agnès de Dun, dame de Bouges, sont :

« Lettres de Jean *Borsaudi,* garde du scel royal d'Issoudun, d'un mer- « credi avant la feste de S. Barnabé, 1292, dans lesquelles on lit ces « mots : AGNES *domina de Bogis, uxor* GUIDONIS DE RANCONIO, *militis, pro* « *anniversario defuncti* HERBERTI DE AUR' *militis, quondam mariti sui.*

« Lettres de l'Official de Bourges, du vendredi avant la feste de S. Georges, « 1295, dans lesquelles on lit : *Pro anniversario* HERBERTI DE AUREL' *militis* « *quondam mariti* AGNETIS *domine de Bogis.*

« Lettres de *Droco* (Dreux), abbé de la Vernuce, du jeudi avant la feste « de S. Jacques et de S. Philippe, apôtres, 1301, par lesquelles cet abbé « déclare qu'il a reçu ce qui avoit été donné à son monastère par *defuncta* « *Agnes de Duno domina de Bogis,* et s'oblige de célébrer tous les ans « l'anniversaire de feu Herbert d'Orléans, *de Aurelianis,* chevalier, mari de « ladite Agnès. »

Ces titres étaient conservés, en 1740, dans les Archives de l'Abbaye de la Vernusse, diocèse de Bourges.

59. 60.

D'Hozier. Généalogie d'Orléans, f° 12 verso.

61. 62. 63. 64.

Testament de Raoul d'Orléans :

Ego RADULFUS DE AURELIANIS, ARMORUM REGIS HOSTIARIUS, testamentum meum ordino in hunc modum. Heredes meos constituo Gaufridum Crois- morin et Radulphum filium defuncti Stephani de Ulmo nepotes meos, et do predicto Gaufredo domum meam et terras de Brandelon cum omnibus per- tinentiis in feodis, terris, vineis, etc., granchiam et terras de Popri, et quicquid ibidem emi ab Adam de Chastellers, et quicquid immobile habeo et possideo in Civitate et banlevis Aurelianensibus, excepto quarterio quod emi ab heredibus Johannis Morin militis. Item eidem Radulpho do quecum- que immobilia habeo et possideo in Castellania de Baugenci, exceptis rebus quas ad tempus teneo obligatas a Symone de Villafrein. Item dominæ matri meæ et Johanni fratri meo Canonico Sancti Quiriaci de Pruvino do et lego quandiu vixerunt XLII libras annui redditus sitas in præpositura Aurelianensi et domum magnam de veteri foro. Item Marotæ uxori Guillelmi de Pich'nis nepti meæ do, lego Terram meam de Coustura cum omnibus pertinentiis. Item pro anniversariis pro remedio animæ meæ, uxoris meæ et liberorum, annis singulis perpetuo faciendis in Ecclesiis infrascriptis, lego Monasterio de Vicinis x libras turonenses Monasterio de Curia-Dei c solidos, Cappellanis Sancte Crucis c solidos Parisienses etc. Ad emendos redditus pro fundatione altaris constructi in Ecclesia Sancti Pauli, c libras Parisienses et meliorem dextrarium meum cum scuto et armatura mea ; et nisi dextrarios haberem, loco dextrarii lego XL libras Parisienses ; et pro altari lego ornamenta omnia necessaria quæ habeo. Cunctis Ecclesiis in Banleuca Aurelianensis cuilibet pro una missa celebranda in die obitus mei XII denarios ; duabus filiabus Guillelmi de Submuro cuilibet x libras turonenses ; Johannæ consanguineæ meæ, uxori Petri Ganteret' x libras turonenses ; Ælidi consanguineæ meæ, relictæ defuncti Boefleine x libras turonenses ; filiolis meis, videlicet Radulfo filio Petri Angelardi xx libras Parisienses, Radulfo filio Guillelmi de Submuro ; item Radulpho filio Petri Ganteret cuilibet c solidos ; Radulpho filiolo meo, filio defuncti Boefleine, x libras turonenses ; Petro dicto Grosseteste custodi quondam de Brandelon x libras.

Item domino Regi Franciæ domino meo do, lego domum quam habebam Parisius, cujus platea modo convenit in reparationem Palatii sui Parisius ; ita tamem quod ab omnibus me absolvat et sibi placeat pro anima mea semel Dominum exorare.

Hujus vero testamenti mei executores constituo virum nobilem dominum meum Hugonem de Bovilla domini nostri Regis Cambellarium, item viros religiosos Confessorem et Elemosinarium domini Regis qui pro tempore erunt, magistrum Johannem Alnaudi Canonicum Parisiensem, Stephanum de Lorriaco Canonicum Sancti Aniani Aurelianensis, Guillelmum Garloti, Johannem de Turonis, cives Aurelianenses, et Guillelmum dictum Chatri. Item Johannem fratrem meum Canonicum Sancti Quiriaci de Pruvino executorem meum constituo cum aliis superius nominatis. Datum Aurelianis anno Domini M° CC° nonagesimo quarto, die Martis post nativitatem Domini, presentibus Robino Haberti, Guillelmo Garloti, Egidio Cassine, Ysqueto Pauli, Guillelmo de Submuro et Fulcone Haberti, in quorum præsentia testamentum meum in quatuor cedulis signavi.

Officialis Curiæ Aurelianensis notum facimus quod anno Domini M° CC° nonagesimo quinto, die Sabbati in crastino festi Beatæ Mariæ Magdalenæ, nos ad requisitionem Johannis de Aurelianis Canonici de Pruvino fratris defuncti Radulfi de Aurelianis quondam Armorum illustris Regis Francorum Hostiarii, suo et procuratorio nomine Mariæ matris ejus, Raolini de Aurelianis nepotis dicti defuncti ac Guillelmi de Pich'nis nomine Mariæ uxoris ejus, neptis dicti defuncti, testamentum dicti Radulphi clausum sub sigillo nostro et sigillo dicti testatoris aperuimus, publicavimus et in publicam formam redigi fecimus per magistrum Guillelmum de Boscocommuni clericum Apostolica auctoritate publicum et Aurelianensis Curiæ Notarium, et Johannem de Exsoys clericum Curiæ Aurelianensis Notarium.

Archives départementales du Loiret, fonds de Sainte-Croix, layette des testaments.

65. 66. 67.

Les originaux de ces trois actes existent encore dans les Archives du château de Rère, armoire A, tablette 8.

68.

L'aveu de 1381 est mentionné à la note 55.

L'original de la donation faite au prieuré de Charsonville, a été vu en 1746, par dom Verninac, dans les Archives dudit prieuré.

69. 70. 71.

D'Hozier. Généalogie d'Orléans, folio 42 verso.

72. 73. 74. 75. 76.

D'Hozier. Généalogie d'Orléans, folio 42 verso, 43 et 44 recto.

77. 78.

D'Hozier. Généalogie d'Orléans, folio 44.

79.

Aveu du 1er juin 1366. Donation du 25 novembre 1372. Voir les notes 80 et 81.

80.

Cet aveu est contenu dans le cartulaire des fiefs du Comté de Blois, folio 102 verso.

81.

L'original de cette donation fait encore partie des Archives de Rère. Armoire A, tablette 5.

82. 83. 84.

Les originaux de ces trois actes sont conservés dans les Archives du château de Rère.

85.

Transaction entre le Chapître de Bourges et Jean d'Orléans, damoiseau :

Universis presentes litteras inspecturis, Decanus et Capitulum Ecclesie Bituricensis salutem in domino. Nobilis viri Johannis Aurelianensis Domicelli bituricensis diocesis nuper nobis oblata petitio continebat quod cum nos et ecclesia nostra bituricensis perceperimus et habuerimus a centum annis citra et ultra et habere ac percipere debeamus sex sextarios bladorum per tercium ad mensuram de Virsione annis singulis perpetuo tenendos et super decimis quas predecessores ipsius Nobilis perceperunt et percipere consueverunt, in Terra jurisdictionne et Castellania de viriaco et in parochia de Sourboys dicte diocesis. Et possessiones super quibus dicte decime percipi consueverunt propter guerras et alia multa infortunia que longis temporibus in regno Francie viguerunt et proh dolor adhuc vigent fuerint ab incolis destitute et adeo sint deserte et inutiles ut dictus nobilis nondum fuit ausus promittere fidem et hommagium prestare excellentissimo principi domino Duci Biturie et alverine a quo predicte decime et possessiones tenentur in feodum consideratis debitis et arreragiis que per predecessores suos quorum ipse est heres nobis et aliis quibusdam de tempore lapso debebantur et adhuc debentur racione dictarum decimarum propter quod nobis humiliter supplicavit ut omnia predicta debita et arreragia eidem graciose remittere dignaremur ac eidem concedere ut idem Nobilis de omnibus et singulis fructibus que ex dictis rebus juribus et possessionibus de cetero obvenient quartam partem libere percipere valeat et habere quousque solum dictis fructibus poterit, satisfieri nobis et aliis portionariis qui super dictis decimis certos redditus percipere consueverunt. Promittens sub bona fide et sub suo ad sancta dei evangelia prestito corporaliter juramento quod retenta sibi dicta quarta parte alias dictorum fructuum et emolumentorum partes fideliter assignabit inter nos et portionarios prout eorum quemlibet tangit racionaliter dividendas et quod statim quum dicti fructus fuerint adeo augmentati, quum ex ipsis solvi potterint redditus consueti nobis et ecclesie nostre predicte solvet annis singulis sex sextarios bladi supradictos. Et quod ut brevius poterit de dictis rebus juribus ac possessionibus dicto domino Duci fidem faciet ac hommagium solitum prestari prestabit, quodque terras et possessiones in et super quibus dicte decime percipi consueverunt decetero excoli procurabit easque locabit agricolis ac nichilominus grangias sive domos sufficientes pro recipiendis et congregandis dictis decimis in aliquo dictarum possessionum compotenti loco construi faciet et condecenter edifficari suis propriis sumptibus et expensis.

Nos igitur Decanus et Capitulum supradicti attendentes supplicationem hujusmodi fore consonam racioni et quod in hoc utilitas dicte nostre ecclesie procuratur ac in animo revolventes quod dictus Nobilis in multis potest nobis et ecclesie nostre servire de unanimi omnium nostrorum consensu omnia predicta arreragia tam de suo quam suorum predecessorum a quibus causam habet tempore usque ad diem date presentium debita graciose remittimus tenore presentium perpetuoque donamus. Concedentes eidem de gracia ampliori ut usque ad pretaxatum tempus quartam partem dictarum possessionum fructuum libere percipere valeat et habere cum conditionibus supradictis. Datum et actum Biturige in capitulo nostro sub sigilli nostri testimonio quo in talibus utimur die decima septima mensis Julii anno millesimo trecentesimo octogesimo primo. Lecta in capitulo et signata de mandato capituli per me P de Ruppe.

86.

L'original de cette transaction est encore conservé dans les Archives du château de Rère. Armoire A, tablette 5.

87.

D'Hozier. Généalogie d'Orléans, folio 45.

88. 89. 90. 91. 92.

Les originaux de ces actes sont déposés aux Archives du château de Rère.

93.

Partage de serfs fait par Philippe de Passac, seigneur du Chêne, et Godeffroy d'Orléans, seigneur de Rère :

A touz ceulx qui verront ces présentes lettres, Pierre de Labonne, bailly de La Fertéhimbault, salut. Comme en faisant partaige et division entre messire Philippe de Passac, chevalier, seigneur du Chesne, par messire Estienne de Biesses, prebtre, procureur dudit chevalier, d'une part ; et noble homme Godeffroy Dorliens, escuier, seigneur de Rèze, d'autre part ; de Girart, Pierre, Jehan lainsné, Jehan le jeune, Marguerite, femme Girart Buet, Martine, Thevenette, Perriche, et Guillemette, enffens de feu Naudin Gouart, en son vivant home de corps dudit chevalier, à cause de son lieu du Chesne, et de Johanne, famme dudit feu Naudin, famme serve de chef et de corps dudit escuier à cause de son lieu de Rèze. Ledit partaige fut fait par devant le Prévost de Sallebrys, en telle manière que à la partie dudit écuier pour enssuir et estre de la condicion dont est laditte Johane, voifve dudit feu Gouart, mère desdits enffens, furent pris par ledit Escuier et lui advindrent en partaige lesdiz Pierre, Jehan lainsné, Thevenette et Guillemette, et Marguerite, femme dudit Buet, non présente, à faire ledit partaige, prise en son absence par ledit escuier. Lesquelx enffens, présens par devant ledit Prévost, advindrent audit Escuier, et firent à sa requeste chascun en droit lui féaulté et serment de servaige en tel cas acoustumé qu'ilz se tendroient, homes et femmes de corps, serfs taillables et obéissans eulx et leur postérité audit Escuier et aux siens à la coustume de ses autres homes et femmes de corps. — Et les autres enffens dessus nommez eschcurent et advindrent en partaige audit Chevalier et furent pris par sondit procureur si comme tout ce est plus aplain contenu et appert par les lettres dudit partaige, parmi lesquelles ces présentes noz lettres sont annexées. Saichent tuit que aujourd'hui en jugement est venue par devant nous laditte Marguerite, femme dudit Buet, et sondit mari, qui audit partaige faire estoit abscente adjourné et fait convenir a aujourdui à la requeste dudit Escuier pour enteriner le partaige dessusdit et pour faire envers ledit Escuier féaulté et serment de servaige acoustumé a faire en cas de serve condicion. Laquelle Marguerite en la présence et du concentement dudit Buet, son mari, nous a dit en jugement quelle vieust enssuir la condicion de sa mère et estre feme de corps dudit Escuier, en confessant que sadite mère est et se porte et adveue femme serve et de serve condicion dudit Escuier, à cause de son lieu de Rèze, et partant a icelle Marguerite avons fait lever la main contre l'esglise et nous a juré aux saintes évangilles de Dieu et sur le deu de son ame que dores en avent en tous lieux et places, elle se tendra advoera et portera femme serve de chef et de corps dudit Escuier, comme fait de présent laditte Johane, sa mère, et quelle ne fera, ne pourchacera aucune chose, par quoy ledit Escuier ne les siens perdent ou temps advenir la congnoisssance et obbeissance d'elle ne de sa postérité. Et de ce ledit Escuier présent ad ce nous a requis lettres que nous lui avons ottroyées.

Donné en tesmoing de ce soubz notre séel, le lundi, ixe jour de janvier l'an mil quatre cens et douze.

G. Legendre.

Archives du château de Rère.

94. 95. 96. 97.

D'Hozier. Généalogie d'Orléans, pages 49, 50 et 51.

98. 99. 100. 101. 102. 103.

D'Hozier. Généalogie d'Orléans, pages 51 et 52.

104.

Contrat de mariage de Pierre d'Orléans et de Matheline de Tranchelion :

A touz ceulx qui verront ces presentes lettres, Phelipot Du Mesnilregnart, chastellen de Remorantin, salut. Saichent tuit que par devant Barenger, tabellion juré du séel de la chastellenie dudit lieu de Remorantin, establly personnellement, noble homme Pierre Dorléans, escuier, filz de feu Godeffroy Dorls., jadis escuier, seigneur de Redde, d'une part ;

et Bertheran de Tranchelion, escuier, seigneur de Marteau, et damoiselle Jehanne de Saint-Julien, sa femme, et Matheline, leur fille, d'autre part; ont cogneu et confessé que au traicté et prélocucion du mariage dudit Pierre Dorléans a la personne de ladite Matheline, et avant les fiancailles, ilz ont parlé, fait, dit, promis et accordé entre eulx les accors, convenances, promesses de mariage, douere et choses qui senssivent...... Cest assavoir que ledit Pierre Dorléans prendra et a promis prandre par nom de mariage ladicte Matheline a famme et espouze se Dieu et saincte Esglise s'y accordent; et aussi ladicte Matheline, par le consentement de sesdicts père et mère, prandra et a promis prandre a mary et espoux ledit Pierre Dorléans, se Dieu et saincte Esglise sy accordent.

Item par le traicté et accort dudit mariage fesant, lesdits Bertheran Tranchelion et damoiselle de Saint-Julien, sa famme, père et mère d'icelle Matheline, ont promis par leur foy de bailler, rendre et paier auxdits Pierre Dorls. et Matheline, leur fille, la somme de mille et cinq cens livres tournois. Cest assavoir cinq cens livres dedans la solempnité dudit mariage, et les mille livres dedans trois ans après la solempnité dudit mariage, pour estre mises et emploiées en héritage au proffit de ladicte Matheline et de ses hoirs pour estre le propre héritaage d'icelle Matheline et de sesdiz hoirs, par deux des amis dudit Pierre Dorls. et deux des amis d'icelle Matheline. Et les cinq cens livres tournois seront pour moible pour en ordonner par ledit Pierre à sa plene volonté.

Et ou cas que lesdiz Bertheran Tranchelion et damoiselle Jehanne de Saint-Julien, sa famme, ne paaeront icelle somme de mille livres tournois audit Pierre Dorls. en la fin d'iceulx trois ans, lesdiz Bertheran Tranchelion et damoiselle de Saint-Julien, sa famme, seront tenuz et ont promis par leur foy randre et paaer dillecques en avant par chascun an a icellui Pierre tant come ils deveront icelle somme de mille livres tournois, la somme de cent livres tournois de rente par an jusques ad ce que ilz aient paié icelle somme de mille livres tournois dessusditte pour emploier à héritaage come dit est; à prandre, lever, avoir et recevoir par ledit Pierre Dorls. ou par les aiens cause de lui icelle somme de cent livres tournois de rente par chascun an en et sus tous et chacuns les biens moibles, héritaiges, rentes, revenues et possessions quelsconques desdiz Bertheran Tranchelion et damoiselle de Saint-Julien, sa famme, presens et à venir.

Item par le traicté et accort dudit mariage fesant, il a esté dit que ladicte

Matheline retornera aux successions de sesdiz père et mère en rapportant pour chascune desdictes successions empartaige avecques les aultres enffans la moictié de ladicte somme de mille et cinq cens livres tournois ou l'héritaige qui aura esté acquis et achaté, comme dit est.

Et s'il advient ladicte Matheline aller de vie à trespassement avant icellui Pierre Dorls., en cestui cas touz les heritaages qui auront esté acquis et achatez de ladicte somme de mille livres tournois seront aux hoirs d'icelle Matheline et icellui Pierre sera tenu et a promis rendre et restituer aux hoirs ou aiens cause d'icelle Matheline ladicte somme de cinq cens livres tournois que il aura heue et receue pour moible, pour tous les droicts que les hoirs d'icelle Matheline pourront avoir ou demander.

Item et se il advient ledit Pierre Dorls. aller de vie à trespassement avent ladicte Matheline, ledit Pierre Dorls. a douée et doue ladicte Matheline de ung lieu et appartenances appellé Redde-Saint-Denis et à la coustume du pais; à tenir et exploicter par icelle Matheline et par les aiens cause d'elle ledit lieu et appartenences de Redde-Saint-Denis et en prandre et avoir touz les proffitz qui en ystront et pourront yssir et venir sa vye durant en cest siècle seullement ou cas que elle survivra ledit Pierre Dorls. et que il ira de vie à trespassement avent icelle Matheline. Auquel douere ainssi promis et accordé pour tout autre droit de douere ladicte Matheline par le consentement de sesditz pere et mere, c'est restraint du tout. . . . .

En tesmoing de ce, Nous, à la rellation dudict juré, avons scellé ces lettres dudit seel. Et fut fait lan de grace mil quatre cens vint et ung, le lundi xxi° jour du mois de juillet.

BARENGER.

105. 106. 107.

D'Hozier. Généalogie d'Orléans, page 52.

108. 109.

D'Hozier. Généalogie d'Orléans, page 53.

110.

Archives du château de Rère. Original.

111. 112.

D'Hozier. Généalogie d'Orléans, page 53.

113.

Voir les notes 122 et 131.

114.

Cette quittance est conservée, en original, dans les Archives du château de Rère.

115. 116. 117. 118. 119.

Tous ces titres existent encore dans les Archives du château de Rère.

120. 121.

D'Hozier. Généalogie d'Orléans, page 54.

122.

Contrat de mariage de Robinet d'Orléans et de Jeanne de Signy :

Le xxiiie jour d'aoust, l'an mil iiiie iiii^{xx} ii, establiz personnelement au lieu de Bastarde, en la parroisse de Pruniers, noble homme Robinet Dorléans, escuier, seigneur de Rèze, d'une part; et noble home Loys de Signy, escuier, seigneur du Breuil, tant en son nom come pour et es noms de damoiselles Jehanne Augustine, sa femme, et Jehanne de Signy, leur fille, abscentes... Et noble homme Hugues de Signy, escuier, seigneur dudit lieu de Bastarde, à cause de damoiselle Katherine Dorléans, sa femme, d'autre part. Lesquelz ont cogneu et confessé que au traicté et accord du mariage faire desdits Robinet Dorls. et Jehanne de Signy, et avant leurs fiancialles, ilz ont fait et accordé entr'eux les accords contrault don douaire promesses et choses qui sensuyvent....

Ledit Loys de Signy a promis de rendre et paier ausdits espoux à venir la somme de seize cens livres tournoys, monnoie ayant cours à présent, aux termes qui sensuyvent, cest assavoir dedans le jour de la bénédiction nupcialle desdits Robinet et Jehanne, la somme de cent escuz d'or, et autres cent

escuz d'or dedans le jour de la feste de Noël prochaine venant ; et deux
cens livres tournoys dedant la feste de Noël prochaine après ensuyvant
en ung an.

Et s'il advenoit que ledit Loys de Signy eust hoir masle né et procréé
en loyal mariage, en cestuy cas, lesdits Robinet et Jehanne, sa femme à
venir, leurs hoirs ou aians cause seront tenus, et l'a promis ledit Robinet,
de renoncer aux successions et escheoistes desdits Loys de Signy et damoiselle Jehanne Augustine, sa femme, incontinant après le décès et trespas
desdits Loys de Signy et Jehanne Augustine, et de chascun d'eulx au
proffit dudit hoir masle. En en faisant ladite renonciation, ledit hoir masle
desdits Loys et Jehanne Augustine, sa femme, sera tenu de rendre et
paier ausdits Robinet Dorls. et damoiselle Jehanne de Signy, sa femme
à venir, le surplus de ladite somme de seize cens livres tournois et non
autrement.

Item, en oultre, par icelluy traicté a esté dit que sil advenoit au trespas
dudit Loys de Signy n'eust aucun hoir masle né ou procréé en loyal mariage, comme dit est, en ce cas, ledit Loys de Signy a dès maintenant pour
lors et dès lors pour maintenant baillé, quitté et dellaissé à touzjours a héritaige à ladicte damoiselle Jehanne de Signy, sa fille, pour elle, pour ses
hoirs et pour ceux qui auront cause d'elle, ledit lieu du Breuil, ainsi come
il se poursuit et comporte de maisons, cours, foussez, yssues et pourprises
appartenans, à droit de ainsnesse, ainsi que loist et appartient a filz ainsné
et hoir masle avoir et prendre pour son droit de ainsnesse seullement,
avecques la mectaerye la plus prouchaine dudit lieu du Breuil…. Et ne sera
tenue icelle Jehanne de Signy de rapporter ausdites successions desdits Loys
de Signy et Jehanne-Augustine, ses père et mère, que la somme de deux cens
escuz seullement.

Par ainsi et en telle manière que se lesdits Robinet Dorls. et Jehanne de
Signy, sa femme à venir, avoient deux enffens masles, le painsné d'iceulx
enffens masles, ses hoirs et ayans cause porteront les armes dudit Loys
de Signy.

Item et par ledit traicté faisant, ledit Robinet Dorls. a douée et doue ladite damoiselle Jehanne de Signy, sa femme à venir, ou cas que elle survit
et que ilz n'ayent nulz enffens deulz deux, nez et procréés en loyal mariage,
de lostel de Redze, des cours, places, bois, garennes et pourprises dudit
lieu, et de la somme de soixante livres tournois, monnoye ayant cours

à present, de rente.... Laquelle rente ledit Robinet Dorléans a assise et assignée en et sur ledit lieu de Redze, mectaeryes, estangs et peaige de Vouzon. Et s'il avenoit que il y eust enffen ou effens nez et procréez à leure de sondit trespas, en ce cas il ne la douée et ne la doue que de ladite maison, cens, garennes, bois, yssues et aysances dudit lieu de Redze et de la somme de cinquante livres tournois de rente.

Item a esté dit que le survyvant deulx aura et prandra tous et chascuns les biens, meubles et conquests immeubles qui seront au décès et trespas du premier trespassé, en paiant les debtes, laiz, testament et obseque du premier trespassé.

Item aussi a esté dit que ledit Robinet sera tenu mectre en héritaige ladite somme de deux cens escuz d'or, qui sera propre héritaige de ladite damoiselle Jehanne, sa femme à venir, en y appelant ledit Loys ; et lesdits deux cens livres tournois demourront audit Robinet pour droit de meuble.

Et semblablement a esté dit que se ledit Robinet recevoit le surplus de ladite somme de seize cens livres, ledit Robinet semblablement sera tenu les mectre, convertir et emploier en héritaige qui sera semblablement propre héritaige de ladite damoiselle Jehanne, sa femme à venir, avecques lesdits deux cens escuz.

Et se lesdites sommes nestoient converties ne emploiées en héritaige comme dit est au trespas dudit premier trespassé desdits espoux à venir, en cestuy cas, ledit Robinet, ses hoirs et aiens cause seront tenus, et l'a promis ledit Robinet, de rendre et bailler à ladite damoiselle Jehanne, à ses hoirs ou ayans cause ladite somme de deux cens escuz, et le reste desdits seize cens livres, ung peu après ledit trespas dudit premier trespassé.

Item et par cest contrault faisant et pour contemplacion et faveur d'icelluy estre fait, ledit Robinet Dorls. a desmaintenant pour lors et dès lors pour maintenant baillé et dellaissé audit Hugues de Signy, ou cas que ladite damoiselle Katherine Dorléans, sa femme, sœur dudit Robinet, voit de vye à trespas avant ledit Hugues de Signy, son mary, à la vye durant dudit Hugues de Signy, tant seullement lussuffruit du lieu et apparnances de Bastardes, ainsi comme il se poursuyt et comporte moyennant la somme de trente livres tournois, que ledit Hugues de Signy sera tenu de rendre et paier par chascun an ladite vye durant après le trespas de ladite damoiselle Katherine Dorléans, sa femme, audit Robinet Dorléans, à ses hoirs, au terme de la feste monsieur saint Jehan-Baptiste, commençant le premier terme et paiement à ladite feste de saint Jehan-Baptiste prochain venant après le trespas de ladite damoiselle Katherine et dillecques en avant par chascun an ladite vye dudit Hugues de Signy. Et aussi sera tenu ledit Hugues de Signy de paier et bailler ou cas dessusdit, audit Robinet Dorléans, demy cent de carpe sadite vye durant toutes et quanteffois que ledit Hugues de Signy peschera le grant estang dudit lieu. — Et par cest contrault faisant, ledit Robinet Dorléans demeure quicte envers ledit Hugues de Signy de la somme de deux cens escuz d'or que ledit Hugues de Signy avoit japieca prestez audit Robinet Dorls., et desquels deux cens escuz d'or ledit Robinet est obligé envers ledit Hugues de Signy, laquelle obligacion ils ont mise du tout au néant. Et aussy sera tenu ledit Hugues de Signy ou cas dessusdit ladite vye durant de soustenir et maintenir les maisons dudit lieu et les estangs en bon estat et suffisant à ses coux, et les rendre et laisser en la fin dudit temps, en bon estat et suffisant à ses coux. Et en garantaige dudit usuffruit, ledit Robinet a obligé luy, ses hoirs et tous ses biens....

GARSONNET.

Archives de Rère. Armoire A, tablette 1. Liasse des mariages.

123.

Dispenses accordées par Sixte IV, à Robinet d'Orléans et à Jeanne de Signy :

Sixtus episcopus servus servorum dei, Reverendo in christo patri Archiepiscopo Bituricensi vel ejus in spiritualibus Vicario generali salutem in domino. Oblate nobis pro parte dilectorum nobis in christo *Robineti Dorléans* scutiferi domini loci de *Reze* et Johanne de *Signy* ejus uxoris vestre diocesis petitionis series continebat. Quod olim ipsi scientes se in secundo et tercio consanguineitatis gradibus fore conjunctos matrimonium inter se per verba de presenti contraxerunt illudque carnali copula consummaverunt. Sed quia cum sint in dictis gradibus ut prefertur conjuncti dispensatione apostolica super hoc non obtempta sententiam excommunicationis incurrerunt. Quare pro parte Robineti et Johanne predictorum nobis fuit humiliter supplicatum ut eis super hoc de opportune dispensationis gratia providere dignaremur. Nos igitur ex premissis et certis aliis nobis expositis causis hujusmodi supplicationibus inclinati discretioni vestre de qua in hiis et aliis specialem fiduciam in domino obtinemus sufficienti ad hoc per nostras litteras committimus et mandamus quatinus si est ita et dicta Johanna propter hoc ab aliquo rapta non fuerit a dicta excommunicationis sententia ex nostra mera libertate et de gracia speciali absolvimus absolutam a nobis teneatis penamque dicti criminis penitus sibi relaxamus ut impedimento consanguineitatis hujusmodi non obstante matrimonium inter se fecisse dispensamus auctoritate nostra dispensetis prolem susceptam et suscipiendam legitimam decernentes. *Datum Rome* apud sanctum petrum, anno incarnationis dominice millesimo quadringentesimo octuagesimo tercio sexto kalendas januarii pontificatus nostri anno duodecimo.... Collatio facta ab originali. BRONCHARD.

Archives du château de Rère. Liasse des mariages.

124. 125. 126. 127.

D'Hozier. Généalogie d'Orléans, page 56.

128.

Copie non signée, déposée aux Archives du château de Rère.

129. 130. 131.

D'Hozier. Généalogie d'Orléans, page 57.

132.

Copie authentique sur papier, conservée aux Archives du château de Rère.

133.

D'Hozier. Généalogie d'Orléans, page 58.

134. 135. 136. 137.

D'Hozier. Généalogie d'Orléans, pages 58 et 59.

138. 139. 140. 141. 142. 143.

D'Hozier. Généalogie d'Orléans, pages 59 et 60.

144.

Contrat de mariage de Jean d'Orléans et de Gabrielle de La Marche :

A tous ceulx qui ces presentes lettres verront, Hierosme Groslot, conseiller
du Roy, nostre sire, Bailly Dorléans, et Jehan Deschamps, juge et garde
pour le Roy en la prevosté et chastellenye de Victry-o-Loige, salut. Que au
traicté de mariaige et par ycelluy mariaige faisant d'entre noble homme
Jehan Dorléans, escuyer, seigneur de Bastardes, parroisse de Pruniers-en-
Saullongne, diocèze d'Orléans, bailliage de Bloys, filz de deffunctz Jacques
Dorléans, luy vivant, escuyer, seigneur dudict lieu de Bastardes, et de damoiselle Jehanne Asse, sa femme, ses père et mère, d'une part ;

A la personne de noble damoiselle Gabrielle de La Marche, fille de noble
homme Pierre de La Marche, seigneur du Plessis-lez-Victry-o-Loige ou bailliage et dioceize dudict Orléans, escuyer d'escurye de monseigneur le Daulphin, et de déffuncte noble damoiselle Gabrielle de Sainct-Jullien, ses père
et mère, et demourant audict lieu du Plessis, d'aultre part ;

Scavoir faisons que cejourd'huy lesdictes partyes comparans en leurs
personnes, en la présence et pardevant Jacques Deschamps, notaire et
tabellion royal en la prévosté et chastellenye dudict Victry, lesquelles
congnurent et confessèrent avoir faictz et font entre eulx les traictez de
mariaige, dons, douaires, accords, promesses, convenances, obligations
et choses quy ensuyvent ;

Cest assavoir que ledit Dorléans, seigneur susdict, a, en la presence,
du vouloir, conseil, advis et consentement de noble homme Jehan Dorléans,
son oncle, seigneur de Rèze, ondict bailliage de Bloys, promis et promect
prandre ladicte damoyselle Gabrielle de La Marche à femme et espouze
à telz droictz de biens, tant meubles que héritaiges, que ladicte Gabrielle
de La Marche a et peult avoyr à elle advenuz et escheuz à cause de la succession de ladicte deffuncte Gabrielle de Saint-Jullien, sa mère, avec telz
aultres droictz de succession quy luy pourront à ladvenir escheoir et
appartenir, tant en ligne directe que collatéral et aultrement à quelque
cause que ce soyt....

Lesquelles presentes, en tesmoing de ce, nous, au relat dudict juré
avons faict sceller du scel aux contractz de ladicte Prévosté, qui furent
faictes et passées es presences de Pierre de la Reguauldière, escuyer,
seigneur de Laulne et de Bullay, maistres Jehan Deschamps, prévost pour

le Roy en la prévosté et chastellenye dudict Victry, Gabriel Perin, procureur du Roy, nostredict seigneur, audict Victry, et aultres tesmoings ad ce requis et appelez, le jeudy, cinquiesme jour dapvril après pasques, l'an mil cinq cens cinquante-quatre.

DESCHAMPS.

Archives du château de Rère. Armoire A. Liasse des contrats de mariage.

145. 146. 147. 148. 149.

Archives du château de Rère. Liasse des brevets et commissions.

150. 151. 152.

D'Hozier. Généalogie d'Orléans. pages 60 et 61.

153.

Archives du château de Rère. Liasse des censives.

154. 155. 156. 157. 158. 159. 160.

D'Hozier. Généalogie d'Orléans, pages 62, 63, 64.

161.

Histoire de Berri, par La Thaumassière, pages 205 et 212.

162. 163. 164. 165.

D'Hozier. Généalogie d'Orléans, page 66.

166.

D'Hozier. Généalogie d'Orléans, pages 66 et 67.

167. 168. 169.

Archives du château de Rère.

170.

Archives de Rère. Liasse des ports de foi et hommage.

171. 172.

Archives de Rère. Liasse des brevets et commissions.

173.

D'Hozier, pages 68.

174.

Archives de Rère. Liasse des censives.

175.

D'Hozier, page 68.

176.

Henry, par la grâce de Dieu, roy de France et de Navarre, à notre bailly de Blois on ses lieutenans généraulx et particuliers, salut. De la part de notre bien amé Loys Dorléans, chevallier, sieur du Breuil, la Moustière, la Billardière, le Cormier, la terre, justice et seigneurie de Vic-sur-Nahon, nous a esté exposé qu'à cause desdites terres et seigneuries, il a toute justice et jurisdiction haulte, moienne et basse, et plusieurs fiefs et arrière-fiefs, maisons et manoirs tenuz respectivement de luy à foy et hommage, cens rentes et aultres debvoirs seigneuriaulx, par plusieurs personnes, tant nobles que roturiers, lesquelz sont refusans les luy payer, nous requérant et suppliant luy voulloir sur ce pourveoir. A ces causes, vous mandons et à chascun de vous commettons et enjoignons par ces présentes qu'à la requeste dudit exposant vous faictes faire exprès commandement de par nous, par cry public, son de trompe et par affiche que vous ferez mectre ès porteaulx des villes, bourgs et villages, ès portes des esglises desdites seigneuries, à tous vassaulx, emphitotes et tenanciers dudit exposant que dedans certain temps ilz ayent à venir faire et prester audit exposant la foy et hommage qu'ilz sont tenus faire pour raison des fiefs qu'ilz tiennent mouvans de luy, à cause desdites terres et seigneuries, bailler leurs adveux et desnombrements.... et payer à l'exposant les droictz et debvoirs à luy deubz.... Et en cas d'opposition, reffus ou dellay, notre main suffisamment garnie quand aux choses tenues noblement, proceddez nonobstant oppositions ou appellations.... Car tel est nostre plaisir.... Donné à Paris, le II\e jour d'apvril, l'an de grâce mil six cens-dix, et de notre règne le vingt-unième.

Par le Conseil,

DESFONTAINES.

Archives du château de Rère.

177.

D'Hozier. Généalogie d'Orléans, page 69.

178.

Contrat de mariage de Gaspard de Courtenay et de Louise d'Orléans :

A tous ceux qui ces présentes lettres verront.... Garde du scel establiy aux contracts de la chastellenye de Bleneau, salut. Scavoir faisons que pardevant Pierre Pinchault, notaire et tabellion juré soubs ledit scel furent présens en leurs personnes, illustre seigneur du sang royal, monsieur Gaspard de Courtenay, seigneur de Bleneau, Villards, Lhermitte et Plancy, demeurant en son chastel de Bleneau, assisté de :

Illustre seigneur Charles de Courtenay, seigneur du Vau Bouron, Villemanoyr et les Pollices, et de :

Illustre seigneur du sang royal, monsieur Jehan de Courtenay, seigneur des Salles et Blandy, ses frères, demeurants à Champignelles, pour luy, d'une part;

Et damoiselle Loyse Dorléans, fille de messire Loys Dorléans, chevallier, seigneur de Reize, le Plaissis, Charnay, Arpeau, la Billardière, Rouablay, et de la terre et justice de Vic-sur-Nahon en partye, gouverneur pour Sa Majesté de la grosse tour de Villeneufve-le-Roy, et de deffuncte dame Esmée de Montjouhan, ses père et mère, demeurant audit lieu de Rèze, paroisse de Teillay, assistée et auctaurisée dudit sieur de Rèze, son père;

Pierre Dorléans, escuyer, seigneur de la Moustière, frère de ladite future;

Illustre dame madame Magdellenne Dorléans, femme dudit monsieur Jehan de Courtenay, sa tente paternelle;

Noble seigneur Hustache Du Pé, escuyer, seigneur de Tannerre,

Hugues Du Pé, aussy escuyer, seigneur de la Bruère,

Damoiselle Gabrielle Du Pé, enfans de ladite dame Magdellenne Dorléans et de deffunct messire Pierre Du Pé, vyvant, chevallier, sieur de Tannerre, en premières nopces;

Pierre des Roches, escuyer, sieur de la Morinière, cousin germain de ladite future espouze ;

Jehan Ajasson, escuyer, seigneur de Vot, Villebussière et du Montet, demeurant audit lieu de Vot ; François Ajasson, son fils, escuyer, et Pierre de La Marche, escuyer, seigneur de Pernat, demeurant audit lieu, — tous ses cousins, parens et amis pour elle, d'autre part;

Lesquels sieur de Bleneau et ladite damoiselle Loise Dorléans, de leurs bons grés et bonnes vollontez, par l'advis, consentement et auctaurité que dessus ont promis eulx prendre et avoyr lung lautre en foy et loyaulté de mariage, sy Dieu et nostre mère sainte Esglise à ce consente et accorde, si tost que lune des partyes en requerra lautre.

Fait et passé audit Bleneau, après midy, es présence de honorable M° Pierre Guyot, notaire en la chastellenie de Teillay, estant de présent en ce lieu, demeurant à Menethou; et Anthouenne Daviot, demeurant audit lieu de Rèze, tesmoings requis et appelez qui ont ensemble, lesdits futurs espoux et assistans sy dessus nommez, signé ces présentes avec moy en la minute originale d'icelle, le unziesme jour de décembre, l'an mil six cens et cinq.

PINCHAULT.

Archives du château de Rère. Armoire A. Liasse des contrats de mariages.

179.

Du Bouchet. Histoire de la maison royale de Courtenay, page 257.

180.

D'Hozier. Généalogie d'Orléans, page 60.

181. 182.

D'Hozier. Généalogie d'Orléans, page 61.

183.

Archives du château de Rère. Liasse des ports de foi et hommage.

184.

Contrat de mariage de Pierre d'Orléans et de Diane Gaillard :

A tous ceulx qui ces présentes lettres verront, Nicollas Morin, chevallier, seigneur de la Basme, la Borde et le Reillay, conseiller du Roy, nostre sire, gouverneur et bailly de Bloys, salut. Scavoir faisons que pardevant Jacques Barthélemy, notaire et tabellion juré du scel royal, estably aux contractz des bailliage et chastellenye dudit Bloys, furent présens en leurs personnes Pierre Dorléans, escuier, sieur de Raire, du Plessis, du Breuil et de la Mouchetière, gouverneur et capitaine de la ville et grosse tour de Villeneufve-le-Roy, filz de deffunctz Loys dOrléans, vivant escuier, sieur desdictz lieux, et de damoiselle Aymée de Monjouan, ses père et mère, d'une part ; et damoiselle Diane Gaillard, fille de noble homme Gallerand Gaillard, sieur de la Mothe-d'Huisseau et de la Tousche, Baschenay, na-guères conseiller du Roy et son advocat au siége présidial de Bloys, et de damoiselle Marguerite de Nambu, aussy ses père et mère, d'aultre part.

Lesquelles parties, de l'advis, voulloir et consentement de leurs parans et amys pour ce présens convocquez et assemblez, scavoir est de la part dudict sieur de Rerre, usant et jouissant de ses droictz par bénéffice daage ;

Jacques de La Chesnays, escuyer, sieur de la Foucquetière, demeurant à la Brosse, paroisse de Théniou ;

Cézard de Barbanson, escuyer, sieur de Courbrande, y demeurant, parroisse de Souyn, ses cousins ;

Et noble homme Me Achilles Herbellin, advocat au siége présidial de Blois, advocat et conseil dudict sieur de Raire ;

Et de la part de la dicte damoiselle Dyane Gaillard ;

Desdictz sieur de la Mothe-d'Huisseau et de ladicte damoiselle Marguerite de Nambu, ses père et mère ;

De hault et puissant seigneur messire Henry Hurault, comte de Cheverny, baron de Bretencourt et Esclimont, chevalier, conseiller du Roy en ses conseils d'Estat et privé, capitaine de cinquante hommes d'armes de ses ordonnances, gouverneur et son lieutenant-général en ses pays Chartrain, Blaisois, Dunoys, Vendosmois et Amboise, et de haulte et puissante dame, dame Margueritte Gaillard, son espouze, sa sœur ;

Philippes de Nambu, escuier, sieur de la Courtauzay, conseiller et mᵉ d'ostel du Roy, et cappitaine du chastel de ceste ville de Bloys, son oncle ;

Denys Gaillard, escuier, sieur de La Mothe, son frère ;

Euverte Galloys, escuier, sieur de la Borde, son cousin, à cause de damoiselle Marye de Nambu, son espouze ;

Regnault Delezon, escuier, sieur du Gué ;

Charles de Gousseville, escuier, sieur dudict lieu ;

Honorables hommes mᵉ Jehan Bauldron, advocat au siége présidial de Bloys, et mᵉ Jehan Lubin, procureur audict siége, ses amys ;

Congnurent et confessèrent avoir faict et font entreulx les accordz, traicté de mariage, don, douaire, promesses, obligations et choses qui ensuivent . . . .

Ce fut faict et passé audict Bloys, en la maison dudict sieur Conte ès présences de Charles Biet et Charles Girault, clercs dudict notaire, demourans à Bloys, tesmoings à ce requis et appellez, le dix-septiesme febvrier, l'an mil six cens-quatorze, après midy. Ainsy signé en la minute des présentes : Pierre Dorléans, Diane Gaillard, Gaillard, de Nambu, H. Hurault Cheverny, Marguerite Gaillard, de Nambu-Gaillard, Lachesnais, Barbanson, Gallois-le-Guay, Herbelin, Bauldron, Lubin, Biet, Girault et ledict Barthélemy, notaire susdict soubzsigné. BARTHÉLEMY.

Extrait de la grosse déposée aux Archives du château de Rère. Armoire A, case 1. Liasse des contrats de mariage.

185.

Archives du château de Rère. Liasse des partages.

186.

Brevet d'écuyer servant par quartier du duc d'Orléans, en faveur de Pierre d'Orléans de Rère :

De par monseigneur, filz de France, frère unique du Roy,

Premier escuyer de nos escuries, premier mᵉ de notre hostel, mᵒˢ ordinaire et servant par quartier en icelluy, et vous, Trésoriers et Commissaires-généraulx de notre maison, salut. Scavoir faisons qu'estant nécessaire de pourvoir à la charge d'Escuyer servant par quartier en nos escuryes, vaccant par la démission pure et simple qu'en a faite en nos mains notre amé et féal Pierre de Mascarel, baron de Boisgeffroy, dernier paisible possesseur d'icelle, et ne pouvant, quant à ce, faire un meilleur choix et eslection que de la personne de notre amé et féal Pierre Dorléans, sieur de Rère, pour le bon et louable raport qui nous a esté fait de ses sens, preudhomie, expérience, et nous a plain confians de sa fidélité et affection à notre service, à icelluy sieur de Rère, pour ces causes et autres considérations à ce nous mouvans, avons donné et octroyé, donnons et octroyons un estat et charge d'Escuyer servant par quartier en nosdictes escuries, vaccant comme dit est par la démission dudict sieur de Boisgeffroy, pour doresnavant nous y servir. . . . .

En tesmoing de quoy nous avons signé ces présentes de notre main et à icelles faict aposer le scel de nos armes. Donné à Paris, le dix-huit^{me} jour de apvril mil six cens vingt-six.

GASTON.

Par Monseigneur,

SOULAS.

Archives du château de Rère. Liasse des Brevets et Commissions.

187. 188.

Archives du château de Rère. Procédures.

189. 190.

Archives du château de Rère. Liasse des ports de foi et hommage.

191. 192.

Archives du château de Rère.

193.

Contrat de mariage de René Le Fuzelier et de Louise d'Orléans :

Pardevant Jacques Buisson, nottaire et tabellion roial à Blois, furent presens personnellement messire René Lefuzelier, chevallier, seigneur de

La Mothe, Cormeray, Landes, Breviandes et autres lieux, fils de deffunct
m^re René Lefuzelier, chevallier, seigneur desdicts lieux, et de dame Anne
Duplessis, ses père et mère, cy présent d'une part; — et damoiselle
Louise Dorléans, fille de deffunct m^re Pierre Dorléans, vivant chevallier,
seigneur de Rère et autres lieux, et de dame Dianne Gaillard, aussy ses
père et mère, d'autre part; — ont esté faictes les promesses, conventions
et accords qui ensuivent.

Cest à scavoir que ledict seigneur de Cormeray et ladicte damoiselle
Louise Dorléans ce sont promis et promectent respectivement eux prendre
et espouzer lung lautre en loial mariage, et pour ce faire se présenter en
face de saincte Église pour y recevoir la bénédiction nuptialle sy tost que
lune des parties en requierra lautre. Lesdictes promesses, conventions et
accords faictes du consentement, advis et dellibération de leurs parens et
amis cy presens, mesme de la part dudict seigneur de Cormeray.

Messire François Hue, chevallier, baron de Courson et de la Court de
Ligny, dame Anne Lefuzelier, son espouze ;

Messire Jacques de Thiville, chevallier, seigneur d'Auzouer-le-Marché,
et de Seriz, dame Marye Lefuzelier, son espouze;

Dame Isabel Lefuzelier, femme de messire Marin Devansay, chevallier,
seigneur de la Barre-Conflan;

Les dictes Dames, sœurs dudict seigneur de Cormeray.

Et de la part de ladicte damoiselle Louise Dorléans, de l'advis et aut-
torité de ladicte dame Dianne Gaillard, sa mère;

Messire Louis Dorléans, chevallier, seigneur de Rère, son frère aisné;

Michel Dorléans, escuier, aussy son frère;

Messire Henry Hurault, conseiller du Roy en ses conseils d'Estat et
privé, comte de Chiverny, seigneur d'Esclimont, Bretencourt et Court-
sur-Loire, cappitaine de cinquante hommes d'armes de ses ordonnances,
conservateur des privilleges roiaux de l'Université Dorléans, lieutenant-
général pour Sa Majesté des duchez et comtez Dorléans, Chartres, Blois,
Dunoys, Vendosmois et pais adjacents;

Messire Arnauld Gaillard, prieur de Pruniers et recteur de Pontlevoy,
oncle maternel :

Damoiselle Isabel Hurault, cousine maternelle;

Messire Louis-Henry Derosteing, chevallier, comte de la Guerche;

Claude Derossignol, escuier, sieur du Vivier;

Henry Delaison, escuier, sieur du Gué . . . .

Faict et passé audict lieu et chastel de Chiverny, es presences de René Gilles, m° d'hostel dudict seigneur comte de Chiverny, et Jacques Cabaret, marchand, demourant à Court-Chiverny, tesmoins, ce vingt-quatriesme jour de novembre mil six cens quarante-ung, après midi, et sont les presentes subjetes au sol, suivant l'édit. Ainsy signé en la minute originalle des presentes : René Lefuzelier, Louise Dorléans, D. Gaillard, Hue de Courson, J. de Thiville, Louis Dorléans, Michel Dorléans, Lefuzelier, M. Fuzelier, H. Hurault Cheverny, Gaillard de Pruniers, Isabel Hurault, Louis-Henry de Rosting, C. du Vivier, H. Delaison, René Gilles, J. Cabaret et Buisson, notaire.   BUISSON.

Extrait de la grosse déposée aux Archives du château de Rère. Armoire A, case 1. Liasse des contrats de mariage.

194. 195. 196.

Archives de Rère. Procédures.

197.

Archives de Rère. Ports de foi. Contrats de mariage.

198.

Archives de Rère. Procédures.

199. 200.

D'Hozier. Généalogie d'Orléans, page 73.

201.

Archives de Rère. Voir la note 193.

202. 203.

D'Hozier. Généalogie d'Orléans, page 73.

204.

Transaction au sujet de la mort de Pierre Helouys, sieur de la Croix :

Pardevant les notaires au Chastellet de Paris soubzsignéz, fut present

Louis Hazenoy, bourgeois de Paris, y demeurant rue Vieille-Boucherye,
parroisse St-Séverin, héritier pur et simple de défunct Pierre Helouys,
vivant escuier, sieur de La Croix, lequel, tant pour luy que pour les autres
héritiers dudict défunct, a recongnu et confessé avoir ceddé, transporté et
délaissé.... à hault et puissant seigneur, mre Henry Hurault, chevallier,
comte de Cheverny, conseiller du Roy en ses conseils, gouverneur de Chartres et pays Chartrain, lieutenant-général pour Sa Majesté au gouvernement
d'Orléans et Bloys.... tout l'intérest civil, réparation, despens, dommages-
intérets et aultres choses généralement quelsconques que ledit Hazenoy
pouvoit avoir, prétendre et demander allencontre de Mres Louis et Pierre
Dorléans, chevalliers, sieurs de Rère, les nommez La Roze et La Ramée,
leurs vallets et aultres, compris en la pleincte, information et procédure
faictes à sa requeste en la justice de Teillay, à cause de la mort arrivée de
la personne dudict Pierre Helouys, son cousin. . . . .

Ce transport ainsy faict pour et moyennant la somme de trois cens livres
tournois, que ledit ceddant confesse avoir eu et reçeu dudit seigneur comte
de Chiverny auparavant ces présentes. . . . .

Faict et passé à Paris, l'an mil six cens quarante-quatre, le dix-huitième
jour de novembre, avant midy.   DE SAINCT-VAAST.

Nous, comte de Cheverny, desnommé au transport devant escript, re-
congnoissons et confessons avoir ceddé et transporté purement et simplement.... à madame de Raire, les droicts à nous ceddez par ledict transport,
par le ceddant y desnomme, moyennant la somme de trois cens livres,
que nous avons reçeuz de ladite dame, dont nous la quittons. Au moyen
de quoy nous lui avons faict pareille subrogation que celle du transport.
Faict en nostre chasteau, audit Cheverny, ce cinqe febvrier MVIᶜ qua-
rente-cinq.   H. HURAULT CHEVERNY.

Archives de Rère. Liasse des procédures.

205.

Archives du château de Rère. Liasse des procédures.

206.

Lettre du marquis d'Aumont à madame de Rère :
            Madame,
Je souheterois que mes affaires me peussent permettre de quitter Paris ;

mais en aiant esté sept mois absent dans ce nouveau monde, il est, je croy, nécessere pour mon advancement d'i demeurer quelque jours. Ce qui m'obligera à quitter plustost, c'est pour aller sçavoir l'estat de la santé de monsieur le Comte, et mettre la dernière main, s'il se peut, à l'acomodement de la malheureuse affaire de Messieurs vos enfans. Vous aurés sceu que S. A. R. me comendast par Monsieur des Chiens, lorsque j'estois à Thionville, de prendre soin de garder *monsieur de Rère;* ce qui me fust facile, estant pour lors blessé; du depuis, estant arrivay à Paris, il me dit qu'il avoit comendé à monsieur le mareschal de Vitry de terminer cette affaire, avec menasse que si monsieur de Rère ne s'i portoit, qu'il useroit de son pouvoir, ensorte que, suivant mon advis, Monsieur vostre fils a comparu devant monsieur le mareschal de Vitry, lequel a fait l'acort que vous verrés par escrit, signé de lui. Je croy que dans le malheur qui est arivé, les suittes n'en peuvent estre que facheuses de part et d'autre, et que ce seroit embarquer Messieurs vos enfans à une affaire qui ruineroit leur fortune, les attacheroit au Peis, et sans doupte cousteroit la vie à l'un des deux partis, la ruine certene de l'une des maisons, et ne feroit revivre le deffunt. Ce n'est point une affaire qui ne s'en soit veue d'aussi criminelles et qui n'aie esté acomodée. Dans nostre maison nous avons perdu un frère, et nostre grand père, le mareschal d'Aumont a esté assasigné. Il i en a eu en France milles de ceste nature. Je suis tellement ami et serviteur de Monsieur vostre fils, que je ne voudrois lui conseiller chose contre son honneur, et *aiant tesmoigné son courage comme il a fait à la guerre,* je ne lui conseilleray jamais de s'embarquer à des procédés de campagne. J'escris à monsieur le conte de Cheverny et le prie de faire trouver monsieur des Pins lorsque monsieur de la Chastre se trouvera à Cheverni; et pour les intérès civils, j'attendray sur ce vos sentimens et me porteray, comme je dois, à tout ce qui pourra contribuer à vostre contentement, vous assurant que je suis si fort désireux de tesmoigner à monsieur de Rère combien je l'estime et je l'aime, que je n'auray nul repos d'esprit que je ne lui aie tesmoigné. Possible ceste campagne prochene, je seray en estat de le faire, si l'on me tient ce que l'on me promet, et je vous done parolle qu'il sera le premier qui aura part à ma bone fortune, et que je m'estimeray heureux de lui tesmoigner, et à vous que je suis, madame,

Votre très-humble serviteur,

D'AUMONT.

207.

Archives du château de Rère. Liasse des Contrats de mariage.

208. 209.

Archives du château de Rère. Liasse des Aveux.

210. 211.

Archives du château de Rère. Liasse : Chapelle du château.

212.

D'Hozier. Généalogie d'Orléans, page 74.

213.

TARIF DES DROITS QVI SERONT LEVE'S PAR MESSIRE PIERRE D'ORLÉANS, CHEVALIER, SEIGNEVR DE RÈRE ET DE CHARNAY,

Sur les bestiaux et marchandises qui se vendent et étalent châcun jour de mardy d'après la Pentecôte, en la ville et faux-bourgs de Vierzon, fait et dressé par Nous, Conseillers du Roy, Présidens, Trésoriers généraux de France, au Bureau des finances étably à Bourges : en exécution de nôtre ordonnance du 19 may dernier, sur les Titres énoncés par icelle, et sur un état desdits Droits, signé DELAVJON, lieutenant au bailliage dudit Vierzon, au bas duquel est sa contrainte pour le payement desdits Droits, de luy signée, et de ROSSIGNOL, procureur du Roy audit bailliage, du 3 Iuin 1675.

PREMIÈREMENT :

Sur chacun bœuf, vache, ou autre aumail, mouton ou brebis, qui seront vendus à ladite foire, trois deniers, cy .... 3 deniers.

Sur chacun cheval, jument ou poulin, trois deniers, cy .... 3 deniers.

Sur chacun porc, trois deniers, cy .... 3 deniers.

Sur chacun cent de laine, deux sols six deniers, cy ... 2 sols 6 deniers.

Sur chacun charoy de pots, douze deniers, cy .... 12 deniers.

Sur chacun charoy de bois ouvragé, douze deniers, cy ... 12 deniers.

Sur chacun marchand vendant et étalant par les ruës et places de ladite ville et faux-bourgs, tant merceries que autres marchandises, douze deniers, cy .... 12 deniers.

Sur chacun marchand quincailleur et chaudronnier, dix
   deniers, cy   10 deniers.
Sur toutes marchandises qui se portent sous le bras, est
   deû par chacun marchand qui les porte, trois deniers, cy   3 deniers.
Sur chacun de ceux qui vendent pelles de bois, sceaux,
   boisseaux et grosse de sabots, trois deniers, cy   3 deniers.
Sur chacun marchand vendant cuirs, pour chacune
   pièce de cuir, trois deniers, cy   3 deniers.
Sur chacun marchand vendant chanvre, trois deniers, ci   3 deniers.
Sur chacun de ceux qui vendent de menuës denrées le
   long des ruës, deux deniers, cy   2 deniers.

Lesquels droits seront payés par les marchands et particuliers, ainsi qu'ils
sont cy-dessus exprimés, à l'exception des habitans dudit Vierzon, qui en
seront exempts, conformément à la transaction faite entre-eux et ledit seigneur de Rère, énoncée par l'état desdits droits, signé DELAUJON. Et en cas
d'oposition ou contestation, sera ledit sieur tenu de se pourvoir pardevant
Nous. Fait et arrêté au Bureau des finances, par Nous, Conseillers du Roy,
Présidens, Trésoriers généraux de France, susdits, le 16 septembre 1679.
Signé : CORNUEL, SARAZIN, BIGOT, MILET, BICHET, DESFRICHES, MARPON,
GIBIEUF, avocat du Roy. *Et plus bas :* Par messieurs, BAUDON.

Archives du château de Rère.

214. 215.

D'Hozier. Généalogie d'Orléans, page 74.

216. 217. 218.

D'Hozier. Généalogie d'Orléans, pages 74 et 75.

219.

Contrat de mariage de François-Esme d'Estampes et de Marie-Catherine
d'Orléans :

A tous ceux qui ces présentes lettres verront, le Garde du scel étably
aux contracts de la châtellenye de Teillay, salut. Scavoir faisons que pardevant et en la presence de Jean Lemerle, clerc, notaire et tabellion juré

sous ledit scel et les tesmoings cy-après nommes, a été receu le contrat de mariage duquel la teneur ensuit :

Le dixième jour de may mil six cens quatre-vingt-seize, avant midy, en la maison du petit Rère, au bourg dudit Teillay, furent presens en leurs personnes messire François-Esme Destampes, chevalier, seigneur de La Motte Enordre et de la Parasse, demourant audit lieu seigneurial et parroisse de La Motte Enordre, fils de deffunts messire Jacques Destampes, chevallier, seigneur de ladite Motte Enordre et la Parasse, et de dame Esmée de Lachapelle, d'une part ;

Et damoiselle Marie-Catherine Dorléans, fille de deffunts messire Pierre Dorléans, chevallier, seigneur de Rère, Tracy et autres lieux, et de dame Catherine Lechat, demourante audit lieu seigneurial de Rère, parroisse dudit Teillay, d'autre part ;

Lesquelles parties usantes de leurs droits et assistez de leurs parens cy-après nommés, scavoir : de la part dudit seigneur Destampes ;

De m^{re} Jacques de Lachapelle, chevallier, seigneur de la Faix, son cousin germain maternel ;

Mre Jean de Passac, chevallier, seigneur du Chesne, et dame Marie-Salomon, son épouse, cousin issu de germain paternel ;

Et de la part de ladite damoiselle Dorléans ; de :

Messire Jacques Dorléans, chevallier, seigneur de Rère et autres lieux, son frère, et dame Élisabeth de Berthereau, son épouse ;

Jacques Dorléans, enfans desdits seigneur et dame de Rère, ses nepveu et niepce ;

Messire René Lefuzellier, chevallier, seigneur de Cormeray, son cousin germain paternel ;

Messire Charles de Bonnault, chevallier seigneur de la Forest, cousin germain maternel ;

Damoiselle Anne de Ponnard, cousine du même côté issue de germain ;

Et encore suivant l'advis des parens et amis desdits seigneur Destampes et damoiselle Dorléans, absens, et qui ont signé les articles du futur mariage, qui demeureront attachés à ces presentes, scavoir : de la part dudit seigneur Destampes :

De E. Destampes, religieuse de St-Dominique, sa sœur ;

De dame Marie de Picot, épouse dudit seigneur de la Faix ;

Damoiselle Louise de Lachapelle, sa cousine germaine ;

De m^re G. P. Davy, chevallier, seigneur de Perthuy, et de dame J. Pertat, son épouse, cousin germain maternel;

De m^re de Tolede, chevalier, seigneur de Boisyramée, issu de germain maternel;

Mre de Potin, chevallier, seigneur de l'Escluse, issu de germain paternel; M. Bernard, son épouse;

Haut et puissant seigneur m^e Charles Destampes, chevallier des ordres du Roy, capitaine des gardes de Son Altesse Royale monseigneur le duc Dorléans, frère unique du Roy, marquis de Maulny et de la Fertéhinbault, et de haute et puissante dame M. du Raynyer de Droué, son épouse, cousin paternel;

R. Destampes, B. Destampes, C.-P. Destampes, L.-C. Destampes, tous enfans desdits seigneur et dame marquis Destampes;

Mre Dallemon, chevallier, seigneur D'allemon, et dame Anne de Passac, son épouse, parent;

Mre Decoqueborne, chevallier, seigneur de Fussy, parent;

Et de la part de ladite damoiselle Dorléans;

De Louis-François Lefuselier de Breviande, et damoiselle Catherine Lefuselier, enfans dudit seigneur de Cormeray;

Haut et puissant seigneur m^re L. de Clermont, marquis de Monglat et comte de Cheverny, menin de Monseigneur, et de haute et puissante dame M. de Cheverny, son épouse, cousin issu de germain paternel;

Ont vollontairement reconnu et confessé avoir en conséquence des promesses encommencées de leur futur mariage, fait et accordé ensemble de l'advis de leursdits parens, presens et absens, au désir desdits articles, le traicté dudit mariage et conventions tant exprimées par lesdits articles qu'autres, ainsy qu'il ensuit. . . . .

La minutte des presentes est signée : Destampes, Marie-Catherine Dorléans, J. Delachapelle, Jean Depassac, Marie Salomon, Anne Deponnard, J. Dorléans Derère, E. de Berthereau, J. Dorléans, E.-C. Dorléans, René Lefuzelier de Cormeray, C. Debonnault, Girard, Lemerle, et dudit Lemerle, notaire susdit soussigné.   LEMERLE.

Archives du château de Rère. Liasse des contrats de mariage.

220.

D'Hozier. Généalogie d'Orléans, page 75.

221.

Contrat de mariage de Jacques d'Orléans et de Élisabeth de Berthereau :

A tous ceux qui ces presentes lettres verront, François de Paulle Lerebours, chevallier, seigneur de Chaussy et de la Fontaine, conseiller du Roy, nostre sire, et de monseigneur le duc Dorléans, frère unique de Sa Majesté, Prévost d'Orléans, salut. Scavoir faisons que le mariage de messire Jacques Dorléans, chevallier, seigneur de Tracy, demeurant en sa terre et seigneurye de Rère de Theillay, province de Berry, fils de messire Pierre Dorléans, chevallier, seigneur de Rère et autres lieux, et de dame Catherine Lechat, ses père et mère... (Voir la filiation insérée dans la pièce justificative qui figure ci-après sous le numéro 255.)

A la personne de damoiselle Élisabeth de Berthereau, fille de messire Pierre de Berthereau, chevallier, seigneur de Montefranc, gouverneur de la citadelle de Valenciennes et capitaine d'une compagnie de gentilhommes, et de dame Élisabeth Longuet, son espouse, ses père et mère. — Ledict Pierre de Berthereau, fils de deffunct Claude de Berthereau, escuier, sieur de Montefranc, gentilhomme ordinaire de Son Altesse Royale monseigneur le duc d'Orléans, et de dame Charlotte Brisonnet, son espouze; — Ledict Claude de Berthereau, fils de Samuel de Berthereau, escuier, sʳ de Beauregard, et de dame Magdelaine Mortier, son espouze; — Ledict Samuel de Berthereau, fils de Michel de Berthereau, escuier, et de dame Marie Fichepain, son espouze; — Ladicte dame Élisabeth Longuet, fille de mʳᵉ Jean Longuet, chevallier, seigneur de la Giraudière, conseiller du Roy en ses conseils et son procureur au bureau des finances en la généralitté d'Orléans, et de dame Élisabeth Ancel, son espouze; — Ledict seigneur de la Giraudière, fils de deffunct François Longuet, escuier, seigneur de la Giraudière et du Courbanton, et de dame Françoise Turpin, son espouze; — Ledict François Longuet, fils de deffunct Jean Longuet, escuier, sieur de la Giraudière, et de damoiselle Ollive Durant, sa femme; — Ledict Jean Longuet, filz de noble Mathurin Longuet, seigneur de la Giraudière, conseiller, notaire et secrétaire du Roy, maison et couronne de France, et de ses finances du collége ancien et doyen dudict collége; et de damoiselle Charlotte Maillard, son espouze, laquelle estoit fille de noble homme Philippes Maillard, conseiller et secrétaire du Roy, et de damoiselle Catherine Leliepvre, sa femme; — Ladicte dame Françoise

Turpin, fille de m^re Jean Turpin, escuier, seigneur de Vauvredon, conseiller du Roy en son grand Conseil, et de damoiselle Françoise Acarye,
sa femme; — Ledict Jean Turpin, fils de Jean Turpin, escuier, sieur de
Vauvredon, et de damoiselle Anne Compain, sa femme; — Ledict Jean
Turpin, fils de Jean Turpin, escuier, sieur de Vaufrelant, et de damoiselle Estienne Escoréol, sa femme; — Ledict Jean Turpin, fils de Jean
Turpin, escuier, sieur du Bouchet, et de damoiselle Guillemette de Ville,
sa femme;

Ladicte damoiselle Anne Compaing, fille de noble Jean Compaing, seigneur du Fresnay, et de damoiselle Marie Brachet, sa femme; — Ledict
Jean Compaing, filz de noble homme Jean Compaing, sieur de Villette, et
de damoiselle Jeanne Leprestre, sa femme;

Ladicte damoiselle Marie Brachet, fille de noble homme François Bra-
chet, sieur de Maison-Neufve et de Thillay-le-Gaudin, et de damoiselle
Françoise Ruzé; — Ledict François Brachet, fils de noble homme Jean
Brachet;

Ladicte damoiselle Françoise Ruzé, fille de noble homme François Ruzé,
sieur de la Herpinière, bailly de Melan, et de damoiselle Prenelle Gaillard,
fille de m^re Michel Gaillard, et de dame Jacquette Berthelot;

Ladicte damoiselle Françoise Acarye, fille de Claude Acarye, escuier,
sieur de Porcheresses, eschanson des Roy et Reine de Navarre, et de damoiselle Marie Brachet;

Ledict Claude Acarye, fils d'Aignan Acarye, escuier, sieur de Porcheresses, et de damoiselle Jeanne Lepelletier, fille de m^re Jean Leprestre,
chevallier de monseigneur le duc d'Orléans, et de damoiselle Margueritte
de Sancerre;

Ladicte damoiselle Marie Brachet, fille de noble homme Claude Brachet,
seigneur de Villiers, et de damoiselle Françoise Duval; — Ledict Claude
Brachet, fils de noble homme Jean Brachet et de damoiselle Élisabeth De-
mandon, sa femme;

Et ladicte damoiselle Élisabeth Ancel, fille de deffunct m^e Guillaume Ancel,
chevallier, conseiller, m^e d'hostel du Roy, résident pour Leurs Majestés
très crestiennes auprès des empereurs Maximilien et Rodolphe très augustes,
et de dame Anne Boreau, son espouze;

A esté huy entre lesdictz futurs espoux, comparans en leurs personnes
pardevant Alexandre Mauduison, notaire du Roy, nostre sire, en son Chastellet d'Orléans, soubsigné, avant aucune bénédiction nuptialle faicte en face

de saincte Église, faict et passé et accordé avec et soubs les promesses de mariage et conventions cy-après, de l'advis, conseil et presences, scavoir :

De la part dudict sieur futur espoux, desdicts sieur et dame de Raire, ses père et mère; de messire François Dorléans, chevallier, damoiselle Marie Dorléans, fille, frère et sœur;

Messire René Lefuzellier, chevallier, seigneur de Cormeray, cousin germain;

François de Bonnault, escuier, sieur de Méry, cousin;

Et de la part de ladicte damoiselle future espouze, desdicts seigneur et dame de Montefran, ses père et mère;

Claude Demorainville, chevallier, seigneur de Villechauve, brigadier des armées du Roy, dame Jeanne Élisabeth Longuet, son espouze;

En encore suivant laprobation des articles dudict contract faicte par hault et puissant seigneur messire Michel Letellier, chancellier de France, ministre d'Estat, dame Élisabeth Turpin, son espouze;

Hault et puissant seigneur messire Michel Letellier, marquis de Louvoys, ministre d'Estat, secrétaire des commandements de Sa Majesté, ayant le département de la guerre et grand maistre des postes de France;

Hault et puissant seigneur messire Charles-Maurice Letellier, archevesque et duc de Reins, premier pair de France;

Messire François Longuet, conseiller et aumosnier du Roy, prieur du prieuré de Villemon et chanoine en l'églize Nostre-Dame de Paris;

Messire Jean Hurault, chevalier, seigneur de Chameray;

Tous parens de ladicte damoiselle future espouze, qui ont signé lesdictes articles attachées à la minute des presentes;

Ont réciproquement promis se prendre lun lautre par mariage sy Dieu et nostre mère sainte Église le permettent, et consentent pour estre et demeurer uns et commungs en tous biens, meubles et conquests immeubles qu'ils feront ensemble, suivant la coustume Dorléans. . . . .

Faict et passé le mardy, unzeiesme jour de janvier mil six cens quatre-vingt-quatre après midi, au chasteau de Villechauve, scis en la parroisse de Chaon, ou ledict notaire s'est exprès transporté es presences desdictz parens susnommez et tesmoings, qui ont, avec lesdicts sieur et damoiselle futurs espoux et ledict Mauduison, notaire, signé la minutte des presentes.   MAUDUISON.

Archives du château de Rère. Liasse des mariages.

222. 223. 224. 225. 226. 227. 228.

D'Hozier. Généalogie d'Orléans, page 75.

229.

Archives du château de Rère. Liasse des actes de naissance.

230.

D'Hozier. Généalogie d'Orléans, pages 75 et 76.

231.

Contrat de mariage de Jacques d'Orléans et de Marie-Catherine Midou :

A tous ceux qui ces présentes lettres verront, Élie Delafons, escuier, seigneur de la Brosse, conseiller du Roy, prévost d'Orléans, salut. Scavoir faisons qu'au traitté de mariage de messire Jacques Dorléans, chevallier, seigneur de Rère, demeurant à Orléans, paroisse de Saint-Michel, filz de feu messire Dorléans, chevallier, seigneur de Rère, et de dame Élisabeth de Berthereau, son espouze, ses père et mère. (Voir la filiation des d'Orléans, à la pièce justificative portée sous le numéro 255, et les filiations des Bertereau et Longuet, à la pièce du 11 janvier 1684, portée sous le numéro 221.) . . . .

A la personne de damoiselle Marie-Catherine Midou, fille de messire Jean-Maximilien Midou, chevallier, seigneur de Cormes, Lauroy et autres lieux, lieutenant de Nos Seigneurs les mareschaux de France dans lOrléanois, demeurant audit Orléans, cloistre et parroisse Saint-Sulpice, et de deffuncte dame Catherine Durant, son espouze ;

Ledit Jean-Maximilien Midou, filz de Jean Midou, escuier, seigneur de Lauroy, gentilhomme ordinaire de la chambre du Roy, escuier de sa grande escurie, et de dame Marie Briçonnet, son espouze ;

Ledit Jean Midou, fils de deffunts Jean Midou, escuier, seigneur de Lauroy, conseiller du Roy, grand prévost de la connestablie de France, et de dame Catherine Dufour, son espouze ;

Laditte dame Marie Briçonnet, fille de deffunt messire Pierre Briçonnet, chevallier, seigneur dudit lieu de Cormes, et de dame Françoise Begon, son espouze ;

Ledit Pierre Briçonnet, fils de deffunts messire Pierre Briçonnet, chevallier, seigneur de Cormes, et de dame Marie de Mareau ;

Ledit Pierre Briçonnet, fils de deffunts messire Pierre Briçonnet, chevallier, seigneur de Cormes, et de dame Élisabeth Brachet ;

Ledit Pierre Briçonnet, fils de messire Pierre Briçonnet, chevallier, seigneur de Cormes, et de dame Margueritte Asselin ;

Ledit Pierre Briçonnet, fils de hault et puissant seigneur messire Pierre Briçonnet, chevallier, seigneur de Cormes, Cornay, Praville, Charsonville, Villemandeur et autres lieux, conseiller du Roy en ses conseils et général de Languedoc, et de dame Anne Compain, son espouze ;

Ledit Pierre Briçonnet, fils de messire Jean Briçonnet, chevallier, seigneur de la Carrière, et de dame Jeanne Berthelot, son espouze ;

Laditte dame Françoise Begon, fille de Jean Begon, escuier, sieur d'Azenne, conseiller du Roy, trésorier général de France en la généralité d'Orléans, et de dame Anne Detroyes ;

Laditte Marie de Mareau, fille de deffunts Hector de Mareau, escuier, seigneur de Chilly, et de dame Girarde Framberge, qui estoit fille de Jean Framberge, seigneur dudit lieu de Chilly, et de dame Marie Fauxin ;

Laditte dame Catherine Durant, fille de Claude Durant, seigneur de Villiers, conseiller magistral au bailliage et siége présidial d'Orléans, et de dame Catherine Le Roux, d'autre part ;

A esté huy entre lesdits sieur et damoiselle futurs espoux, comparans personnellement pardevant Claude Mithonneau et Pierre Riboult, notaires au Chastelet d'Orléans, soussignez, avant foy baillée et bénédiction nuptialle comme ils ont dit, fait, passé, convenu et accordé les promesses et conventions dudit futur mariage cy-après déclarées en la presence, avis et conseil, sçavoir :

De la part dudit sieur futur espoux, de dame Élisabeth Longuet, veuve de messire Pierre de Berthereau, chevallier, seigneur de Montefranc, gouverneur de Befort, capitaine d'une compagnie de gentilhommes, demeurante audit Orléans, ayeulle dudit sieur futur espoux :

Charles-Emond Dorléans, chevalier de Loré ; Louis Dorléans, Catherine-Élisabeth Dorléans, damoiselle ; lesdits sieurs et damoiselle Dorléans, frères et sœur dudit sieur futur espoux ;

François Dorléans, chevallier, seigneur de Tracy, oncle dudit sieur futur espoux ; — dame Anne Lamirault, son espouze ;

Pierre de Berthereau, chevallier, seigneur de Montefranc, demeurant audit Orléans, oncle dudit sieur futur espoux du costé maternel ;

Dame Jeanne Élisabeth Longuet, veuve de messire Claude de Morinville, chevallier, seigneur de Villechauve, brigadier des armées du Roy, tante du costé maternel ;

François Dorléans, chevallier, seigneur de Tracy, cousin germain du costé paternel ;

Anthoine, chevallier Dorléans, cousin germain dudit costé paternel ;

Pierre-Estienne de Tracy Dorléans, chevallier, aussy cousin germain dudit costé paternel ;

Dame Magdelaine du Coing, femme d'Anthoine Lamirault, escuier, sieur de Ruis, demeurant audit Orléans, tante d'alliance ;

Pierre Carré, escuier, sieur de Bouchetault, conseiller du Roy, juge magistral au bailliage et siége présidial d'Orléans, cousin issu de germain dudit sieur futur espoux ;

André Picault, escuier, sieur de Lespère, conseiller du Roy, trésorier général de France au bureau des finances de la généralité d'Orléans, demeurant audit Orléans, amy dudit sieur futur espoux ;

Et de la part de laditte damoiselle future espouze, dudit sieur Jean-Maximilien Midou, chevallier, seigneur de Cormes, Lauroy et autres lieux, lieutenant de nos seigneurs les mareschaux de France dans l'Orléanois, père de laditte damoiselle future espouze ;

Dame Anne Margueritte Fougeu, espouze en secondes nopces dudit sieur de Cormes, belle-mère de laditte damoiselle future espouze ;

Jean Midou, escuier, sieur de Lauroy et de Villiers, frère de laditte damoiselle future espouze ;

Damoiselle Marie-Charlotte Midou, sœur de père de laditte damoiselle future espouze ;

Nicolas Durant, sieur du Colombier, conseiller du Roy, controlleur des turcies et levées, demeurant audit Orléans, oncle de laditte future espouze ; dame Jeanne de Metel, son espouse ;

Louis Sain, escuier, seigneur de la Baronnie, amy ;

Lesquels sieur et damoiselle futurs espoux, de l'avis et conseil de leurs parens et amis susnommez ont promis et promettent se prendre l'un l'autre par nom, foy et sacrement de mariage, sy Dieu et nostre mère sainte Église le consentent et accordent, pour estre et demeurer uns et communs en tous biens, meubles et conquets immeubles qu'ils feront ensemble, suivant la coustume des bailliage et prévosté d'Orléans, quoy qu'ils fassent leurs demeures et acquisitions ailleurs. . . . .

Fait et passé à Orléans, le quatorze avril mil sept cens quatorze après midy, en la maison du père de la damoiselle future espouze, et ont signé. La minutte des presentes est signée Dorléans de Rère, M.-C. Midou, Midou de Cormes, A.-M. Fougeu, Dorléans de Tracy, Lamirault de Tracy, François Dorléans de Tracy, Anthoine-Chevalier Dorléans de Rère, Pierre-Estienne de Tracy Dorléans, Midou de Lauroy, M.-C. Midou, Durant du Coulombier, M.-F. Demetel, Picault, E. Longuet, Dorléans de Lauré, Dorléans, de Berthereau, C. Élisabeth Dorléans, J.-E. Longuet de Villechauve, M. du Coing, Carré de Bouchetault, Sain, ensemble desdits notaires soussignez. Demeurée es registres dudit Riboult, l'un d'iceux, deuement controllée audit Orléans par Leduc, commis, suivant l'édit.

MITHONNEAU.   RIBOULT.

Archives de Rère. Liasse des contrats de mariage.

232.

Contrat de mariage de Jacques d'Orléans et de Madelaine Lambert de Cottinville :

A tous ceux qui ces presentes lettres verront, Élie Delafons, escuyer, conseiller du Roy nostre sire, prevost d'Orléans, salut. Scavoir faisons que le mariage futur de messire Jacques d'Orléans, chevalier, seigneur de Rère, demeurant en son chasteau de Rère, parroisse de Teillay, fils de deffunts messire Jacques d'Orléans, chevallier, seigneur de Rère, et de dame, Élisabeth de Berthereau, son espouse, ses père et mère ;

Ledit Jacques d'Orléans, fils de..... (Voir la filiation des d'Orléans, à la pièce portée sous le numéro 225, et les filiations des Berthereau et Longuet, à la pièce du 11 janvier 1684, portée sous le numéro 221.)

A la personne de damoiselle Magdelaine Lambert, fille de Jean-Baptiste Lambert, escuyer, sieur de Cottinville, demeurant en cette ville d'Orléans, paroisse de Saint-Paterne, et de dame Magdelaine Lambert de Cambray, son espouze, aussy ses père et mère ;

Ledit Jean-Baptiste Lambert, fils de deffunts François Lambert, escuyer, sieur de Cottinville, et de dame Magdelaine Davalleau, son espouze ;

Lequel François Lambert estoit fils de Charles Lambert, escuyer, sieur de Cambray;

Ledit Charles Lambert, fils de François Lambert, escuyer, sieur de Cambray, conseiller du Roy et auditeur en sa chambre des Comptes, à Paris;

Lesquelles partyes comparentes personnellement pardevant les notaires au Chastellet d'Orléans soussignez, volontairement ont convenu entr'elles le present traité de mariage aux clauses et conditions qui ensuivent, de l'advis, presences et consentement, scavoir :

De la part dudit sieur futur espoux, de dame Élisabeth Longuet, veuve de deffunct messire Pierre de Berthereau, chevalier, seigneur de Montefran, gouverneur de Befort, demeurante en cette ville d'Orléans, ayeulle maternelle;

Messire Jean-Maximilien Midou, chevalier, seigneur de Cormes, conseiller du Roy, lieutenant de nosseigneurs les Mareschaux de France audit Orléans, beau-père d'alliance;

Charles-Emond d'Orléans, escuyer, sieur de Loré, frère;

Louis Dorléans, escuyer, sieur de la Bretonnière, frère;

Damoiselle Élisabeth-Catherine Dorléans, fille, sœur;

Jean Midou, escuyer, sieur de Lauroy, beau-frère;

Messire Pierre de Berthereau, escuyer, sieur de Montefran, oncle maternel;

Haute et puissante Dame, dame Margueritte-Félix de Levy de Ventadour, veuve de hault et puissant seigneur messire Henry de Durefort, duc de Duras, premier et entien mareschal de France, gouverneur de la ville et citadelle de Bezançon;

Et Pierre Carré, escuyer, sr de Bouchetaux, conseiller du Roy, juge magistral au bailliage et siége présidial d'Orléans, cousin.

Et de la part de laditte damoiselle future espouze, desdits sieur et dame ses père et mère;

Dame Françoise Dousset, veuve de deffunt Jacques Lambert, escuyer, sr de Cambray, conseiller du Roy, grand maître des eaux et forests du duché d'Orléans, ayeulle maternelle;

François Lambert, escuier, sieur de Villemas, frère;

Damoiselle Claude Lambert de Cottinville, sœur;

Damoiselle Françoise Lambert de Cottinville, sœur;

Guillaume Lambert, escuyer, sieur de Cambray, conseiller du Roy, trésorier de France au bureau des finances d'Orléans, oncle maternel ;

Et m⁰ Guillaume Prevost, sieur de la Jannès, conseiller du Roy, juge magistral audit bailliage d'Orléans, amy ;

Cest assavoir que lesdits sieur Jacques d'Orléans et damoiselle Magdelaine Lambert ont réciproquement promis eux avoir et prendre pour mary et femme et légitimes espoux, soubs la licence qui leur en sera donnée par notre mère sainte Église en y faisant le jour de demain cellebrer leur futur mariage, si Dieu et elle y consentent et accordent. . . . .

Fait et passé en la maison desdits sieur et dame père et mère de laditte damoiselle future espouze, l'an mil sept cens dix-sept, le lundi vingt cinq⁰ janvier après midy. Presens lesdits parens et amis susnommez tesmoins qui ont, avecq lesdits sieur et damoiselle futurs espoux et père et mère d'icelle et lesdits notaires, signé la minutte des presentes, icelle controllée audit Orléans, le quatre febvrier 1717, par Couret, qui a receu pour le droit soixante livres, et demeurée à Boucher, l'un deulx.

MAUDUISON.   BOUCHER.

Archives du château de Rère. Liasse des contrats de mariage.

233. 234. 235.

D'Hozier. Généalogie d'Orléans, page 76.

236. 237. 238.

D'Hozier. Généalogie d'Orléans, page 76.

239.

Essais historiques sur Orléans, par Beauvais de Préau, page 207.

240.

Archives du château de Rère. Liasse d'Ardeloup.

241.

Extrait des registres des décès de la paroisse de Theillay.

242.

Voir la note 248.

243.

On lit dans *Saint-Allais*, 2ᵉ volume, page 477 : « Le vicomte d'Orléans monte dans les carrosses du Roi, le 16 mai 1787. »

On lit en outre dans le *Registre des entrées de carrosse, depuis la minorité de Louis XV*, déposé aux Archives de l'Empire, ce qui suit :

	M. de la Panouse,	Cᵗᵉ.
	M. de Gras,	Mⁱˢ.
16 mai 1787.	M. d'Orléans,	Vᵗᵉ.
	M. d'Andigné,	Mⁱˢ.
	M. d'Allonville,	Bᵒⁿ.

244.

Procès-verbaux des séances particulières du corps de la noblesse du bailliage d'Orléans, convoqué par le Roi pour la formation des cahiers et la nomination des députés aux États généraux du roiaume qui doivent se tenir à Versailles le 27 d'avril 1789 :

3ᵉ SÉANCE DU 18 MARS 1789.

Rôle de la noblesse comparante en personne, vérifié par Messieurs les Commissaires nommés par l'Assemblée de ladite noblesse du bailliage d'Orléans ;

Messieurs :

Pierre, vicomte d'Orléans, chevalier, major des vaisseaux du Roy, chevalier de l'ordre royal et militaire de Saint-Louis ;

Jacques Guillaume, comte d'Orléans, chevalier.

Archives départementales du Loiret.

245. 246.

Copies authentiques délivrées par le ministère de la marine et déposées aux Archives de Rère.

247. 248. 249.

États des services de Pierre, vicomte d'Orléans :

EMPIRE   FRANÇAIS.

Par ordre du Ministre Secrétaire d'État de la Guerre,

Le Conseiller d'État, Directeur de la Comptabilité générale,

CERTIFIE que des registres matricules et documents déposés aux Archives de la Guerre a été extrait ce qui suit :

NOM ET SIGNALEMENT DU MILITAIRE.	DÉTAIL DES SERVICES.
D'ORLÉANS (PIERRE) Né le 7 août 1746, à Orléans.	Enseigne au régiment Royal-Infanterie, le 1er février 1762 ; Lieutenant, le 23 mars 1762 ; A abandonné en 1770. Cet abandon tout volontaire équivalait à une démission.

En foi de quoi le présent certificat a été délivré pour servir et valoir ce que de raison.

Paris, le 24 juin 1862.

Archives du château de Rère. Liasse des brevets et commissions.

MINISTÈRE DE LA MARINE.

Extrait des Documents conservés aux Archives de la Marine.

Relevé des services du sʳ d'Orléans (Pierre) (chevalier, puis vicomte), fils de Jacques-François et de dame Marie-Françoise Detroys, né le 15 août 1747, à Orléans (Loiret) :

DÉTAIL DES SERVICES.	DATES.
Garde de la marine à Rochefort, le.............	12 janvier 1766.
Enseigne de vaisseau, le.....................	1ᵉʳ octobre 1773.
Lieutenant de vaisseau, le...................	13 mars 1779.
Major de vaisseau, le.......................	1ᵉʳ mai 1786.
Capitaine de vaisseau,.................. du	» 1792.
jusqu'à la revue du........................	15 mars 1792.
(Émigré depuis cette époque ; — a fait la campagne des Princes). Admis à la retraite avec le brevet de contre-amiral, par ordonnance du roi du...	31 décembre 1814.
CAMPAGNES :	
Embarqué sur la flûte l'*Étoile*............. du	» janvier 1766.
au	5 septembre 1766.
— : sur la corvette la *Bergère*........ du	13 septembre 1766.
au	29 août 1769.
— sur la corvette le *Rossignol*....... du	18 avril 1778.
au	14 janvier 1779.
Commande le même bâtiment.............. du	9 février 1779.
au	19 avril 1780.
Embarqué sur le vaisseau le *Brave*......... du	» octobre 1781.
au	» octobre 1782.
— sur le vaisseau le *Robuste*........ du	» octobre 1782.
au	10 avril 1783.
Commande la corvette la *Perdrix*.......... du	9 septembre 1784.
au	1ᵉʳ septembre 1786.
— l'*Alceste*, à Toulon.............. du	1ᵉʳ octobre 1787.
au	» »
— la frégate l'*Iris*................ du	17 octobre 1787.
au	20 décembre 1788.
— la frégate l'*Embuscade*.......... du	13 juillet 1790.
au	24 février 1792.

A Paris, le 14 septembre 1858.

Pour le ministre, et par son ordre :

Le Directeur de la Comptabilité générale.

Archives du château de Rère. Liasse des brevets et commissions.

250. 251. 252. 253. 254.

Extraits des registres de l'état-civil de la ville d'Orléans.

255.

Contrat de mariage de Jacques-Guillaume d'Orléans et de Marie-Paulle-Félicité Bidé de Chezac :

Pardevant les conseillers du Roy, notaires au Châtelet d'Orléans, soussignés, sont comparus :

Messire Jacques-Guillaume Dorléans, chevalier, seigneur de Rerre et autres lieux, lieutenant de nos seigneurs les Maréchaux de France au département de Romorentin, demeurant à Orléans, rue Bretonnerie, paroisse Saint-Paterne, fils majeur de deffunt messire Jacques-François Dorléans, chevalier, seigneur de Rerre, Teillay et autres lieux, et de dame Marie-Françoise Detroyes, demoiselle, sa veuve ;

Ledit Jacques-François Dorléans, fils de messire Jacques Dorléans, chevalier, seigneur de Rerre, et de dame Madelene Lambert de Cottainville ; ainsi qu'il est justifié par son contrat de mariage avec laditte demoiselle Detroyes, du 23 novembre 1745 ;

Ledit Jacques d'Orléans, fils de messire Jacques Dorléans, chevallier, seigneur de Rerre, et de dame Élisabeth de Berthereau, suivant son contrat de mariage avec laditte demoiselle de Cottainville, du 25 janvier 1717 ;

Ledit Jacques Dorléans, fils de messire Pierre Dorléans, chevallier, seigneur de Rerre et autres lieux, et de dame Catherine Lechat, ainsi qu'il est constaté par son contrat de mariage avec laditte demoiselle de Berthereau, du 11 janvier 1684 ;

Ledit Pierre Dorléans, fils de messire Pierre Dorléans, chevalier, seigneur de Rerre, du Plessis, du Breuil et de la Mouthière, gouverneur et capitaine de la ville et grosse tour de Villeneuve-le-Roy, et de dame Diane Gaillard, ainsi qu'il est prouvé par son contrat de mariage avec laditte demoiselle Lechat, du 8 février 1648 ;

Ledit Pierre Dorléans, fils de messire Louis Dorléans, chevalier, seigneur de Rerre, du Plessis et du fief du Charnay, et de dame Anne de Monjouan, suivant son contrat de mariage avec laditte demoiselle Gaillard, du 17 février 1614 ;

Ledit Louis Dorléans, fils de messire Jean Dorléans, chevallier de l'ordre du Roy et gentilhomme ordinaire de sa chambre, seigneur de Bâtarde et de Rerre, gouverneur pour Sa Majesté de la ville et châtel de Romorentin, et de dame Gabrielle de la Marche, suivant son contrat de mariage avec laditte damoiselle de Monjouan, du mois de février 1586 ;

Ledit Jean Dorléans, fils de messire Jacques Dorléans, chevalier, seigneur de Bâtarde, et de dame Jeanne Asse, ainsi qu'il est dit par son contrat de mariage avec laditte demoiselle de la Marche, du 5 avril 1554 ;

Ledit Jacques Dorléans, fils de Robinet Dorléans, écuyer, sieur de Bâtarde et de Rerre, et de dame Anne Signy, suivant son contrat de mariage avec laditte demoiselle Asse, du 23 février 1522 ;

Ledit Robinet Dorléans, fils de Pierre Dorléans, écuyer, seigneur de Rerre, et de Matheline de Tranchelion, suivant son contrat de mariage avec laditte demoiselle de Signy, du 23 août 1482 ;

Ledit Pierre Dorléans, fils de Godefroy Dorléans, écuyer, seigneur de Rerre, suivant son contrat de mariage avec laditte demoiselle de Tranchelion, du 22 juillet 1421 ;

Comme ce contrat de mariage est le dernier qui se trouve dans la famille, on a recours, pour établir la qualité d'écuyer dudit Godefroy Dorléans, à un acte passé devant le notaire de Lafferté-Imbault, le vendredi d'après la saint Jean-Baptiste 1399, portant transaction entre le seigneur de Migerault et ledit Godefroy Dorléans, écuyer, comme ayant succédé à Jean Dorléans, son frère, dans la terre de Rère ;

La famille Dorléans antérieure audit Godefroy Dorléans jusqu'à son origine, qui est de l'an mil quatre-vingt-treize, au titre des nobles, est amplement constatée dans l'*Histoire du Berry,* par M. Thomas de la Thomassière, édition de mil six cens quatre-vingt-neuf, folio 934.

Laditte dame Marie-Françoise Detroyes, mère dudit sieur Dorléans, comparant, fille de Guillaume Detroyes, écuyer, conseiller du Roy, président aux bailliage et siége présidial Dorléans, et de dame Marie Jogues ;

Ledit Guillaume Detroyes, fils de messire Guillaume Detroyes, écuyer, seigneur de Boisroger, conseiller du Roy, président aux bailliage et siége présidial Dorléans, et de dame Madelene Chenard ;

Ledit Guillaume Detroyes, fils de Guillaume Detroyes, écuyer, sieur de Santerre, et de dame Françoise Guyon ;

Ledit Guillaume Detroyes, fils de Jacques Detroyes, écuyer, sieur de Montizeau, et de dame Anne Lemaire ;

D'une part ;

Et demoiselle Marie-Paulle-Félicitée Bidé de Chezac, demoiselle fille mineure de deffunts messire Paul-Osée Bidé, chevallier, seigneur de Chezac, chevalier de l'ordre royal et militaire de Saint-Louis, capitaine des vaisseaux du Roy et commandant la compagnie des gardes de la marine au port de Brest, et de dame Marie-Élisabeth Boyelet, demoiselle;

Ledit Paul-Osée Bidé de Chezac, fils de messire Paul Bidé, chevalier, seigneur de Chezac, lieutenant des vaisseaux du Roy, et de dame Jeanne Richard;

Ledit Paul Bidé, fils de Henry Bidé, chevallier, seigneur de Pommeuse et de Bacher, maître d'hôtel du Roy et capitaine de cavalerie au régiment d'Espame;

Ledit Henry Bidé, fils d'Olivier Bidé, chevalier, seigneur d'Agaury et de Pommeuse, conseiller d'État;

Ledit Olivier Bidé, fils de Jean Bidé, chevallier, seigneur de Hinlek, conseiller au parlement de Bretagne, maître des requestes;

Ledit Jean Bidé, fils d'Olivier Bidé, chevalier, seigneur de Hinlek;

Et laditte dame Jeanne Richard, fille de me Élie Richard et de dame Jeanne Belin;

Laditte dame Marie-Elisabeth Boyelet, mère de laditte demoiselle de Chezac, fille de messire Jean-Léon Boyelet, écuyer, conseiller du Roy, et de Son Altesse sérénissime monseigneur le duc d'Orléans, premier prince du sang, lieutenant criminel de robe courte et de robe longue aux bailliage et siége présidial Dorléans, et de dame Madelene Masson, demoiselle, son épouse;

Ledit Jean-Léon Boyelet, fils d'Édouard Boyelet, sieur des Bordes, et de dame Marie Duvergier;

Ledit Édouard Boyelet, fils de Charles Boyelet, sieur de Meronvilliers, et de dame Françoise Basly;

Ledit Charles Boyelet, fils d'Édouard Boyelet et de dame Marie Sachet;

Ledit Édouard Boyelet, fils de Robert Boyelet et de dame Marie Patas;

Ledit Robert Boyelet, fils de Robert Boyelet et de dame Jeanne Demeulles;

Laditte Marie Duvergier, fille de me Jean Duvergier, avocat au Parlement de Bordeaux, et de dame Marthe de Habas;

Laditte dame Marie Patas, fille de Cristophe Patas et de dame Gentienne Bouguier;

Laditte Marie Sachet, fille de Louis Sachet et de dame Anne Pothier;

Ledit Louis Sachet, fils de Louis Sachet et de dame Simonne Guimonneau, fille de Hugues Guimonneau et de Marie Brisset ;

Laditte Anne Pothier, fille de Florent Pothier et de Marie Charron ;

Laditte Françoise Basly, fille de noble homme m⁰ Jean Basly, avocat au Parlement, et de dame Françoise Alleaume ;

Ledit Jean Basly, fils de m⁰ Anne Basly, conseiller en l'élection d'Orléans, et de dame Françoise Poitrine ;

Ledit Anne Basly, fils de m⁰ Michel Basly, avocat au Parlement, et de dame Guillemette Paris ;

Laditte Françoise Alleaume, fille de m⁰ Jean Alleaume et de dame Avoye Mariette ;

Ledit Jean Alleaume, fils de Jacques Alleaume et de dame Marie-Madelene Compain ;

Laditte Avoye Mariette, fille de Robert Mariette et de Radegonde Mallier ;

Et laditte dame Madelene Masson, fille d'Antoine Masson, écuyer, seigneur de Plissay et des Montées, conseiller, secrétaire du Roy, maison et couronne de France et de ses finances, et de dame Élisabeth Baguenault ;

Ledit Antoine Masson, fils de Jean Masson et de dame Anne Fontaine des Montées, sa première épouse ;

Ledit Jean Masson, fils de Jean Masson, bourgeois d'Orléans, et de dame Foy Lambert ;

Ledit Jean Masson, fils de Germain Masson et de dame Marguerite Fleureau ;

Laditte dame Foy Lambert, fille de m⁰ Jean Lambert, receveur des Aydes, de l'élection d'Étampes, et de dame Anne Colas ;

Laditte dame Anne Fontaine, fille d'Antoine Fontaine, bourgeois d'Orléans, et d'Élisabeth de Courcelles, son épouse en premières noces ;

Ledit Antoine Fontaine, fils de Charles Fontaine et de dame Françoise Cardinet ;

Laditte Élisabeth de Courcelles, fille de Barthélemy de Courcelles et de dame Margueritte de Villeneuve ;

Laditte Élisabeth Baguenault, fille de Marin Baguenault, maire de la ville d'Orléans, et de dame Marie Baudouin ;

Ledit Marin Baguenault, fils de Gabriel Baguenault et de Marguerite Sombrain ;

Laditte Marie Baudouin, fille de m⁰ Jacques Baudouin, docteur en médecine, et de dame Marie Basly ;

Ledit Jacques Baudouin, fils de m⁰ René Baudouin, grenetier au grenier à sel d'Étampes, et de dame Claude Hazon ;

Laditte Marie Basly, fille de m⁰ Jean Basly, avocat au Parlement, et de dame Anne Poulin ;

Ledit Jean Basly, fils d'Edme Basly, conseiller en l'élection d'Orléans, et de Françoise Poitrine ;

Laditte dame Anne Poulin, fille de m⁰ Mathurin Poullin, et de dame Anne Hurault ;

Laditte demoiselle Marie-Paule-Félicitée Bidé de Chezac, procédante sous l'autorité de messire Charles Boyelet, écuyer, seigneur de Domainville, échevin de la ville d'Orléans, demeurant audit Orléans, rue de la Bretonnerie, paroisse de Saint-Michel, son tuteur, à ce present ;

D'autre part ;

Lesquels ont arresté les conditions civiles de leur futur mariage comme il suit. . . . .

Le tout fait et arresté en présence des parens desdits sieur et demoiselle futurs, qui sont :

De la part dudit sieur futur : laditte dame sa mère, demoiselle Madelene Dorléans de Rerre, demoiselle sa sœur germaine, messire Pierre de Gyvès, chevallier, seigneur de Montguignard et autres lieux, son beau-frère, à cause de feue dame Marie-Bibiane Dorléans de Rerre, demoiselle son épouse, sœur germaine ; demoiselle Madelene Detroyes, demoiselle grande tante maternelle ; demoiselle Françoise Lambert de Cottainville, demoiselle demeurante à Orléans, rue Bretonnerie, paroisse de Saint-Paterne, sa tante ;

Et de la part de laditte demoiselle future : messire Louis-Paul-Marie Bidé de Chezac, chevallier, garde de la marine au département de Brest, son frère germain ; messire André Fougeroux de Secval, chevalier, seigneur de Dijon, des fiefs de La Mothe, d'Augerville, Saint-Benoit, Laneuville et autres lieux, lieutenant des vaisseaux du Roy ; dame Élisabeth Bidé de Chezac, demoiselle, sœur germaine ; messire Augustin-Jean-Édouard Boyelet, écuyer, oncle maternel ; messire Pierre-Samuel Bigot de Chèrelles, chevalier, seigneur de l'Émérillon, ancien major du régiment Conty-infanterie, chevalier de l'ordre royal et militaire de Saint-Louis, et dame Madelene-Jeanne Boyelet, son épouse, tante maternelle ; messire Claude-Pierre Bigot, chevalier, seigneur de la Touane, écuyer ordinaire du Roy, cousin ayant le germain ; demoiselle Marie-Thereze Miron de Concire, cousine ayant le germain du costé maternel.

A Orléans, maison desdits sieur et dame de Secval, le quinzième jour de may mil sept cent soixante-quatorze après midy. Et ont signé. . . . . .

Et est laditte minute restée à m⁰ Sonnier, l'un des notaires soussignés. — Signé : JOHANNET, SONNIER.

Archives du château de Rère. Liasse des contrats de mariage.

256.

Voir la note 244.

257.

Lottin. Troisième volume, pages 408 à 415.

258.

Extrait des registres de l'état-civil d'Orléans.

259.

Saint–Allais. Quatrième volume, page 174.

260.

Archives du château de Rère. Liasse des partages.

261. 262. 263.

Registre des arrêtés du Préfet de Loir-et-Cher;
Procès-verbaux d'élection aux Conseils général et d'arrondissement, pour le canton de Salbris.

Archives départementales de Loir-et-Cher.

264. 265.

Extraits des registres de l'état-civil de la ville d'Orléans.

266.

Mémoire de famille. Archives de Rère.

267. 268.

Extraits des registres de l'état-civil d'Orléans.

269.

Extraits des matrices cadastrales des communes dénommées.

270. 271. 272. 273.

Extraits des registres de l'état-civil d'Orléans.

274. 275.

Extraits de pièces existant dans les bureaux du ministère de la guerre. Archives de Rère.

276.

Extrait des registres de l'état-civil.

277.

Copies authentiques. Archives de Rère.

278.

Seigneurs de Villechauve, *éteints,* en la personne de Pierre-Augustin d'Orléans, dont la fille unique épousa, comme nous l'avons dit à la page 116, Jean-Jacques de Loynes d'Autroche, chevalier, officier aux gardes françaises et chevalier de Saint-Louis.

279.

Seigneurs de Tracy, *éteints.* Le texte qui les concerne est emprunté à d'Hozier, généalogie d'Orléans, pages 77 et 78.

280.

Seigneurs du Plessis de Rère. On nous a affirmé que cette branche n'existait plus. Le texte qui la concerne est emprunté à d'Hozier, généalogie d'Orléans, pages 78, 79 et 80.

281.

Seigneurs de Crécy. Il serait possible que cette branche existat encore; toutefois, nous n'avons pu nous procurer aucun renseignement sur elle qui fut postérieur à ceux donnés par d'Hozier. Nous avons en conséquence reproduit le texte de cet auteur sans y rien ajouter.

282.

D'Hozier, folio 19 verso et folio 20 recto.

283.

D'Hozier, folio 7.

283 *bis.*

D'Hozier. Généalogie d'Orléans, folio 25 recto.

284. 285.

D'Hozier. Généalogie d'Orléans, pages 7 et 8.

286.

D'Hozier. Généalogie d'Orléans, folio 28 recto.

287.

D'Hozier. Généalogie d'Orléans, page 8.

288.

D'Hozier. Généalogie d'Orléans, pages 8 et 9.

289.

D'Hozier. Généalogie d'Orléans, page 9.

290. 291. 292. 293. 294. 295.

D'Hozier. Généalogie d'Orléans, folio 10 recto et verso.

296.

D'Hozier. Généalogie d'Orléans, folio 13 recto.

297.

D'Hozier. Généalogie d'Orléans, folio 11 verso.

298. 299. 300.

D'Hozier. Généalogie d'Orléans, folio 10 verso et folio 11 recto et verso.

301. 302. 303.

D'Hozier. Généalogie d'Orléans, folio 15 verso et folio 16 recto.

304. 305.

D'Hozier. Généalogie d'Orléans, folio 13 verso et folio 14.

306. 307.

D'Hozier. Généalogie d'Orléans, folio 40 verso.

308. 309.

D'Hozier. Généalogie d'Orléans, folio 14 et 15.

310. 311. 312.

D'Hozier. Généalogie d'Orléans, folio 16.

313.

D'Hozier. Généalogie d'Orléans, folio 40.

314.

D'Hozier. Généalogie d'Orléans, folio 41.

315. 316. 317.

D'Hozier. Généalogie d'Orléans, folio 16 verso.

318. 319. 320. 321.

D'Hozier. Généalogie d'Orléans, folio 16 verso.

DE GAUVIGNON,

VICOMTES DE L'ÉPINIÈRE ; SEIGNEURS DE LA PIERRE, DE LA GAUDINIÈRE, DE LA MARTINIÈRE, DE ROSERAY, DE BASONNIÈRE, DE BÉON... EN ORLEANAIS, EN SOLOGNE, EN BERRI.

ARMES : d'or, au chevron de gueules, accompagné d'un croissant d'azur, en pointe, au chef de gueules, chargé de trois besans d'or. COURONNE de vicomte.
SUPPORTS : deux lions.

Dès le XIVᵉ siècle, on trouve cette famille fixée aux environs de Romorantin, où elle s'est maintenue pendant cinq cents ans. Aujourd'hui elle possède encore des propriétés en Sologne, dans le Berri et à Orléans. Elle doit donc être mise au nombre de ces vieilles maisons si fortement enracinées

28

au sol natal que ni les révolutions politiques ou religieuses, ni les vicissitudes humaines, n'ont pu les en extirper.

Les Gauvignon ont occupé des positions honorables dans la magistrature, dans les finances; et à chaque génération, depuis plusieurs siècles, ils ont versé leur sang pour la France, sur les champs de bataille.

Le nom de cette famille n'a pas varié; tel il s'écrivait dans les temps reculés, tel il s'écrit aujourd'hui.

Il en est de même pour ses armes; car si les pièces de l'écu varient de couleurs ou de métaux, elles ne varient ni de formes ni de position : ce qui nous porte à croire que les différences dans les émaux ne doivent être attribuées qu'à l'ignorance des graveurs. Pour ne pas multiplier les exemples, nous citerons seulement les deux que donne Hubert. Gauvignon, dit-il, porte « de gueules au chevron d'argent, accompagné de trois besants « d'or, en chef, et d'un croissant d'argent, en pointe, » ou bien : « d'or au chevron de gueules, accompagné d'un croissant d'azur « en pointe, au chef de gueules, chargé de trois besans d'or. » [1] Ce sont ces dernières armes que la famille a définitivement adoptées.

La maison de Gauvignon n'a pas eu encore de généalogiste. Toutefois, Dom Verninac, bibliothécaire du couvent de Bonne-Nouvelle, à Orléans, dont le savoir est bien connu, a fait des recherches dans les archives du Berri et de la Sologne, et y a découvert des titres dont il a laissé l'analyse chronologique. Cet inventaire, qui nous a été communiqué en original, a singulièrement facilité notre travail.

Le premier des Gauvignon, dont l'existence nous soit révélée par des titres, est :

PIERRE GAUVIGNON. Il figure dans un acte du 19 novembre 1392, et voici à quelle occasion. Louis, duc d'Orléans, avait acheté de Guy le comté de Blois, à condition que ce dernier en demeurerait usufruitier. Le chapitre de Saint-Laurien, de Vatan, crut la conjoncture favorable pour solliciter du Roi des lettres de sauvegarde. Les ayant obtenues, il contraignit certains hommes de chef et de corps, appartenant au comte de Blois, d'aller à Saint-Pierre-le-Moutier passer leurs reconnaissances devant le lieutenant-général de ce lieu ; de plus, il substitua les panonceaux du Roi à ceux du comte. Informés de ces faits, Louis et Guy remontrèrent au Roi que le chapitre n'était point de fondation royale, et que de toute ancienneté les comtes de Blois l'avaient eu sous leur sauvegarde. En conséquence, Charles VI donna de nouvelles lettres le 8 novembre 1392, prescrivant à tout sergent royal de se transporter à Vatan, et de remettre toutes choses en leur premier état. Le sergent Gillet Bruneau se présenta donc au chapitre assemblé et lui signifia la volonté royale. L'un des chanoines répondit : « Notre compagnie est très-soumise au Roy, et elle ne s'opposera jamais à ses ordres. » Le sergent requit acte de cette déclaration faite en présence de témoins, au nombre desquels figure *Pierre Gauvignon, prévost de Vasten.* [2]

Pierre Gauvignon, en sa qualité de *garde du séel de la prévosté de Vasten*, collationna, le 15 janvier 1413, la copie authentique d'un ordre donné par le duc d'Orléans, le 27 juillet 1412, à Brunet du Puy, Guillot Bastart de La Cortine et François Peroin, pour faire démolir les fortifications et ouvrages faits en l'église de Saint-Laurien, parce que la place n'était pas tenable. [3]

En 1415, le 6 septembre, Jehan du Puy, écuyer, fils de Jean, seigneur de Barmont, et d'Isabeau de Saint-Palais, dame de Vatan, devant partir pour rejoindre l'armée où il fut tué peu après à la bataille d'Azincourt, fit son testament en présence de *honnorable et saige maistre Pierre Gauvignon, clerc garde du séel de la prévosté de Vasten.* [4]

Jeanne de Saint-Palais, sœur aînée d'Isabeau, fit aussi son testament le 26 janvier 1419, et nomma pour exécuteur de ses dernières volontés, *Pierre Gauvignon*, Jehan du Puy, Esmery de La Marche, chevaliers, Jehan Baston et Jehan La Feuilhe.

Le 14 du même mois, Jeanne avait donné tous ses biens à Brunet du Puy, son neveu, ainsi qu'il est constaté par un acte commençant ainsi :

« A tous ceulx qui verront ces présentes lettres, *Pierre
« Gauvignon, clerc garde du séel de Vasten,* Salut en nostre
« Seigneur. Saichent tuit que en la presence de Estienne
« Seurrat, clerc juré dudit séel, notaire..... noble dame,
« Madame Jehanne de Saint-Palais, dame de Vasten..... [5] »

Il résulte donc des titres précités, que Pierre Gauvignon occupa l'office de Prévôt de Vatan, de 1392 à 1419. On ignore le nom de sa femme. Peut-être Henri qui suit est-il son fils.

HENRI DE GAUVIGNON, écuyer. Il ne nous est connu que par un passage des mémoires du sire Olivier de La Marche, racontant les faits et gestes des chevaliers qui assistèrent au Pas d'armes de l'Arbre de Charlemagne, tenu en 1443, près de Dijon.

« Ce même jour et assez sur le tard se présenta un escuyer,
« nommé Henry de Gauvignon, monté et armé pour faire
« armes à cheval; et me semble que son cheval étoit couvert
« d'un cendal rouge, sans autre devise; et d'autre part se
« présenta un escuyer nommé Jean de Chaumergis, garde du
« Pas.

« Iceluy Chaumergis, fut un grand et puissant homme
« d'armes, moult renommé de vaillance, et fut l'un des pre-

« miers escuyers d'escurye du duc de Bourgogne, et se pré-
« senta prest et armé pour défendre le Pas en son endroit.
« Son cheval était couvert d'un drap de damas violet. Céré-
« monies faites et accomplies, les escuyers furent saisis de
« leurs lances et chacun a son bout et laissèrent courir l'un
« sur l'autre.

   « Et coururent la première et deuxième course sans atteinte
« faire ;

   « A la troisième, Chaumergis prit ledit Gauvignon sur la
« costière, et lui donna une très-bonne atteinte ;

   « A la quatrième, ledit Gauvignon trouva ledit Chaumergis
« sur le grand garde bras et agrava sa lance ;

   « A la cinquième se trouvèrent l'un l'autre très-durement
« et rompit Chaumergis sa lance ;

   « A la sixième consuivirent l'un l'autre en glissant ;

   « A la septième, ledit Gauvignon fit une atteinte sur cos-
« tière et rompit sa lance ;

   « A la huitième trouvèrent l'un l'autre à l'entour des
« armets et rompirent leurs lances ;

   « A la neuvième se trouvèrent tous deux au bord de la veue
« et agravèrent leurs fers ;

   « A la dixième firent tous deux atteinte dont le feu jaillit ;

   « A la onzième et dernière course, Chaumergis fit atteinte
« sur son compaignon et Gauvignon faillit d'atteinte ;

   « Si furent les armes accomplies. » [6]

Et puisque durant onze courses où les deux champions
durent déployer tout ce qu'ils avaient de force et d'adresse,
aucun des deux ne pût désarçonner son adversaire, nous pouvons en conclure hardiment que Henri de Gauvignon, fut,
comme Chaumergis, *un grand et puissant homme d'armes,
moult renommé de vaillance.* Henri se maria-t-il ? laissa-t-il

des enfants? c'est ce que nous ignorons. Nous ne commencerons donc la filiation prouvée des Gauvignon qu'à Laurent qui suit.

I.

LAURENT GAUVIGNON, était, suivant les probabilités, fils de Pierre, prévôt de Vatan, et frère de Henri qui précède ; mais nous n'avons vu aucun titre qui prouvât cette parenté. Laurent est qualifié *écuyer* dans le contrat de mariage de Jacques, son petit-fils, passé devant Garçonnet, notaire à Romorantin, le 25 juin 1462. Il eut pour fils : [7]

II.

PIERRE GAUVIGNON, I du nom, est qualifié *écuyer*, dans le contrat de mariage de Jacques, son fils, passé devant Garçonnet, notaire à Romorantin, le 25 juin 1462. Pierre est en outre mentionné avec la même qualité d'écuyer, dans le contrat de mariage de Gentien, son petit-fils, passé en 1512. Il avait épousé Catherine de Choin, fille de Jean de Choin, écuyer, seigneur de Villebrosse, et de Catherine Nabert. [8]

III.

JACQUES GAUVIGNON, écuyer, seigneur de la Pierre, était fils de Pierre I et de Catherine de Choin. Il épousa, le 25 juin 1462, Guillemette Pastureau, fille de noble Simon Pastureau et d'Isabel Rabault ; il en eut deux enfants : [9]

1° GENTIEN qui a continué la descendance ;

2° ÉTIENNETTE qui épousa Jean de Villaine, écuyer, seigneur de la Couraudière. Elle partagea, le 10 mai 1510, avec son frère, les biens provenant de la succession de leurs parents. La terre de Carroy, sise à Soing, lui échut, tandis que la seigneurie de la Pierre demeura à Gentien. [10]

IV.

GENTIEN DE GAUVIGNON, écuyer, sieur de la Pierre, épousa
le 13 octobre 1512, Perrine Bonpaillard, fille de noble homme
Estienne Bonpaillard, notaire et secrétaire du Roi, maison et
couronne de France, et de Marie de Lavau. Perrine fut dotée
de « la somme de 635 escus d'or ayant de present cours et en
« outre lesdits père et mère sobligent de vestir icelle Perrine
« et lui bailler trousseau avec accoustrement de jouailleries,
« c'est assavoir colier de perles, varroquiers et diamants, et
« de faire à leur despens toutes les despenses le jour des
« espousailles desdits futurs espoux. » [11]

Gentien acheta : le 16 mars 1549, une minée de terre située
à Loreux ; le 7 novembre 1554, une maison couverte de chaume
sise à Villehervier ; et le 7 avril 1556, un demi-journeau de
pré assis à Loreux. Dans ces trois actes, Gentien est dit écuyer,
seigneur de la Pierre, demeurant en la paroisse de Villehervier. [12] Il mourut avant 1568, et laissa deux enfants mâles :
Gabriel et Pierre.

1° GABRIEL devait être l'aîné, puisque dans plusieurs
actes de 1570, 1571, 1572 et 1576, où Pierre et Gabriel
interviennent, celui-ci est nommé le premier. Dans le
contrat de mariage de Pierre de Gauvignon, il est dit :
que ce mariage est fait par l'advis et le conseil de noble
homme Gabriel Gauvignon, écuyer, sieur de la Chansonnerie, son frère. On présume que Gabriel mourut sans
avoir été marié [13]

2° PIERRE a continué la descendance.

V.

PIERRE DE GAUVIGNON, II° du nom, écuyer, sieur de la Gaudinière, épousa, le 13 mai 1568, Etiennette Turmeau, fille de

*honorable homme et sage maistre Jehan Turmeau licentié ès
loix advocat à Romorentin et de honorable femme Gabrielle de
Launay.*

Le mariage de Pierre de Gauvignon fut fait par « l'advis et
« conseil de noble homme Gabriel Gauvignon, escuier, s' de la
« Chansonnerie, son frère, Estienne Bonpaillard, son oncle
« maternel, noble homme Jehan Gourson, son cousin pater-
« nel, à cause de Ondine Gauvignon, sa femme. » Etiennette
Turmeau reçut en dot 12,000 livres tournois avec ses habille-
ments et autres meubles. [14]

L'amitié qui unissait les deux frères ne fut point amoindrie
par le mariage du cadet, car nous les retrouvons ensemble :
le 10 mai 1570, pour passer le bail du lieu de la petite Gravelle ;
le 10 août 1571, pour porter foi et hommage au seigneur de
Migerault, du lieu de la Pasterye, sis en la paroisse de Loreux ;
le 19 février 1572, pour acquérir la métairie de la Martinière,
en la paroisse de Millançay ; le 27 mai 1572, pour l'acquisition
d'une pièce de terre située au bois de la Brosse ; le 26 juillet
1576, pour faire un échange de terre avec Simon Lebert,
marchand à Villehervier. [15]

Dans ce dernier acte, Pierre Gauvignon est ainsi désigné :
*noble homme maistre Pierre Gauvignon escuier procureur du
roy au siége de Romorantin.*

Ce fut encore lui qui acheta d'Hector Oudet les héritages de
la Clarinerie de Lanoue, et la terre de la Gaudinière. [16]

Pierre de Gauvignon et Étiennette Turmeau laissèrent deux
enfants : Jean et Etiennette.

Étiennette épousa « honorable homme maistre Jacques
Brachet, licentyé en loix, président en l'Eslection de Romorantin, » ainsi qu'il est qualifié dans un acte de juillet
1596, contenant partage des successions de Georges

Brachet, notaire royal et procureur à Romorantin, et de Jeanne Turmeau, entre leurs enfants. Étiennette signa au contrat de mariage de Jean Gauvignon, son frère, avec Marguerite Gallus, passé le 22 janvier 1602. Devenue veuve, elle partagea les biens de ses père et mère avec Jean son frère, le 10 décembre 1618; et signa au contrat de mariage de Marguerite Gauvignon, sa nièce, avec noble homme Jehan Vigier, le 4 juillet 1621. [17]

VI.

JEAN DE GAUVIGNON, I du nom, écuyer, seigneur de la Gaudinière, châtelain de Romorantin, conseiller ordinaire de Henri de Bourbon, prince de Condé.

Il épousa, par contrat du 22 janvier 1602, « damoyselle « Marguerite Gallus, fille de noble homme Paul Gallus, « conseiller du Roy, chastellain et juge ordinaire de Romo- « rantin, lieutenant et juge criminel de Monsieur le Bailly de « Bloys au siége particulier dudict Romorantin, et de deffuncte « Marguerite Bezard.... » Nous lisons dans cet acte : « ledit « Gallus père habillera ladicte future bien et honnestement « selon sa qualité, et a promis lui bailler ung lict d'im- « périalle garny.

« Ladicte damoyselle Estiennette Turmeau, mère dudict « futur... habillera ledict futur espoux, son fils, selon sa qualité « et luy baillera meubles de maison ainsy qu'elle a baillé à sa « fille. Et advenant le decedz de l'ung desdictz conjoincts, le « survivant aura et prendra assavoir : ledict futur, ses robbes, « livres, armes et chevaux ; et ladicte future, ses robbes, bagues « et joyaulx à son usaige. [18]

Paul Gallus résigna entre les mains du Roi, le 14 mai 1603, son office de châtellain de Romorantin, en suppliant sa majesté d'en pourvoir Jean Gauvignon, son gendre. Et, le 28 du même

mois, Henri IV, sur le bon et louable rapport qui lui avait été fait « de la personne de son cher et bien-amé Mᵉ Jehan Gauvi-
« gnon, licentyé-ès-loix en sa Court de parlement de Paris,
« et de ses sens suffisance loyauté, prud'hommye, expérience
« et bonne dilligence, à icelluy donna et octroya les estats et
« offices de Chastellain et juge ordinaire de Romorantin et
« Millancay, Bailly de Villefranche et Billy annexés à ladicte
« châtellenie de Romorantin, et Commissaire examinateur
« ayant la confection des inventaires partaiges et apprécia-
« tions d'héritaiges audit Romorantin et Millancay... pour en
« jouir.... aux gaiges de six vingts dix livres, qui est trente
« livres pour ledict office de Chastellain et cent livres pour
« celluy de Commissaire examinateur. » [19]

Jean Gauvignon partagea, le 6 mai 1606, les biens de Paul Gallus avec Jean, Paul, Madelaine et Isabelle Gallus, ses beaux-frères et belles-sœurs. Il eut dans son lot : le lieu de La Noue, sis en la paroisse de Veillain ; l'étang de La Noue, et celui de Mort-de-Soif ; la métairie de Saugirard ; la dîme et le censif de Villefranche et de l'Hôpital ; des vignes ; des rentes foncières. [20]

Jean recueillit en outre les successions de son père et de sa mère et les partagea, le 10 décembre 1618, avec Etiennette, sa sœur, veuve de noble homme Jacques Brachet. [21]

Henri de Bourbon, Prince de Condé, informé de la capacité de Jean Gauvignon, le nomma, par brevet du 3 mai 1620, *conseiller ordinaire de sa maison et affaires* ; puis, le 12 décembre suivant, lui délivra le certificat suivant :

« Nous Henry de Bourbon, prince de Condé, premier prince
« du sang et premier pair de France, gouverneur et lieutenant-
« général pour le Roy en ses pais et duché de Berry et Bour-
« bonnois certiffions à tous qu'il appartiendra que notre cher

« et bien-amé Jehan Gauvignon, conseiller du Roy, chastelain
« juge ordinaire de la ville de Remorentin et conseiller en
« notre conseil, lequel en ceste qualité s'est presenté pour
« rendre le service qu'il nous doibt à cause de son dit office
« pendant le quartier d'octobre novembre et décembre,
« duquel service nous le voullons dispencer, comme de faict
« nous l'avons dispencé par ces presentes. Luy ordonnant
« qu'il demeure audit Remorentin pour administrer la justice
« qu'il doibt rendre à cause de sa dite charge et pour nous
« servir en nos affaires particulières audit pais jusques à ce
« qu'il ayt receu nos commandemens. Et néanmoins l'avons
« faict paier de ses gaiges. En tesmoing de quoy nous avons
« signé ces présentes de notre main, icelles faict contresigner
« par notre conseiller et secrétaire ordinaire de nos comman-
« demens et y aposer le cachet de nos armes. A Paris le douz^{eme}
« jour de décembre mil six cens vingt. »

HENRY DE BOURBON,

Par Monseigneur,

GUILLEMIN. [22]

L'année suivante, Jean Gauvignon maria Marguerite, sa fille,
à Jean Vigier, conseiller du Roi et maître des eaux et forêts de
Romorantin. Il mourut en 1625, puisque dans un acte du 31
décembre de cette année Marguerite Gallus est dite veuve de
Jehan Gauvignon. [23]

Ils eurent deux enfants : Jean et Marguerite.

MARGUERITE GAUVIGNON épousa, par contrat du 4 juillet
1621, « noble homme Jehan Vigier, conseiller du Roy,
« nostre sire, maistre des eaux et forests de Romorantin
« et Milançay, et secrétaire de haulte et puissante dame
« Charlotte des Essars, dame dudict lieu de Romorantin,
« fils de deffunct noble homme maistre Anthoine Vigier,

« vivant conseiller du Roy, trésorier et payeur de la gen-
« darmerye de France, et de dame Jehanne Vallet. »

Marguerite reçut de ses parents une dot de 15,000 livres,
et son mari lui assigna un douaire de 1,400 livres en cas
d'enfant, et de 2,400 livres s'ils n'avaient pas d'enfant.
« Et oultre ce que dessus ledict futur pour la bonne amityé
« qu'il porte à ladicte future, a donné et donne dès à pré-
« sent par donation pure et simple et yrevocable à ladicte
« future les *Greffes* et *Parisis* des bailliages et chastel-
« lenyes de Romorantin et Millancay, par luy acquis de
« Sa Majesté, soubz faculté de rachapt perpétuel.

Etiennette Gauvignon, veuve de Jacques Brachet, donna
à la future, sa nièce, une maison sise rue des Mallards,
à Romorantin, à condition que Marguerite paierait 1,000
livres à son frère, lorsqu'il aurait atteint 25 ans.

Enfin, Charlotte des Essarts, dame de Romorantin,
« en faveur dudit mariage et pour les bons et agréables
« services que ledict futur luy a renduz a promis et s'est
« obligée payer et bailler audict futur expoux la somme
« de six mil livres tournois..... et ladicte dame des
« Essards a quicté et quicte ledit futur expoux de tout le
« maniment des affaires et deniers qu'il a guerrez et
« administrez et administra pour ladicte dame et de ses
« damoiselles dudit Romorentin, ses filles, sœurs natu-
« relles du Roy, de tout le temps passé jusques aujour-
« d'huy. » [24]

Marguerite perdit son mari en 1628, et le 3 août de la
même année, transigea pour sa succession avec Madelaine
Vigier, sa belle-sœur. [25] L'année suivante, elle épousa, en
« 2es noces, Charles Dulac, chevallier, sieur de Tresfontaine
« et Mongouault, fils de deffunctz Messire Gaspard Dulac,
« vivant chevalier, seigneur de Chamerolles, et de dame

« Charlotte de Puy, vivant dame de Courbanton, Le Coul-
« dray et Dhuyson. » Le contrat fut passé le 15 novembre
1629, en présence des parents et amis des deux familles.
La liste en est longue et elle comprend une grande partie
de la noblesse et de la haute bourgeoisie du pays. [26]

Marguerite mourut sans enfant, avant le 26 juin 1632,
puisque ce jour-là sa succession est partagée par Marguerite Gallus, sa mère, ayant la garde légitime de Jean Gauvignon, et par Charles du Lac, son dernier mari [27]

Elle avait fait un testament dont nous retrouvons l'in-
dication dans un reçu, du 6 décembre 1634, de 40 livres
tournois, léguées par elle à la fabrique de Viglain. [28]

VII.

JEAN DE GAUVIGNON, IIe du nom, perdit son père vers 1625.
Depuis lors jusqu'à 1635, année de son mariage, il semble ne
pas s'occuper de ses affaires; car tous les actes passés durant
cette période, le sont par sa mère, Marguerite Gallus, *ayant la
garde-noble de son fils* ou *fondée de sa procuration*. Jean n'eut
point à se repentir de cette confiance illimitée en sa mère ; car
jamais fortune ne fut mieux administrée. Il put s'en convaincre
par son contrat de mariage.

Le 30 septembre 1635, « noble homme Jean Gauvignon,
« *escuier, sieur de La Godinière*, fils de noble homme
« Me Jean Gauvignon, escuier, conseiller du Roy, chastellain
« et juge ordinaire de la ville de Romorantin, et de damoiselle
« Marguerite Gallus, » assisté du fondé de procuration de sa
mère, et « Ester Bugy, fille de noble homme Françoys Bugy,
« sieur de la Herpinière, conseiller du Roy, trésorier payeur
« de la gendarmerye de France, et de damoiselle Anne
« Lequeux, « assistée de son père, se trouvèrent en présence
de Jean Le Semelier et Philippe Lecat, notaires et garde-notes

du Roi au Châtelet de Paris, afin d'entendre la lecture de leur contrat de mariage.

Ester Bugy, apportait en dot une somme de « 40,000 livres, « savoir: 30,000 livres argent comptant et manuellement en « présence des notaires en espèces de pistoles d'Espagne, « escus sol et testons et autre monnoie. » Et la somme de 10,000 livres en rentes constituées sur la ville de Paris.

Jean de Gauvignon, recevait de sa mère:

La métairie de la Rougerie,

La métairie et étangs de la Clairinière,

La métairie de la Pouge.

Ces trois propriétés, sises en la paroisse de Millançay.

La grande Gravelle ou Pasterye,

La petite Gravelle, sises à Villehervier et Loreux,

La Chansonnerie, à Villehervier,

Les censives et dîmes de Villefranche,

La métairie de la Bezardière,

La métairie de la Pepinière,

La métairie de Montauger.

Ces lieux situés dans les paroisses de l'Hospital et Villefranche.

La maison sise au Carrouer-Doré,

La maison sise rue des Mallards,

Les petites maisons joignantes celle de l'horloger,

En la ville de Romorantin.

Le greffe criminel de l'élection de Romorantin,

Une rente constituée sur les Tailles,

Une autre rente sur les Tailles de Romorantin.

Le tout produisait un revenu de 4,000 livres.

Jean de Gauvignon, constitua à Ester Bugy, un douaire de 15,000 livres, lequel serait réduit à 7,500 livres dans le cas où elle aurait des enfants. [29]

Peu après son mariage, Jean de Gauvignon alla demeurer à Orléans, où il occupa la charge de *Conseiller de Son Altesse Royale et Audiencier en sa Chancellerie*, c'est ainsi qu'il est qualifié dans un acte du 1ᵉʳ avril 1648. [30]

Le 12 août suivant, il porta foi et hommage au seigneur de Trécy, pour quelques terres provenant de la succession de son père ; et le 15 novembre 1649, il transigea avec Silvain Daguier et Toussaint Belot, laboureurs à Loreux, au sujet des dîmes que ces derniers avaient levées sur les terres de la Pasterye lui appartenant. [30]

Le 18 juillet 1653, Jean de Gauvignon acheta la charge de trésorier de France, moyennant le prix de 18,300 livres ; mais des difficultés étant survenues, il ne put obtenir ses lettres de provisions que le 23 octobre 1656. Ces lettres s'expriment ainsi :

« Louis, par la grâce de Dieu, Roy de France et de Navarre,
« à tous ceux qui ces présentes lettres verront, salut, scavoir
« faisons que, Nous à plaint confiant en la personne de notre
« bien-amé Jean Gauvignon et en ses sens suffisance, loyauté,
« prudhommie et expérience. Nous luy avons, pour ces causes
« et autres bonnes considérations donné et octroyé, donnons
« et octroyons par ces présentes l'estat et office de notre
« conseiller, secrétaire et de la maison et couronne de France
« et de nos finances du collége des soixante-six et quarante-
« six joints, que tenoit et exerçeoit deffunt Mᵉ Remond Le
« Clerc, qui avoit acquis la survivance dudit office, et dont
« M. Jean Leclerc, son frère, se seroit fait pourvoir sur la
« nomination d'Anne Louis, veuve dudit deffunt, au préjudice
« des créanciers de sa succession, qui en auroient disposé au
« proffit dudit Gauvignon, par contrat du 8 juillet 1653,
« contre lequel ledit Jean Le Clerc, auroit fait plusieurs pro-
« cédures tant en notre conseil qu'ailleurs, pour éluder l'exé-

« cution d'icelluy, mesme se seroit opposé au titre dudit
« office, pour empescher le sceau. »

Ces procédures durèrent trois ans; mais enfin le bon droit
l'emporta, ainsi que les lettres précitées le constatent. « Si,
« disent-elles, donnons en mandement à notre très-cher et
« féal chevalier, le sieur Seguier, chancelier de France
« qu'après luy estre apparu des bonne vie, mœurs, conver-
« sation, religion catholique apostolique et romaine, dudit
« Gauvignon et de luy pris et receu le serment en tel cas
« requis et accoustumé, il le mette et institue de par nous en
« possession et jouissance dudit office..... Car tel est notre
« plaisir, en tesmoin de quoy nous avons fait mettre notre
« scel à ces dites presentes. Donné à Paris, le XXIIᵉ jour
« d'octobre, l'an de grâce MVIᶜ cinquante-six, et de notre
« règne le XIIIIᵉ. » [32]

Jean Gauvignon mourut en possession de cet office, que ses
enfants vendirent, le 2 avril 1664, à Antoine-Adrien de Croisy,
écuyer, avocat en la Cour de Parlement, pour le prix de
24,000 fr.

Les motifs déterminants de cette vente furent que les sieurs
de La Godinière et de La Martinière, fils aisnez dudit defunt,
*n'avaient aucune inclination pour ladicte charge de secrétaire
du Roy*, et que pour la conserver, il fallait payer une taxe de
9,200 livres. [33]

Jean avait épousé en deuxièmes noces, vers 1654, Madelaine
Lamyrault, fille de Charles Iᵉʳ, écuyer, seigneur de La Saugerie, et de Marie Nouel. Il n'en eut pas d'enfant. [34]

Jean mourut le 21 février 1662, à Orléans; et par son testament du 14 du même mois, légua à l'Hôtel-Dieu de Romorantin,
« trois petites maisons assizes en cette ville, rue des Mallards,
« aux charges de faire dire à perpétuité, à l'intention dudit
« deffunct, sieur de La Gaudinière, et des siens, un service

« solennel de vigille et grande messe par chascun an au jour
« de son deceds. [35]

De son mariage avec Esther Bugy, Jean de Gauvignon eut
six enfants.

1° HIACINTE DE GAUVIGNON, né le 30 août 1638, eut pour
parrain son grand-père, François Bugy, écuyer, s[r] de la
Herpinière, et pour marraine, Marguerite Gallus, sa
grand'-mère ; il mourut jeune. [36]

2° JEAN DE GAUVIGNON, qui suivra.

3° NICOLAS DE GAUVIGNON, écuyer, sieur de La Martinière, concourut avec ses frères et sœur, à l'acte de foi et
hommage porté au seigneur de Montgouault, pour le lieu
de La Noue, les lieu et censif de La Motte, le 31 mars
1662. [37] Il entra au service dans le régiment de Saint-
Vallier ; il y était enseigne en 1668, le 8 janvier, et le 16
décembre suivant, il obtenait une lieutenance dans le
même régiment. [38] Il fit partie de l'expédition des Indes,
que l'amiral de Lahaye commandait. Parti en 1670, il
mourut l'année suivante, à Madagascar, ainsi qu'il est
constaté par le certificat suivant :

« Jacob Delahaye, lieutenant général des armées du Roy,
« admiral, gouverneur et son lieutenant général dans
« toutte l'étendue des mers et pays orientaux de son
« obéissance. Certiffions à tous qu'il appartiendra, que le
« sieur Nicolas Gauvignon de La Martinière a bien fidel-
« lement et constamment servy Sa Majesté, depuis nostre
« despart de France, en mars mil six cens septante,
« jusques au dixhuict janvier mil six cens septante un,
« qu'il est mort, en foy de quoy avons accordé le présent
« certiffiquat, signé de nostre main, scellé du sceau de nos

30

« armes, et contresigné par l'un de nos secrétaires, pour
« servir et valloir ainsy que de raison.

    « Donné à Paris, le vingt décembre 1675,

          « DELAHAYE.

       « Par Monseigneur,

          « DELORIN. » [39]

4° FRANÇOIS DE GAUVIGNON, écuyer, sieur de Roserai,
fut tué en Allemagne à la bataille de Seintzeim, le 16 juin
1674. [40]

5° CLAUDE DE GAUVIGNON, écuyer, sieur de la Bazonnière,
naquit à Orléans, le 17 juin 1650. Il était donc encore
mineur le 1er septembre 1670, date de la sentence d'enthé-
rinement des lettres de bénéfice d'âge qu'il avait sollicitées
afin d'avoir l'administration de ses biens. [41]

Le 13 février 1672, il partagea, avec Jean son frère et
Jeanne sa sœur, épouse de Joseph Duchon de Mondesir,
les successions de son père, de sa mère et de ses deux
frères, François et Nicolas. [42] Claude était capitaine au
régiment de Champagne, le 8 octobre 1674, lorsque sur
leur requête, lui et son frère Jean, obtinrent du Roi des
lettres de surséance dans un procès qu'ils soutenaient
contre l'abbaye de Saint-Loup. [43] Claude mourut à Romorantin le 10 mai 1680. L'acte suivant en fait foi :

    « Le dixième may mil six cents quatre-vingts, Claude
« Gauvignon, escuyer, sr de la Bazonnière, capitaine au
« régiment de Champagne, après avoir été confessé et
« avoir receu l'extrême-onction, est décédé et le lande-
« main inhumé dans cette église, ont assisté à son convoy
« Joseph Duchon, escuyer, sr de Mondesir, son beau-frère
« et Me Jean Delalande, notaire royal en cette ville, amy. »

« Ainsi signé : Duchon de Mondesir, Delalande et Bernard,
« curé de Romorantin. » [44]

6° JEANNE DE GAUVIGNON. Elle était sous puissance de
tuteur le 27 juillet 1663, date du consentement qu'elle
donna à l'aliénation des marais de Fréjus ; [45] mais le
15 novembre 1667, elle était mariée à Joseph Duchon,
écuyer, sieur de Mondésir. [46] Elle partagea, le 13 février
1672, les successions de ses père et mère, avec Jean et
Claude Gauvignon, ses frères. [47] Le 23 février 1678, elle
vendit une maison sise à Orléans, rue de l'Esperonnerie,
à Claude Bongards, écuyer, conseiller magistrat au bailliage et siége présidial d'Orléans. [48] Le 2 mars 1686, elle
donna « aux pauvres honteux et pauvres malades de la
« ville et faubourgs de Romorantin... qui ne pourront
« estre receus à entrer en la maison et Hôtel-Dieu dudit
« Romorantin, et pour subvenir aux nourritures et néces-
« sités de tous lesdits pauvres honteux et malades : deux
« maisons sises au Carroy doré ; une maison dans la rue
« de *la Seraine,* un grand jardin au lieu appellé l'Estang,
« joignant d'occident à la dhove du fossé qui est entre la
« porte Lambin et la porte aux Dames. » [49]

Elle établit en outre dans l'hôpital d'Orléans six lits à la
disposition de l'Hôtel-Dieu de Romorantin, et affecta à
cette fondation la terre de Jumeaux, sise à Selle-Saint-
Denis, et la maison de la Fontaine de l'Étuvée, située près
d'Orléans. Enfin, elle fit construire le bâtiment en bri-
ques qui est au fond de la cour de l'Hôtel-Dieu de Romorantin. [50] Elle mourut sans avoir eu d'enfant.

VIII.

JEAN DE GAUVIGNON, IIIe du nom, écuyer, seigneur de la
Gaudinière et de Villefranche-sur-Cher. Le 31 mars 1662 :

« Jean Gauvignon, escuyer, sieur de la Gaudinière, Nicollas
« Gauvignon, escuyer, sieur de la Martinière, François Gauvi-
« gnon, escuyer, sieur de la Bazonnière, et damoiselle Jeanne
« Gauvignon, enffans mineurs de deffunct Jean Gaurvignon,
« viyant escuyer, sieur de la Gaudinière, conseiller secrétaire
« du Roy, maison et couronne de France et de ses finances, et
« de deffuncte damoiselle Ester Bugy, leurs père et mère, »
portèrent foi et hommage au seigneur de Montgouault, pour
le lieu de La Noue et le censif de La Motte, situés en la paroisse
de Veillein. [51]

Le 27 juillet 1663, Jean ainsi que ses frères et sœur, auto-
risés par le conseil de famille, vendirent : « certains marais et
« pesche appellez les marais de Fréjus et sainct Rapseau et la
« pesche de corail commençans depuis Cassis jusque à l'em-
« bouchure de la rivière du Var, au-dessus d'Antibes, sur les
« costes de Provence. » Ces marais avaient appartenu à Jacques Lequeux, contrôleur général de la marine, grand oncle
maternel des mineurs. [52]

Jean de Gauvignon, épousa, par contrat du 8 juin 1669,
damoiselle Marie Pochon, fille de Nicolas Pochon, écuyer,
sieur de Cormorin et des Maires, et de damoiselle Anne
Delafons; « de l'advis conseil et presence scavoir de la part
« dudict futur espoux : de Messire Pierre de Camboust, con-
« seiller du Roy en ses conseils, son premier aumônier, éves-
« que d'Orléans; damoiselle Magdelaine Lamirault, vefve en
« dernières noces dudit defunct sieur de la Gaudinière, Nicolas
« Gauvignon, escuyer, sieur de la Martinière, Claude Gauvignon,
« escuyer, sieur de la Bazonnière, Joseph Duchon, escuyer, sieur
« de Montdesir, damoiselle Jehanne Gauvignon, son espouze,
« frères et sœur. » Puis sont énumérés les Gallus, Foucault,
Lamirault, Pothier, Duchon, Nouel, Bugy, Thoynard, Beauharnois, Legrand, Brachet, « tous parens dudict futur espoux. »

« Et de la part de ladicte future espouse : de ladicte dame
« vefve sieur de Cormorin, sa mère, damoiselle Anne Pochon,
« sa sœur, Hector Pochon laisné, escuyer, sieur de Beaure-
« gard, et Marie Sachet, Hector Pochon le jeune, escuyer,
« sieur de Marsilly, et Françoise Delafons, Thomas Colas,
« escuyer, sieur de Marolles, et Anne Pochon, Jacques Bon-
« gars, escuyer, sieur de Villedart, et Madelaine Pochon,
« oncles et tantes. »

Marie Pochon eut en dot 30,000 livres; et son mari lui
constitua un douaire de 800 livres de rente, si elle n'avait pas
d'enfant, ou de 400 livres, dans le cas contraire. [53]

En 1672, le 13 février, Jean partagea avec Claude son frère
et Jeanne sa sœur, les successions de leur père et mère, et
celles de Nicolas et François, leurs frères, morts à l'armée.
Il eut dans son lot, en y comprenant le droit d'aînesse :

La maison seigneuriale de la Gaudinière.
Les dîmes et censif de Villefranche et Lhôpital.
Le lieu de la petite Gaudinière.
Le lieu de la Richaudière,
La métairie de la Balennerie.
Le lieu de la Bazonnière.
Le lieu de l'Espinière.
La métairie de la Bezardière.
La métairie de Causle, en la paroisse de Monthaut.
La métairie de Queue-de-Loup, à Villerviers.
Six journeaux et demi de prés, à Villerviers.
Plus 296^l 14^s 10^d. [54]

Nous avons vu que Nicolas, François et Claude Gauvignon
avaient embrassé le métier des armes. En agissant ainsi, ils
n'avaient fait que suivre l'exemple de leur aîné. En effet, Jean
qui d'abord avait servi dans le régiment de Normandie, entra,

en 1666, dans les chevau-légers de la garde du Roi. Il faisait encore partie de ce corps d'élite en 1674, lorsque le Roi lui accorda : 1° le 14 juin, des lettres de surséance dans un procès que Jean et Claude, ses frères, soutenaient contre l'abbaye de Saint-Loup ; 2° le 11 juillet, des lettres de committimus contre ses débiteurs. [55]

Le 11 d'août de la même année, Jean assista à la bataille de Senef, et il y fut blessé grièvement. Le 5 septembre, il fit son testament dont voici le contenu :

« In nomine domini, amen.

« A tous ceux qui ces presentes verront, salut en Notre-
« Seigneur. Pardevant moi, pretre et curé de Philippeville,
« diocèse de Liége, et en présence des tesmoings cy-après
« nommés et pour ce spécialement appelez et priez, fut pre-
« sent en sa personne le sr Jean Gauvignon, escuyer, seigneur
« de la Gaudinière, de present en cette ville de Philippeville,
« blessé dans le combat que monseigneur le Prince a donné
« aux ennemis, le 11e jour d'aoust dernier, en qualité de vo-
« lontaire dans la compagnie des chevaux-légers de la garde
« du Roy, dangereusement malade de sa blessure, sain tou-
« tefois d'esprist et de bon jugement, lequel considérant la
« fragilité et inconstance de la vie humaine, et qu'il n'y a
« rien de plus certain que la mort ni de plus incertain que
« l'heure d'icelle, desira de pourvoir au salut de son âme et
« disposer de ses affaires temporelles, a fait son testament et
« déclaré ses dernières volontés en la manière qui s'ensuit,
« c'est à scavoir :

« 1° Il recommande son âme à Dieu, son créateur tout-
« puissant, à la bienheureuse vierge Marie, au bienheureux
« saint Jean, son patron, et à tous les saints et saintes de
« la Cour céleste, à la compagnie desquels il prie Nostre-

« Seigneur lui faire la grâce de le recevoir lorsqu'il le reti-
« rera de ce monde.

« 2° A l'esgard de son corps, il l'abandonne de bon cœur à
« la pourriture et aux vers après son trepas, désirant toutes-
« fois qu'il soit inhumé et ensepulturé en terre sainte dans
« l'église parroissialle du lieu où il expirera.

« 3° Il prie et conjure Madame sa femme de satisfaire à
« toutes ses debtes dont il se trouvera redevable après son
« trepas, la priant et requerant de terminer généralement
« toutes ses affaires et donner satisfaction à un chacun, en
« sorte que sa conscience en soit entièrement deschargée.

« Il la prie pareillement de sa part de pardonner à tous ses
« ennemis, comme il leur pardonne lui-mesme de bon cœur,
« et terminer avec eux toutte sorte d'affaire avec toutte la dou-
« ceur qu'elle pourra.

« Il la prie aussi de pardonner de sa part au sieur Charon,
« nottaire royal à Orléans, néantmoins lui faire rendre compte
« de la gestion et maniement de son bien avec toutte la dou-
« ceur imaginable, et mesme se mettre soubz arbitrage s'il le
« souhaite ainsi.

« Il la prie pareillement de donner à Jolicœur, son valet,
« de qui il a receu tous les bons services et assistances ima-
« ginables depuis sa maladie, la somme de trois cens livres
« tournois une fois payez, et un fusil qui est chez le sieur
Bernier.

« Plus, il la prie donner au nommé Saint-Hilaire, pour les
« bons et agréables services qu'il lui a rendu, la somme de
« vingt-cinq escus une fois payé, outre ses gages.

« Il la prie encore de ne point jamais abandonner Simpho-
« rien Rivron, ne lui marquant aucune recompense, scachant
« bien elle-mesme les services qu'il lui a rendu.

« Il la prie aussi de faire distribuer cinquante pistolles,

« scavoir : la moitié pour faire prier Dieu pour le repos de
« son âme, et l'autre moitié à des pauvres honteux, ainsi
« qu'elle jugera à propos.

« La presente déclaration, faite comme dit est, pardevant
« moi, prebtre et curé susdit, et en presence de messire An-
« thoine de Babutte, chevallier, seigneur d'Avargy, et du sieur
« Jacques Raoult, directeur général de l'hospital de l'armée
« de monseigneur le Prince, cejourd'hui, cinquiesme du mois
« de septembre mil six cens soixante et quatorze, en laditte
« ville de Philippeville. Voulant ledit testateur que ce pre-
« sent original soit mis ès mains du sieur Guillaume Dela-
« lande, escuyer, seigneur de Varennes, capitaine de caval-
« lerie au régiment de Floressac, pour estre par lui délivré à
« Madame sa femme, en donnant par lui un billet de descharge
« audit curé de Philippeville. Et a ledit testateur seulement
« marqué de sa main gauche et faict apposer le cachet de ses
« armes sur ce present original, n'ayant pu escrire ni signer
« de la main droitte, à cause de la grande blessure qu'il a reçu
« en laditte main.

            « A. DEBABUTTE.

        « RAOULT.   « GILLES DODET,

            « pbre et curé de Philippeville. » 56

Jean de Gauvignon mourut des suites de sa blessure, ainsi
qu'il est constaté par la pièce suivante :

        « Le sieur de Madaillan, lieutenant pour le Roy et
        « commandant au gouvernement de Philippeville.

« Laisser librement passer le nommé Jolicœur, valet de
« chambre du sieur de la Godinière, officier des chevau-
« légers du Roy, qui est mort et a esté enterré en cette ville.

« Faict à Philippeville, ce XIIII° septembre 1674.

                        « MADAILLAN. » 57

Jean de Gauvignon et Marie Pochon eurent trois enfants :

1° PIERRE DE GAUVIGNON, né le 23 mars 1671, dont l'article suivra.

2° MARIE-ANNE DE GAUVIGNON, née le 22 février 1673. Elle eut « pour parrain Joseph Duchon, écuyer, sieur de « Montdésir, et pour marraine damoiselle Anne Pochon, « en presence de dame Françoise Lamirault, femme « d'Ange Potier, sieur de la Brosse, et damoiselle Jeanne « Gauvignon, femme dudit sieur de Montdésir. » [58] Elle mourut en bas âge.

3° MARIE DE GAUVIGNON, née le 16 février 1674 et baptisée le lendemain, eut « pour parrain Thomas Colas de « Marolles, écuyer, conseiller du Roy, trésorier de « France, à Orléans, et pour marraine Charlotte de « Beauharnois, fille de messire François de Beauhar- « nois, conseiller du Roy en ses conseils, président et « lieutenant-général au bailliage et siége présidial d'Or- « léans. » [59] — Elle assista au mariage de sa mère avec Jean Gitton de Mongiron, le 14 janvier 1687 ; signa au contrat de mariage de Pierre, son frère, le 26 mai 1708 ; porta foi et hommage au duc de Sully, le 1er octobre 1718, pour la censive des Margats et la terre de Béon, et le 3 septembre 1723, fut maintenue, avec son frère, en possession des greffes du Bailliage de Romorantin et du Bailliage de Millançay. [60] Elle ne se maria pas.

IX.

PIERRE DE GAUVIGNON, IIIe du nom, écuyer, seigneur de la Gaudinière, trésorier de France au bureau des finances d'Orléans. Il naquit le 23 mars 1671, fut baptisé en l'église de Saint-Michel d'Orléans, et eut « pour parrain messire Pierre du

« Cambout de Coislin, évêque d'Orléans, conseiller du Roy
« en tous ses conseils et son premier aumônier, et pour mar-
« raine Magdelaine Lamirault, veuve de defunt Jean Gauvi-
« gnon, vivant escuyer, conseiller du Roy et secrétaire de
« ladite Majesté, maison et couronne de France et de ses fi-
« nances. » [61]

Pierre n'avait donc que trois ans et six mois lorsqu'il perdit
son père. Sa mère, Marie Pochon, demeurée veuve avec deux
enfants en bas âge, eut besoin de courage et d'intelligence
pour sauvegarder leur fortune. Elle ne faillit point à sa mission, et durant treize années, nous la voyons luttant seule et
avec énergie, soit contre les créanciers de son mari, soit contre
son beau-frère, au sujet du testament de Claude Gauvignon, soit
enfin contre les usurpateurs de ses droits féodaux. [62] En 1687,
le 14 janvier, elle se remaria et stipula qu'elle conserverait
l'entière et absolue disposition de sa fortune. « Et d'aultant
« que par ledit mariage les futurs espoux n'auront qu'une
« seule demeure, ladite dame future espouze contribuera
« pour la nourriture d'elle et ses enffans de son premier ma-
« riage, et domesticques et leurs gages par chascun an la
« somme de huict cens livres, et néanmoings sy lesdicts enf-
« fans sont mis en pention ailleurs, leurs pentions seront
« prises sur ladicte somme de huict cens livres, qui en dimi-
« nuera d'aultant. Et à l'esgard de l'entretien tant de
« ladicte dame future espouze que de sesdicts enffans, elle
« en fera la deppence telle qu'elle le jugera à propos à ses
« frais. » On le voit, il n'était pas possible de prendre plus
de précautions pour réserver son indépendance, et pour
qu'une autorité étrangère ne se posât point entre la mère
et les enfants.

Jean Gitton, ecuyer, seigneur de Mongiron, trésorier de
France, lui fit donation entre vifs et irrévocable : « 1° de tous

« ses biens meubles et effets mobiliers existant au jour de son
« décès ; 2° de tous les acquets qu'il a faicts depuis le decedz
« de deffuncte dame Marguerite Leclere, sa première femme,
« que ceulx qu'il pourra faire pendant et durant ledit futur
« mariage. » [63]

Il est donc évident que Marie Pochon se remaria par raison
et surtout dans l'intérêt de ses enfants. Elle était veuve de ce
second mari avant le 6 décembre 1700. [64] Elle vivait encore en
1714, le 26 octobre, puisque ce jour-là elle tenait sur les
fonds du baptême Charles, son petit-fils, [65]

Pierre de Gauvignon suivit les cours de l'Université [66] d'Orléans ; puis, préférant la vie des camps, il prit du service.
Le 30 mars 1691, il arrivait à Besançon et présentait à Monsieur de Montcault, ce billet :

                    « A Versailles, ce 11 mars 1691.

    « L'intention du Roy est que vous receviez dans la compa-
« gnie de gentilshommes que vous commandez, le s^r de La
« Gaudinière, qui vous rendra ce billet.

                              « DE BARBESIEUX. [67]

    « C'est un gentilhomme de 20 ans,
    « grand, bien fait, natif d'Orléans.
    « Il porte la perruque, n'a jamais
    « servy, et tire 1,200 livres de chez
    « luy. »

Le 17 mars 1692, Louis XIV écrivait « à M. le comte de
Montandre, colonel du régiment d'infanterie de Medoc, et en
son absence à celuy qui commande la compagnie de Monlezun,
à Nice :

    « Monsieur le comte de Montandre ; ayant donné à La Godi-
« nière la charge de sous-lieutenant en la compagnie de
« Monlezun, dans le régiment d'infanterie de Medoc que vous

« commandez, vacante par l'abandonnement de Barada, der-
« nier pourveu, je vous escris cette lettre pour vous dire que
« vous ayez à le recevoir et faire reconnoistre en ladite charge
« de tous ceux et ainsy qu'il appartiendra, et la présente n'es-
« tant pour autre fin, je prie Dieu qu'il vous ayt, Monsieur le
« comte de Montandre, en sa sainte garde. Escrit à Versailles,
« le dix-septième mars 1692.
                            « LOUIS.

                    « LE TELLIER. » [68]

Si l'on en croyait les traditions de famille, Pierre ne se
serait pas seulement conduit en brave au service; il y aurait
en outre fait de grandes dépenses. Justement alarmée, sa mère
le détermina à renoncer au métier des armes, pour occuper
un office de finance. Elle acheta donc pour lui, le 6 décembre
1700, la charge de trésorier de France, au bureau des finances
de la généralité d'Orléans, dont était pourvu de son vivant
Hector Pochon, écuyer, sieur de Beauregard, son oncle. [69]

Pierre se trouva fixé. Heureux de ce premier succès, Marie
Pochon voulut sans doute en obtenir un second, en mariant
son fils; mais celui-ci n'avait encore que 29 ans, et la vie
de célibataire continuait à lui sourire. Ce ne fut donc que
huit années plus tard que la pauvre mère atteignit le but vers
lequel elle tendait depuis si longtemps.

Le 26 mai 1708, Pierre Gauvignon, écuyer, sieur de La
Gaudinière, trésorier de France, fils de feu Jean Gauvignon,
écuyer, sieur de La Gaudinière et de Villefranche, et de Marie
Pochon, contracta mariage avec damoiselle Anne Curault, fille
de feu Gabriel Curault, sieur de La Cour-Ligny, conseiller du
Roi et de Son Altesse Royale, lieutenant-général, et premier
président au Bailliage et siége Présidial d'Orléans, et de Charlotte Rogier.

Les principaux articles de ce mariage furent ceux-ci :

« 1° Les mères des futurs les acquitteront chacune à leur
« égard, de toutes debtes jusqu'à ce jour ;

« 2° Il sera donné au futur, par madame sa mère, la somme
« de trente mil livres en avancement de sa succession, outre
« les biens qui lui appartiennent par la donation de la dame
« sa tante ;

« 3° Il sera donné à la future, par madame sa mère, la
« somme de dix mil huit cent cinquante-deux livres, en avan-
« cement de sa succession, outre les biens quelle a qui luy sont
« escheus par le partage faict avec ses frère et sœurs, le 27
« octobre 1707. » [70]

Le 21 mars 1720, Pierre de Gauvignon et Anne Curault
transigèrent au sujet de la succession de Louis-Gabriel
Curault, leur cousin, avec sa mère Marie Geuffronneau, veuve
de Louis Curault, écuyer, sr de Courcelles. [71]

Le 3 septembre 1723, Pierre de Gauvignon et Marie, sa
sœur, obtinrent de la cour des Aydes un arrêt qui les maintint en la propriété et jouissance du greffe du Bailliage de
Romorantin, du greffe du Bailliage de Millançay, qui s'étendait
sur les nobles, du greffe des Présentations et Parisis de Millançay, lesquels étaient revendiqués par le seigneur de
Marcheval. [72]

Pierre de Gauvignon et Anne Curault moururent avant le
mois de mai 1728, ainsi qu'il résulte du compte-rendu par
Rou, notaire, le 24 août 1739. [73]

Ils eurent dix enfants, dont trois moururent en bas âge.
Les sept autres sont :

1° ÉTIENNE-PIERRE DE GAUVIGNON, écuyer, sieur de La
Gaudinière, né le 28 juillet 1711, eut pour parrain
Étienne Chereau, chanoine de l'église d'Orléans, et pour

marraine Marie Gauvignon, sa tante. Il participa, le 20
septembre 1729, à l'estimation des biens laissés par ses
père et mère, et au partage qui dut suivre. Il était avocat
au parlement lorsqu'il mourut, le 2 février 1753, sans
avoir été marié, en sa terre de La Gaudinière. Il fut
inhumé dans l'église de Saint-Jean-de-l'Hôpital, sa paroisse, à côté de Pierre Gauvignon, son père. Son épitaphe
s'y voyait encore en 1768. [74]

2° CHARLES DE GAUVIGNON, qui a continué la descendance.

3° JEAN-GUILLAUME DE GAUVIGNON, écuyer, sieur de
Béon, né le 17 février 1717, eut pour parrain Guillaume
Curault, sieur de l'Épinières, capitaine, et pour marraine
Marie-Anne Bongars, veuve de Louis-Gabriel Curault,
écuyer, sr de Courcelles. [75]

Il approuva, le 20 septembre 1729, l'estimation des
biens provenant des successions de son père et de sa
mère; emprunta, le 12 mai 1734, de l'avis du conseil
de famille, la somme nécessaire pour s'équiper avant
d'entrer en campagne, en qualité de lieutenant dans
le régiment Royal-Infanterie et faire quatre hommes de
recrue. [76]

Le 29 juin 1754, *messire Jean-Guillaume de Gauvignon, écuyer, seigneur de Béon*, bailla cette terre,
moyennant « 300 livres de ferme et un boisseau de noix
« s'il y en a. » [77]

Le 31 mai 1755, il signa au contrat de mariage de
Charles, son frère. Il était alors lui-même marié à Anne
Landré, fille de François Landré, avocat en parlement,
et de Marie-Reine Lamirault. Il mourut avant le 4 décembre 1779, sans laisser d'enfant. [78]

4° Henri-Thomas-d'Aquin de Gauvignon, tenu sur les fonds baptismaux, le 7 mars 1719, par Henri Gabriel Curault et par Anne Gauvignon de la Gaudinière. Il entra dans la congrégation de l'Oratoire de France, et mourut le 5 novembre 1772. Sa succession fut partagée, le 18 mars 1773, entre ses deux frères Charles et Jean-Guillaume, et ses deux sœurs Élisabeth et Marie-Jeanne. [78 bis].

5° Anne-Thérèse de Gauvignon, damoiselle de la Gaudinière, née le 6 août 1710, et baptisée le lendemain en l'église de Saint-Michel d'Orléans. Elle eut pour parrain Hector Nicolas Hotman, chevalier, seigneur de Fontenay, et pour marraine Charlotte Rogier, veuve de Gabriel Curault. [79] Elle participa, avec ses frères et sœurs, à tous les actes passés durant leur minorité, et assista au mariage de Charles de Gauvignon, le 31 mai 1756. [80] Elle ne se maria pas et mourut postérieurement à 1787 ; nous la retrouvons, en effet, figurant sur le rôle de la capitation de la noblesse de la généralité d'Orléans pour l'année 1788. [81]

6° Élisabeth de Gauvignon, damoiselle de l'Epinière, naquit le 18 janvier 1718, sur la paroisse de Saint-Pierre-Lentin d'Orléans. Elle eut pour parrain Ange-Alphonse de Fleurteau, trésorier de France, et pour marraine Anne-Élisabeth de Goillons, épouse de Messire Léon Patas, trésorier de France. [82] Elle assista au mariage de son frère Charles, le 31 mai 1756, [83] et mourut sans avoir été mariée, postérieurement au 15 avril 1782, date d'une donation qu'elle fit à l'hôpital-général d'Orléans. [84]

7° Marie-Jeanne de Gauvignon, appelée Mademoiselle de La Noue, naquit à Orléans, le 27 février 1723, et fut, le même jour, tenue sur les fonds baptismaux par Jean

Deloynes, écuyer, seigneur d'Autroche, trésorier de France, et par Marie Regnard, épouse de Henri-Gabriel Curault, lieutenant-général au Baillage et siége Présidial d'Orléans. [85] Comme ses sœurs, elle assista au mariage de Charles, son frère, et mourut sans avoir été mariée, postérieurement à 1773 ; le 18 mars de cette année, elle avait partagé, avec ses frères et sœur, la succession de Henri-Thomas-d'Aquin, leur frère. [86]

X.

CHARLES DE GAUVIGNON, I du nom, écuyer, sieur de la Bazonnière, chevalier de Saint-Louis, fut baptisé le 26 octobre 1714, en l'église de Saint-Pierre-Lentin d'Orléans. Le nouveau né eut pour parrain Charles Egrot, écuyer, sieur d'Espuis, trésorier de France, et pour marraine son aïeule Marie Pochon, veuve en premières noces de Jean de Gauvignon, IIIe du nom, et en deuxièmes noces de Jean Gitton de Mongiron, [87]

Charles approuva l'estimation faite le 20 septembre 1729, des biens laissés par son père et sa mère. En voici le détail :

Le château de la Gaudinière et ses dépenses féodales ;
Les grandes dîmes et terrages de Villefranche ;
Les censifs ou menue dîme de l'hôpital et Villervier ;
Le censif commun des paroisses de l'hôpital et Villervier ;
La métairie de la petite Godinière, paroisse de l'hôpital ;
Le lieu de la Richaudière, paroisse de Romorantin ;
La métairie de la Ballannière, paroisse de l'hôpital ;
Le lieu de la Bazonnière, paroisse de l'hôpital ;
Le lieu de l'Épinière, paroisse de l'hôpital ;
La métairie de la grande Bezardière, à l'hôpital ;
La petite Bezardière, paroisse de l'hôpital ;
La Chansonnerie, paroisse de Villervier ;

La petite Gravelle, paroisse de Villervier ;
La Pasterie, en la paroisse de Loreux ;
La Noue, en la paroisse de Veillain ;
Rozeray, en la paroisse de Veillain ;
Le petit Brévignon, paroisse de Veillain ;
Les Callinières, au faubourg de Romorantin ;
Deux maisons et un jardin à Romorantin ;
Maison sise rue de la Sirène   id
Un journau et demi de pré, près Romorantin ;
Le moulin de Mondemars, à Isdes ;
Les petits Guillaumes, paroisse d'Isdes ;
Rentes en grains ;
Greffes des bailliage, police et châtellenie de Romorantin. [88]

Charles de Gauvignon était entré, comme ses ancêtres, dans la carrière militaire.

Il se fit délivrer, en 1732, un certificat constatant que son père avait vécu noblement ; [89] puis il obtint une lieutenance en second dans le régiment royal d'infanterie. A cette occasion, le conseil de famille se réunit pour écouter la proposition que leur fit Charles Curault, sieur d'Ourcelle, ancien major d'infanterie, curateur et tuteur honoraire du jeune guerrier. — Vous savez, dit-il, que Charles et Guillaume de Gauvignon, mineurs, sont nommés lieutenants dans le régiment *royal infanterie*. Il est donc urgent de leur fournir les moyens de s'équiper et de faire quatre hommes de recrue chacun. Je demande, à cet effet, l'autorisation d'emprunter une somme de deux mille livres. — Le conseil de famille autorisa l'emprunt, qui fut réalisé le 12 mai 1734. [90] Grâce à ce nerf de la guerre, les deux frères purent entrer honorablement en campagne. Ils étaient à Crémone lorsque leur colonel reçut la lettre suivante :

« Adrien Maurice, duc de Noailles, pair et mareschal
« de France, général des troupes de Sa Majesté très-
« chrestienne, en Italie....

« En conséquence du pouvoir a nous donné par la lettre
« dont le Roy nous a honoré, dattée de Marly le 22 février
« 1735, de pourvoir aux emplois vaccans dans les troupes de
« Sa Majesté, M. le comte de Croissy, colonel du régiment royal,
« et en son absence celuy qui commande ledit régiment, fera
« recevoir et reconnaître le s\ de la Bazonnière, lieutenant en
« second de la compagnie de Lavannes, à la lieutenance de la
« compagnie de Doucas, vaccante par la mort du s\ de Buigny,
« en attendant qu'il soit pourveu de lettres de Sa Majesté pour
« en exercer touttes les fonctions de la même manière qu'il
« pourrait faire si les dites lettres lui avoient été expédiées. —
« Fait à Crémone, ce 1er mai 1734.

« LE MAL. DE NOAILLES,

« Par Monseigneur,

« BUSSILLES. » [91]

Charles de Gauvignon continua à guerroyer en Italie jusqu'en 1740.

En 1745, le 11 mai, il combat à Fontenoi, et un coup
de feu lui fracasse l'épaule. A peine remis de cette blessure,
il reprend les armes, et, le 11 octobre 1746, il assiste à la
bataille de Rocoux gagnée par Maurice de Saxe sur les Autri-
chiens.

L'année suivante, Maurice de Saxe veut assiéger Maëstricht;
mais pour arriver à cette place il faut passer sur le corps d'une
armée supérieure en nombre et occupant une forte position à
Lawfeld. Le 2 juillet, la bataille est livrée, Lawfeld est emporté
par les dragons et l'infanterie lancée au pas de course; autri-
chiens, hollandais et anglais sont mis en déroute complète.

Charles de Gauvignon contribua pour sa part à cette victoire. Enfin, il se comporta si vaillamment à la prise de Bergopzoom qu'il reçut peu après la lettre suivante :

« A Fontainebleau, le 2 novembre 1747.

« Le Roy ayant bien voulu, Monsieur, vous accorder une « place de chevalier dans l'ordre militaire de Saint-Louis, à « l'occasion du siége de Bergopzoom, je vous en donne avis « avec plaisir, et suis, Monsieur, votre très-humble et très-« affectionné serviteur, « M. D'ARGENSON. [92]

« Le s^r de la Bazonnière, capitaine au régiment royal infanterie. »

Cette distinction annoncée officieusement le 2 novembre 1747, le fut officiellement le 11 février 1748 :

« Monsieur de Basonnière, la satisfaction que j'ay de vos « services m'ayant convié à vous associer à l'ordre militaire « de Saint-Louis, je vous escris cette lettre pour vous dire « que j'ay commis le s^r de Bruslard, brigadier lieutenant colonel « de mon régiment de Picardie et chevalier dudit ordre, pour « en mon nom, vous recevoir et admettre à la dignité de « chevalier de Saint-Louis, et mon intention est que vous vous « adressiez à luy pour prêter en ses mains le serment que « vous êtes tenu de faire en ladicte qualité de chevalier dudit « ordre, et recevoir de luy l'accollade et la croix que vous « devés doresnavant porter sur l'estomac, attachée d'un petit « ruban couleur de feu : voulant qu'après cette réception « faite, vous teniés rang entre les autres chevaliers dudit ordre, « et jouissiés des honneurs qui y sont attachés. Et la presente « n'estant pour autre fin, je prie Dieu qu'il vous ait, Monsieur « de Basonnière, en sa sainte garde. Écrit à Versailles, le unze « février 1748. « LOUIS.

M. P^c VOYER D'ARGENSON. » [93]

Au dos est écrit : « A Monsr de Basonnière, capitaine dans
« mon régiment Royal-Infanterie. »

Et le 23 du même mois, M. de Bruslard certifiait avoir rempli
la mission royale :

« Nous, brigadier des armées du Roy, lieutenant-colonel du
« régiment de Picardie et lieutenant de Roy de Louvain, certi-
« fions en conséquence des ordres du Roy avoir reçu Monsieur
« de Bassonnière capitaine au régiment de Royal, chevalier de
« l'ordre militaire de Saint-Louis.

« Fait à Louvain, le 23 février 1748.

« BRUSLARD. » [94]

En 1756, Charles de Gauvignon, âgé de 42 ans, résolut de
quitter et le service et le célibat. En conséquence, il demanda
d'abord sa retraite ; puis, le 31 mai de cette même année, il
épousa Madelaine-Mélanie de Berthereau, fille mineure de
messire Pierre-Louis de Berthereau, chevalier, seigneur de la
Giraudière, des Ormes et autres lieux, et de dame Marie-
Thérèse de Saint-Mesmin. [95]

Un mois plus tard, Madame la comtesse de Maillebois lui
transmettait cette lettre :

« A Versailles, le 28 juin 1756.

« M. le comte Dargenson vient de me remettre, Madame,
« le mémoire sur lequel le Roy a accordé une pension de re-
« traite de quatre cens livres sur le Trésor royal à M. de la
« Bazonnière, capitaine dans le régiment Royal d'infanterie,
« j'ay l'honneur de vous en informer et d'être avec respect,
« Madame, votre très-humble et très-obéissant serviteur,

« LETOURNEUR. [96]

« Madame la comtesse de Maillebois. »

Dégagé ainsi de ses devoirs militaires, Charles ne songea
plus qu'à ses obligations civiles de chef de famille. Le 17 fé-

vrier 1761, il faisait baptiser son deuxième fils ; [97] la même année, il figurait sur la liste des fondateurs de la Société royale d'agriculture d'Orléans. [98] Le 1er octobre 1768, il obtenait l'enregistrement au greffe de l'élection d'Orléans, « de l'or- « donnance de Monsieur l'Intendant de la Généralité, en datte « du quatre janvier mil six cens soixante-sept, rendue d'après « l'examen des pièces justificatives de la noblesse de Jean de « Gauvignon, et d'après le désistement de Me Mathurin De- « lorme, commis à la recherche des usurpateurs du titre de « noblesse. » [99] — Il exerçait la charge d'échevin d'Orléans en 1773 ; [100] et le 19 juillet 1775, il se faisait délivrer un cer- tificat par les maire et échevins d'Orléans, constatant qu'il avait constamment vécu « dans l'état de gentilhomme, sans avoir fait aucun acte dérogeant à noblesse. » [101]

Puis le 9 septembre 1778, il recueillait, au nom de ses en- fants, la portion qui leur revenait dans la succession de Louis de Berthereau, leur grand-père. Cette part s'élevait à 112,881 liv. 3 s. 11 den. [102]

L'année suivante, le 4 décembre, Charles passait le bail de la terre de Béon, dont il avait hérité de son frère Guil- laume. [103]

Et le 23 février 1781, il recevait encore, au nom de ses en- fants, la somme de 38,062 liv. 7 s. 9 den., qui représentait leur part dans la succession de Marie-Thérèse de Saint-Mes- min, leur grand'-mère. [104]

Enfin, le 15 avril 1782, Charles de Gauvignon et Élisabeth, sa sœur, damoiselle de l'Épinière, donnaient à l'Hôpital d'Or- léans une somme de 4,000 livres, à condition que les admi- nistrateurs recevraient à perpétuité et nourriraient audit hô- pital « un pauvre de l'un ou l'autre sexe qui sera nommé par « les donateurs, et après la mort desdits donateurs, par leurs « descendans en droite ligne, et à deffault de descendans

« en droite ligne, par les parens collatéraux desdits dona-
« teurs ou de leursdits descendans, lequel droit de nomination
« appartiendra d'abord aux descendans des mâles préférable-
« ment aux descendans des filles, et aux aînés préférable-
« ment aux cadets, et la même préférence aura lieu lors qu'à
« deffault de descendants en droite ligne le droit de nomina-
« tion passera aux parens collatéraux desdits donateurs ; et
« au cas que le parent ayant par son degré le droit de nomi-
« nation se trouve absent de la province, le droit sera dévolu
« de plein droit au parent du degré suivant, et au chan-
« gement des personnes ayant le droit de nomination :
« la famille fera notifier au bureau le parent auquel le droit
« passera. » [105]

Tel fut le dernier acte d'une vie longue et bien remplie.
Charles de Gauvignon de Basonnière mourut dans le courant
d'octobre 1782. [106]

Il avait eu de Madelaine-Mélanie de Berthereau trois enfants
mâles.

N..., mort en bas âge.

XI.

CHARLES DE GAUVIGNON, vicomte de l'Épinière, né en 1759,
servait dans les chevau-légers de la garde du Roi, lorsque le
18 juin 1785, il partagea, avec ses cohéritiers, la succession
de sa grand'-tante Catherine-Élisabeth Bailly de Montaran. [107]

Son nom figure sur le rôle de la capitation de la noblesse de
la généralité d'Orléans pour l'année 1788. [108]

Il se lit en outre dans le procès-verbal de l'ordre de la noblesse du Bailliage d'Orléans, portant élection des députés aux
États généraux de 1789. [109]

Peu après la réunion de ces États, Louis XVI chargea
Charles d'une mission en Italie, et à cette occasion le nomma

vicomte de l'Épinière. Cette mission ne devait pas durer plus de six semaines, ainsi que le prouve le passeport donné à Versailles, le 20 juin 1789, signé : Louis, et contresigné : le comte DE MONTMORIN. [110]

Le vicomte de l'Épinière émigra. Cet exil volontaire dura quatorze années, qu'il passa en Italie et en Suisse. Pendant les sept premières, il fit partie du petit groupe de fidèles qui entourèrent le comte d'Artois et le comte de Provence. Ce dernier prince séjourna longtemps à Vérone, et le vicomte de l'Épinière ne s'éloigna pas de cette résidence tant qu'il crut pouvoir être utile à celui qu'il regardait comme son roi depuis la mort du Dauphin. Il y rendit à Louis XVIII plusieurs services importants.

Lors de la conquête de la Lombardie et des États Vénitiens par l'armée française, M. de l'Épinière fut obligé de se réfugier en Suisse, pour éviter le sort réservé aux émigrés.

L'amnistie accordée à ces derniers lui ouvrit les portes de la France; il y rentra le 6 mars 1802, et retrouva une grande partie de ses biens, que son frère Augustin-Louis était parvenu, au péril de sa vie, à sauver de la confiscation et de la vente. [111]

Quand la Restauration replaça le chef de la maison de Bourbon sur le trône de France, le vicomte de l'Épinière ne chercha point à exploiter à son profit la reconnaissance de Louis XVIII. Il n'usa de son crédit auprès de ce prince et de son successeur que pour être utile à ses amis ou à ceux qui lui paraissaient dignes d'intérêt.

Les événements de 1830 affligèrent profondément le vicomte de l'Épinière, car il était dévoué de cœur à Charles X. Puis il vit s'écouler le règne de Louis-Philippe, qui finit comme il avait commencé : par une révolution.

Celle de 1848 fut la dernière à laquelle M. le vicomte

de l'Épinière assista. Il mourut le 11 janvier 1849, âgé de 90 ans. [112]

Le vicomte de l'Épinière était lieutenant-colonel de cavalerie et chevalier de Saint-Louis. [113] Il avait épousé, le 21 octobre 1817, Caroline-Françoise de Paris, veuve de messire Louis-Philippe-Joseph de Grimoult de Villemotte et fille de François-Philippe de Paris, écuyer, ancien capitaine d'artillerie, chevalier de Saint-Louis, et de Louise-Aimée-Jeanne Levasseur. [114]

Le vicomte de l'Épinière avait été dès sa jeunesse remarquable par un esprit enjoué et agréablement érudit. Il eut toujours les belles manières du grand monde, qu'il fréquenta constamment et où il se fit de nombreux amis. Ceux qui l'ont connu n'oublieront pas qu'il fut un des derniers types de cette société française du xviiie siècle, si élégante et si spirituelle.

Charles de Gauvignon, vicomte de l'Épinière, a eu pour héritiers les enfants de son frère cadet, Augustin-Louis, qui continua la descendance.

XI.

AUGUSTIN-LOUIS DE GAUVIGNON, écuyer, sieur de Basonnière, né le 7 février 1761, eut pour parrain messire Charles-Louis de Berthereau de la Giraudière, écuyer, lieutenant au régiment Royal infanterie, son oncle, et pour marraine Anne-Thérèse Gauvignon de la Gaudinière, sa tante. [115]

Il entra d'abord dans la marine, et y servit en qualité d'aspirant au département de Rochefort, de juillet 1778 à juillet 1779. [116] A cette époque, il fut nommé sous-lieutenant, et passa à la Martinique, pour prendre du service dans le régiment d'Auxerrois. Il y fit toutes les campagnes d'Amérique : il assista aux trois batailles navales livrées par le comte de

Guichen à l'amiral anglais Rodney, en 1780 ; contribua au siége et à la prise de Saint-Christophe, sous les ordres du comte de Bouillé ; et, le 12 avril 1762, était à bord du vaisseau amiral la Ville-de-Paris, lorsque seul succombant sous les feux de dix vaisseaux de ligne ennemis, le comte de Grasse fut contraint à baisser pavillon.

A ce combat, Augustin-Louis fut fait prisonnier et mené en Angleterre, d'où il ne revint qu'en 1783, lorsque la France et l'Angleterre eurent fait la paix et que l'indépendance des États-Unis eut été reconnue. [117]

En 1789, M. de Basonnière contribua à l'élection des députés aux États-Généraux. Il faisait partie de l'ordre de la noblesse. [118]

Le 6 février 1790, il commandait un détachement de son régiment, à Monthermé, lorsque la municipalité de cette ville lui adressa une expédition de la délibération suivante :

« Cejourd'huy, 6 février 1790, l'assemblée municipale de « Monthermé s'est formée extraordinairement.... Sur la pro- « position faite par M. le Syndic, qui a pour objet de demander « les fonctionnaires propres à maintenir le bon ordre dans « l'assemblée indiquée au jour de demain, il a été arrêté, à « l'unanimité des voix, que M. le Syndic, au nom de l'assemblée « municipale actuelle, requerra M. de La Bassonnière, com- « mandant le détachement du régiment d'Auxerrois, à Mon- « thermé, de vouloir bien donner le nombre d'hommes de « son détachement qu'il jugera nécessaire au maintien du bon « ordre dans laditte assemblée, et notamment à l'exclusion de « tous citoyens non actifs ; à l'effet de quoy ils seront secondés « par le suisse et le bedeau de la paroisse. Et sera en consé- « quence délivré par notre greffier à mondit s^r de La Bason- « nière, une expédition de la présente délibération. » [119]

M. de Basonnière se garda bien de refuser le concours du suisse et du bedeau. Aussi, l'élection se fit-elle avec calme et dans le plus bel ordre. En 1791, il fut nommé capitaine.

Mais voici les mauvais jours arrivés. Les nobles placés entre l'exil ou l'échafaud agirent diversement. Les uns allèrent à l'étranger, espérant sans doute que la révolution passerait vîte ; les autres restèrent bravement sur le volcan, préférant à tout le sol natal. Augustin-Louis demeura en France, tandis que son frère, le vicomte de l'Épinière, émigra. Augustin avait sa résidence à Pierrefitte-sur-Sauldre ; mais, traqué par les agents de la nouvelle liberté, il vivait en nomade.

Le Conseil général de la commune d'Orléans écrivait, le 16 ventôse an 2, au directoire du district de Beaugency :

« Citoyens,

« Vous n'ignorez pas que les grandes mesures de sûreté
« générale sont à l'ordre du jour ; que dans la crise où se trouve
« la République, la fermeté et la sévérité doivent être la bous-
« sole des magistrats investis des pouvoirs pour garantir la
« liberté que les conspirateurs voudraient anéantir.

« De ces mauvais citoyens, La Bazonnière fait partie ; il
« réside présentement dans la commune de Saint-Ay. Cet indi-
« vidu dont la moralité est tout-à-fait vicieuse et contraire aux
« bons principes, ne mérite pas de savourer l'air pur de la
« liberté. Son orgueil, son audace, son égoïsme, ses propos
« inciviques et dangereux, ne permettent pas de le laisser plus
« longtemps jouir de cette liberté, partage des bons citoyens
« et qui doit faire leur bonheur. Retranchez, citoyens, cet
« individu de la société ; soyez persuadé que vous lui rendrez
« un service essentiel. Cet être vient encore, dans une com-
« mune des environs de Romorantin, d'exciter un soulève-
« ment contre le maire et quelques autres braves sans-culottes

« qui se refusaient de lui délivrer un certificat de civisme et
« encore moins de passeport ; mais avec de l'argent et des
« courbettes, il est venu à bout de ses desseins, et il se croit
« blanc comme la neige.

   « Nous vous invitons de faire mettre en arrestation le citoyen
« La Bazonnière, et de le faire traduire dans la maison d'arrêt
« des Minimes, où il figurera avec les messieurs de sa caste.
« Nous aimons à croire que vous ne négligerez pas notre re-
« commandation.

         « Salut et fraternité. » [120]

En conséquence, M. de Basonnière fût arrêté le 15 germinal,
et le 21 du même mois, le district de Romorantin écrivait au
district de Beaugency :

         « Citoyens, frères et amis,

   « La Bazonnière a eschappé plusieurs fois aux mesures que
« nous avions déterminées contre lui ; vous avez été plus
« heureux que nous et nous vous en félicitons. La République
« n'aura plus à craindre de ce muscadin qui conserve toujours
« cet air de noblesse et de bienveillance qui insulte aux sans-
« culottes. Il a occasionné un soulèvement à Pierrefitte, com-
« mune de notre arrondissement ; les magistrats du peuple
« qui lui refusèrent un certificat de civisme, ont subi de mau-
« vais traitements de la part de ses soudoyés. Dernièrement
« encore, il a méprisé le sequestre apposé sur les biens d'un
« parent d'émigré, en faisant exploiter une taille qui en dé-
« pendait, et disant qu'il l'avait acquise. Il connaissait les
« mesures que nous avions prises, mais son aristocratie ne lui
« a permis de les respecter. Enfin, c'est un ci-devant noble :
« il a par-là même le cœur vicié. Il est bien en état d'arres-
« tation. L'air pur de la liberté ne sera plus infecté de son
« souffle impur. Qu'il expie ses fautes et celles de ses ayeux.

« Il est temps que la raison se venge des outrages que ces
« monstres ont faits depuis tant de siècles à l'humanité pen-
« sante et malheureuse.

           « Salut et fraternité. » [121]

Le 30 germinal, le concierge de la maison d'arrêt signifiait
à son prisonnnier qu'aux termes d'un décret du 26 brumaire,
les riches détenus devaient payer pour les pauvres; et le 4 mes-
cidor an 2, les administrateurs du district écrivaient au citoyen
Gauvignon :

    « Citoien, tu doit trois cent douze livres treize sous quatre
« denier, suivant les tableaux que le C. Desnoyers te fera
« voir; nous t'invitons et au besoin te requerons de lui paier
« sur le champ cette somme sur son reçu.

           « Salut et fraternité. »

Suit le reçu : « Resus le montan manda si de sur Desnoyers,
« consierge de la maisone de détansion. » [122]

M. de Basonnière était un homme fortement trempé ; aussi
ne se laissa-t-il pas abattre. Du fond de sa prison, il écrivit
lettres et mémoires tant au Comité de salut public qu'aux administrateurs des disctricts de Beaugency et de Romorantin.
L'agent national près ce dernier district répondit au détenu,
le 24 prairial an 2 :

           Citoyen,

    « J'ai reçu le mémoire que tu m'as adressé le 18 courant.
« Je l'ai lu avec attention, et j'y ai remarqué des faits qui, si
« ils sont vrais, prouvent complettement que tu es la victime
« des passions. Ayant envoyé ta justification au comité de
« salut public, tu n'as pas besoin d'autre appuy que les
« hommes vertueux qui le composent. Si n'étant pas suffisam-
« ment instruits, ils me donnent des ordres de faire des infor-

« mations, je recueillerai avec probité et civisme celles qui
« te seront avantageuses comme celles qui pourront te com-
« promettre au yeux de la loy.

　　　« Salut fraternel. » [123]

M. de Basonnière fut élargi, après une détention de 167
jours.

Rendu à la liberté, M. de Basonnière s'adonna aux soins de
ses affaires et de celles de son frère aîné, dont il sauva la fortune.

En 1811, il recueillit le legs de *La Vallée de Fleury*, fait à
ses enfants par son grand oncle, Jérôme de Saint-Mesmin,
mort le dernier de sa race.

Jérôme appartenait à l'illustre famille de Saint-Mesmin, qui
donna à la ville d'Orléans, pendant six siècles, un grand nombre
de magistrats et d'hommes de guerre distingués. Jérôme avait
fait toutes les campagnes de Flandre, de 1745 à 1754. Il avait
assisté avec le régiment *royal infanterie*, aux batailles de Fontenoi, de Lawfeldt et de Raucoux, ainsi qu'au siége de Bergopzoom. Il reçut la croix de Saint-Louis, pour sa belle conduite
à la prise de Mahon, et fut nommé major de son régiment.
Il était frère de Madame Berthereau de La Giraudière, dont
la fille avait épousé Charles Ier de Gauvignon, ainsi que nous
l'avons dit à l'article de ce dernier.

Augustin-Louis mourut, en 1815, à Pierrefitte-sur-Sauldre. [124]

Il avait épousé en 1794, Gabrielle-Marie-Françoise de
Bonvoust, fille de Benoit Melchior, comte de Bonvoust, et de
Émérance de Maupassant.

La famille de Bonvoust est originaire d'Allemagne, où elle
était connue dès la fin du XIIe siècle.

Un cadet de cette maison vint s'établir dans la province

de Normandie, et y acheta la terre de La Bechelière, que ses descendants ont conservée. Lorsque les Anglais furent chassés de France, ils emportèrent les titres les plus anciens de la famille de Bonvoust et les déposèrent à la Tour de Londres, ainsi que ceux des meilleures maisons de Normandie.

Il résulte des titres restés entre les mains des Bonvoust que Jean Ier de Bonvoust, écuyer, seigneur d'Aunay, vivait vers l'an 1300, et qu'il rendit aveu au Roi, le 19 juillet 1340, pour la terre d'Aunay. Ce Jean avait épousé, en premières noces, une fille de la maison de Hautemer, dont était le maréchal de Fervaques. En secondes noces, il épousa Jeanne d'Aunay, parente de la duchesse d'Alençon ; et en considération de ce mariage, Robert, fils du duc d'Alençon, frère du Roi, lui concéda de grands priviléges dans la forêt de Bourse.

Jean Ier eut pour descendant direct à la XIIe génération, Benoit Melchior, comte de Bonvoust, chevalier de Malte, avant son mariage, et qui épousa Émérance de Maupassant, fille de M. de Maupassant, commissaire ordonnateur des guerres, chevalier de St-Louis, et de Émérance-Jacqueline Le Louchier. [125]

Benoit Melchior fut père de Gabrielle-Marie-Françoise de Bonvoust, qui épousa, en 1794, Augustin-Louis de Gauvignon de Basonnière. [126] Elle devint veuve en 1815, et mourut le 30 janvier 1849.

Elle eut cinq enfants.

1° CHARLES-LOUIS-EMMANUEL DE GAUVIGNON, qui suivra.

2° PAUL-RODOLPHE DE GAUVIGNON DE BASONNIÈRE naquit au château de Fontpertuis, le 1er octobre 1799. Il fut baptisé le même jour, à Lailly, et eut pour parrain son grand oncle Rodolphe Le Louchier, général major au service d'Autriche, alors en retraite à Mons, sa patrie, et pour marraine Émérance-Joséphine Le Louchier, sœur du précédent, épouse de François de Maupassant, ancien commissaire ordonnateur des guerres et chevalier de Saint-Louis. Ces deux derniers étaient aïeuls maternels de l'enfant. [127]

Paul-Rodolphe entra dans les gardes du corps le 15 décembre 1815, et y fut nommé capitaine-brigadier en mars 1825. Il accompagna Charles X, à Cherbourg, en 1830, et quitta le service après cette dernière preuve de dévouement donnée au roi légitime. [128] Il épousa, le 23 janvier 1832, Marie-Élisabeth-Eudoxie Martin de la Brière, fille de Bazile-Charles-Euverte Martin de la Brière, écuyer, et de Élisabeth Pasquier de Lumeau. Il en a eu deux filles : [129]

1° NELLY DE GAUVIGNON DE BASONNIÈRE ;
2° LOUISE DE GAUVIGNON DE BASONNIÈRE.

3° EUGÈNE-FRANÇOIS DE GAUVIGNON DE BASONNIÈRE, né au château de Fontpertuis, commune de Lailly, en 1801, eut pour parrain François de Maupassant, ancien commissaire ordonnateur des guerres, son aïeul maternel, et pour marraine Eugénie de Marcol, née de Bonvoust, sa tante maternelle. [130]

Eugène fut employé dans l'administration des finances, de 1825 à 1834, et exerça les fonctions de contrôleur des contributions directes à Châtellerault. [131] Il quitta cette carrière en 1834, époque de son mariage avec Thérèse-Delphine de Lange, fille de François de Lange et de Adélaïde-Françoise-Élise Roussel de Courcy, petite-fille du côté paternel de François de Lamirault, seigneur de Cottinville et de Rhuys. [132]

De ce mariage sont provenus :

1° ERNEST, né le 16 juin 1836 ;
2° JULIETTE, née le 12 juin 1841.

4° GABRIELLE-AGLAÉ-ÉMERANCE-LOUISE, née à Meung-sur-Loire en 1805 (28 germinal an XIII) non mariée en 1862.

5° OLIMPE-AGATHE, née à Meung-sur-Loire en 1808, le 27 janvier, non mariée en 1862. [134]

XII.

CHARLES-LOUIS-EMMANUEL DE GAUVIGNON DE BASONNIÈRE, né le 25 décembre 1797, au château de Fontpertuis, commune de Lailly, eut pour parrain Charles Gauvignon de l'Épinière, son oncle, représenté par Jean-François de Maupassant, son bisaïeul, et pour marraine Émerance-Jacqueline-Josephe de Maupassant de Bonvoust, son aïeule. [135] Il fut reçu, le 6 juillet 1814, dans la compagnie des gendarmes de la garde du Roi, et y servit jusqu'au licenciement de ce corps, qui eut lieu le 1er janvier 1816. A cette date, il reçut le certificat suivant :

« Nous, Charles-Ferdinand, duc de Berry, fils de France,
« colonel général des chasseurs à cheval et lanciers, com-
« mandant en chef de l'armée royale en Belgique :

« Certifions que M. de la Basonnière, Charles, gendarme de
« la garde, a suivi le Roi en Belgique, qu'il a fait partie du
« corps d'armée sous son commandement, et qu'il y a donné
« des preuves de fidélité, de zèle et de son dévouement pour
« le service de Sa Majesté.

« En foi de quoi nous lui avons fait expédier le présent
« certificat, que nous avons revêtu de notre signature et au-
« quel nous avons fait apposer le sceau de nos armes.

« Fait au château des Tuileries, le 1er janvier 1816.

« CHARLES-FERDINAND.

« Par son Altesse Royale :

« *Le secrétaire général,*

« Col. ch^{er} DE FONTANES. » [136]

Charles de Gauvignon fut nommé, le 16 octobre 1816, lieutenant au régiment de chasseurs du Cantal. En 1822, il siégea comme juge au 2ᵉ conseil de guerre permanent de la 4ᵉ division militaire à Tours. En 1823, il fit partie de l'expédition d'Espagne, d'où il revint décoré de la croix d'or de chevalier de première classe de l'ordre royal et militaire de Saint-Ferdinand. Le 11 mai 1825, il reçut le brevet de capitaine adjudant-major.

Charles de Basonnière donna sa démission le 30 septembre 1830. [137]

Il avait épousé, en 1827, Angélique-Hermine Garnier de Farville, fille de Benoît-Élisabeth Lancelot Garnier de Farville, chevalier, ancien officier au bataillon royal d'Auvergne, et de Adelaïde-Cécile Miron de Lamotte. [138] Il devint veuf le 12 mai 1829, [139] et ne s'est pas remarié.

Nous avons dit que le vicomte de l'Épinière était mort en 1849, et qu'il avait laissé ses biens à ses neveux et nièces. Un partage général eut donc lieu, cette même année, entre les trois frères et les deux sœurs. Les anciens fiefs possédés encore par la famille de Gauvignon, échurent, savoir :

A Charles-Emmanuel, l'Épinière ; [140]

A Paul-Rodolphe, la Noue ; [141]

A Eugène, la Clarinerie ; [142]

A Gabrielle, Béon ; [143]

A Olimpe, la Vallée-de-Fleury. [144]

Charles de Basonnière a un fils unique :

CHARLES-RENÉ-AUGUSTIN DE GAUVIGNON DE BASONNIÈRE, né le 31 janvier 1829 ; [145] lequel a épousé, le 30 mars 1853, Madeleine-Jacqueline-Sara Guyon de Guercheville,

fille aînée de Marie-Adolphe Guyon, comte de Guercheville, ancien capitaine de dragons, et de Madeleine-
Émilie-Clotilde Laisné de Sainte-Marie. [146]

DE GAUVIGNON.

PREUVES :

PIÈCES JUSTIFICATIVES, NOTES & RENVOIS.

1.

Armes de Gauvignon. Voir Hubert, vol VIII, f° 136; ou bien la Table analytique d'Hubert, par de Vassal, page 199.

Les autres variantes prises sur cachets, sont : « de gueules au chevron « d'argent accompagné en pointe d'un croissant de même ; au chef d'or « chargé de trois tourteaux de sable ; » ou bien : « de gueules au chevron « d'or accompagné en pointe d'un croissant d'argent; au chef d'or chargé « de trois tourteaux d'azur. »

2. 3. 4. 5.

Ces quatre pièces ont été découvertes dans les archives de Saint-Laurien de Vatan, par dom Verninac.

Voici la lettre qu'il écrivait à ce sujet, à M. Gauvignon de la Gaudinière :

Dans le château de Vatan, ce 3 octobre 1744.

Monsieur,

Dans un acte du 19 novembre 1392, Breinaut, sergent royal, faisant la relation de ce qui s'étoit passé à Vatan en signifiant aux prieur et chapitre de St-Laurien de ce lieu les lettres royaulx obtenu contre eux par Louis duc d'Orléans, comte de Blois, dit que tout s'étoit fait en présence de Pierre Gauvignon, prévôt de Vatan, et de Pierre de la Souteranne, sergent dudit lieu.

Je n'ai pas vu l'acte original, j'ai trouvé cela dans une requête présentée au Roy et à son Conseil par Marguerite de Montfort, veuve de Mre Alexandre de Fautereau, chevalier, marquis de Mesnière et de moitié de Vatan, depuis le f. v° 25 jusqu'au f. v° 27. Cette requête est manuscrite. Ce fut sous l'autorité de honnorable et saige maistre Pierre Gauvignon, clerc garde du séel de la prévôté de Vatan, que Jehan du Puy, escuier, fils de noble homme Jehan du Puy, chevalier, seigneur de Barmont, et d'Isabeau de St-Palais, dame de Vatan, fit son testament le 6 septembre 1415, partant pour aller joindre l'armée où il fut tué peu de temps après à la bataille d'Azincourt. Jehanne de St-Palais, sœur aînée d'Isabeau, nomme Pierre Gauvignon avec ses très-chers et amés frères messire Jehan du Puy et messire Esmery de la Marche, chevaliers, Jehan Baston et Jehan la Feuilhe, exécuteurs de son testament qu'elle fit sous le séel de la prevosté d'Issoudun, le 26 janvier 1418. st. an. 1419. st. n.

Quelques jours auparavant, Jehanne de St-Palais fait donation de tous ses biens à n. h. Brunet du Puy, chevalier, son neveu ; l'acte commence ainsi : A tous ceulx qui verront ces presentes lettres, Pierre Gauvignon, clerc garde du séel de Vatan, salut en nostre Seigneur, saichent tuit que en la présence de Estienne Seurrat, clerc-juré dudit séel, notaire.... noble dame Madame Jehanne de St-Palais, dame de Vatan.... donné le 14 jour de janvier l'an mil quatre cens et dix-huit.

Je ne saurois vous dire si ce Pierre Gauvignon étoit ou n'étoit pas origi-naire de Vatan, il pouvoit fort bien être de Romorantin ou des environs et être garde du séel de Vatan. On ne peut sur cela que hazarder des conjec-tures incertaines. Votre nom est au moins fort ancien dans le diocèse de Bourges ; il a une antiquité d'environ 400 ans, sans qu'on y trouve rien dérogeant à noblesse.

Permettez-moi d'embrasser le cher confrère, et de vous souhaiter à tous les deux l'accomplissement de vos désirs. Je suis avec respect,

Monsieur,

Votre très-humble et très-obéissant serviteur,

F. Jean Verninac.

Au dos est écrit : Monsieur, Monsieur de La Gaudinière, en son château de La Gaudinière, près Romorentin. A Romorentin.

Archives de la famille.

6.

Mémoires de Olivier de La Marche.

7. 8. 9.

Notes généalogiques de la maison Gauvignon, par dom Verninac ; conservées dans les archives de la famille.

10. 11. 12.

Ces trois actes sont analysés dans l'inventaire des titres de M. Gauvignon de la Gaudinière, redigé par dom Verninac. — Archives de la famille.

13. 14.

Dom Verninac analyse ainsi l'acte du 13 mai 1568 :

Acte passé sous l'autorité de Jehan Trotereau, garde du séel royal establi aux contracts de la chastellenie de Romorentin, par Jehan Calyn, notaire royal audit lieu de Romorentin, contenant le traité de mariage de noble Pierre Gauvignon, escuyer, s^r de la Gaudinière, demourant à Romorentin, fils de deffunt noble homme Gentian Gauvignon, escuyer, s^r de la Pierre, et de deffuncte d^{lle} Perrine Boñpaillard, ses père et mère ; avec d^{lle} Estiennette Turmeau, fille d'honnorable homme et sage maistre Jehan Turmeau, licentié en loix, advocat à Romorentin et de honorable femme Gabrielle Delaunay, ses père et mère.

Ledit maistre Jehan Turmeau, fils de feu Jacques Turmeau, lui vivant, advocat audit Romorentin, et de Girarde Brethon ;

Ledit maistre Jacques Turmeau, fils de Jacques Turmeau, demeurant audit Romorentin, et de Jeanne Dufour qui étoit fille de feu Michel Dufour, demourant à St-Agnan en Berry ;

Ladite Girarde, fille de feu Jehan Brethon, et de Simone Garsonnet ; ladite Simone fille de feu Pierre Garsonnet ;

Ladite Gabrielle Delaunay, fille de feu honnorable homme Simon Delaunay, lui vivant, controlleur du grenier à sel de Romorentin, et de feue Guicharde Carré ;

Ledit Simon, fils de feu Jehan de Launay, et de feue Ondine de la Banne ;

Ladite Guicharde, fille de feu Georges Carré, et de feue Estiennette Le Vas ;

Ledit mariage fait par l'advis et conseil de noble homme Gabriel Gauvignon, escuier, s^r de la chansonnerie, son frère, Estienne Bonpaillard, son oncle maternel, noble homme Jehan Gourson, son cousin paternel à cause de d^lle Ondine Gauvignon, sa femme... Ladite Estiennette Turmeau dotée par ses dits père et mère de la somme de douze mille livres tournois avec ses habillemens et autres meubles qu'elle a de present.

Archives de la famille.

15.

Les cinq actes mentionnés en ce paragraphe sont entre les mains de la famille et nous ont été communiqués sous forme authentique.

16.

Notes généalogiques de la famille Gauvignon, attribuées à dom Verninac.

Archives de la famille.

17.

Notes généalogiques de la famille Gauvignon, attribuées à dom Verninac.

Archives de la famille.

18.

Contrat de mariage de Jean de Gauvignon et de Marguerite Gallus. 22 janvier 1602 :

A tous ceulx qui ces presentes lettres verront, Jehan Trotereau, garde du scel royal estably aux contractz de la ville et chastellenie de Romorentin, salut, scavoir faisons que au traicté du mariage et par icelluy faisant de la personne de noble homme Jehan Gauvignon, escuyer, sieur de la Gaudinière, filz de deffunct noble Pierre Gauvignon, aussy escuyer, sieur de la Gaudinière, et de damoiselle Estiennette Turmeau, ses père et mère, d'une part, à la personne de damoyselle Marguerite Gallus, fille de noble homme Paul Gallus, conseiller du Roy, chastellain et juge ordinaire dudict Romorantin, lieutenant et juge criminel de monsieur le Bailly de Bloys, au siége particullier dudict Romorantin, et de deffuncte Marguerite Bezard, ses père et mère, d'aultre part.

Lesquelles parties ont huy, en presence de Jehan Girault, nottaire et tabellion royal juré hérédittaire en ladicte chastellenie de Romorantin et lieux qui en dépendent, avant aulcunes fiançailles faictes ny foy promises entre elles comme elles disoient, faict et accordé les traicté de mariage, dons, dhouaires, convenances, promesses et choses cy après déclarées. C'est asscavoir que ledict sieur Jehan Gauvignon par les advis de ladicte damoyselle Estiennette Turmeau, sa mère ; de noble maistre Jacques Brachet, licencyé en loix, conseiller du Roy et president en l'eslection de Romorantin, et de damoiselle Estiennette Gauvignon, sa femme, sœur dudict sieur de Gauvignon ; de noble homme Estienne Bonpaillard, demourant à Sainct-Aignan en Berry, grand oncle paternel ; de honnorable homme maistre Jehan Turmeau, conseiller et esleu pour le Roy en ladicte eslection, oncle maternel, et de dame Anne Rousselet, sa femme ; de dame Magdelaine Gallus, veufve de deffunct honnorable homme et saige maistre Jacques Turmeau, vivant licencyé en loix, advocat au siége royal dudict Romorantin ; de noble homme Estienne de La Vau, sieur des Gâts, son cousin paternel ; de dame Jehanne Turmeau, femme de honnorable homme Jehan Audoulx, sieur de Beauregard ; de noble dame Françoise de Prie, veufve de messire Jacques d'Orléans, vivant chevallier, seigneur de Bastardes et de Balaynes ; de noble dame Marie Hurault, humble abesse du lieu Nostre Dame lèz Romorantin ; de noble maistre Henry Lefèvre , appoticaire et varlet de chambre de la deffuncte Royne, mère du Roy, cousin, à cause de deffuncte dame Marie Turmeau, sa femme... tous parens cousins paternels et maternels dudict sieur Gauvignon.

Et ladicte damoiselle Marguerite Gallus, future, par les advis dudict Paul Gallus, son père ; de honneste fille Ysabelle Gallus, sa sœur ; de ladicte dame Magdelaine Gallus, veufve dudict deffunct maistre Jacques Turmeau ; de honnorable homme Simon Leclerc, sieur du Luc, et dame Margueritte Gallus, sa femme ; de damoiselle Marie Gallus, femme de noble homme maistre Gilles Lebeau, conseiller et esleu pour le Roy en l'eslection d'Orléans ; de honnorable homme maistre Simon Ledet, grenetier au grenier à sel dudict Romorantin, et de dame Claude Gallus, sa femme ; de ladicte dame Françoise de Prie ; de ladicte dame Hurault ; de Jacques Lesbay, escuyer, seigneur de Sougny et la Tranchée, de damoiselle Marye Gallus, son espouse ; de dame Magdelaine Gallus, veufve de deffunct honnorable homme maistre Raimond Picquet ; de dame Françoise Saugé, veufve de deffunct honnorable homme maistre Gabriel Gallus, vivant conseiller et esleu pour le Roy audict Romorantin ; de dame Cristine Rousseau, veufve de deffunct honnorablehomme

maistre Pierre Gallus, vivant greffier des tailles de la ville dudict Romo-
rantin ; de dame Françoise Turmeau, veuve de honnorable homme Guillaume
Bezard ; de dame Marie Brachet, veufve de deffunct honnorable homme et
saige maistre Jacques Turmeau, vivant licencyé en loix, advocat audict
Romorantin et procureur du Roy en l'eslection et grenier à sel dudict
Romorantin ; dudict Jacques Brachet, et de ladicte damoiselle Estiennette
Gauvignon, sa femme...... aussy tous parans de ladicte Gallus ; et dont
lesdicts futurs estoient accompagnez ;

Ont promis et promectent respectivement avoir et prendre l'ung l'aultre
par foy et loyaulté de mariage, le tout si Dieu et nostre mère saincte Eglise
le consentent et accordent . . . .

En tesmoing de quoy, nous, garde du scel royal dessusdict, au rapport
dudict juré avons faict sceller lesdictes presentes dudict scel qui furent faictes
et passées le vingt-deuxième jour de janvier, l'an mil six cens deux, après
midy, en l'hostel dudict maistre Paul Gallus, ez presences de honneste
homme Mathurin Simonet, sieur du logis où pend pour enseigné l'image
saincte Barbe, audict Romorantin, et Jacques Cottereau, marchand foullon,
demourant audict Romorantin, tesmoings.

JANVIER.

Commis par justice pour le déceds de deffunct Me Jehan
Girault et ayant les registres dudict deffunct.

Archives de la famille. Liasse des contrats de mariages.

19.

Provisions, sur grande feuille de parchemin, de l'office de chatellain de
Romorantin, accordées par Henri IV, à Jehan Gauvignon, le 28 mai 1603.

Archives de la famille.

20. 21.

Archives de la famille. Liasse des partages.

22.

Provisions, sur grande feuille de parchemin, de l'office de conseiller de
M^r le Prince de Condé, accordées à Jehan Gauvignon, châtelain de Romorantin, le 3 mai 1620.

Lettres de dispenses de service, pendant un trimestre, accordées le 12 décembre 1620, par le Prince de Condé, à Jehan Gauvignon, son conseiller.

Archives de la famille. Liasse des brevets et commissions.

23.

Notes généalogiques rédigées par dom Verninac.

24.

Contrat de mariage de Jehan Vigier et de Marguerite Gauvignon, 4 juillet 1621 :

Le dimanche quatrième jour de juillet, l'an mil six cens vingt ung, après midy, en la maison de noble homme maistre Jehan Gauvignon, cy-après nommé, pardevant Michel Lefèvre, notaire, tabellion et garde-nottes royal héréditaire en la ville et chastellenye de Romorentin ;

Au traicté et accord de mariage d'entre noble homme Jehan Vigier, conseiller du Roy, nostre sire, maistre des eaux et forests de Romorantin et Millançay, et secretaire de haulte et puissante dame, dame Charlotte des Essars, dame dudict lieu et de Romorantin, filz de noble homme maistre Anthoine Vygier, vivant, conseiller du Roy, trésorier et payeur de la gendarmerye de France, et de dame Jehanne Vallet, ses père et mère, d'une part ;

Et de Marguerite Gauvignon, fille de noble homme Jehan Gauvignon, sieur de la Gaudinière, conseiller du Roy, chastellain, juge ordinaire civil et criminel de Romorantin et Millançay, conseiller de la maison et affaires de Monseigneur le prince de Condé, et de dame Marguerite Gallus, ses père et mère, d'aultre part ; presens.

Lesquels par l'advis, scavoir est, ledict futur de haulte et puissante dame, dame Charlotte des Essards, dame et cappitaine de Romorantin ; de noble homme François Le Liepvre, varlet de chambre ordinaire de Monseigneur frère du Roy, et damoiselle Magdallene Vigier, sa femme, sœur dudit futur ; noble homme Claude de Richelieu, advocat en parlement à Paris, son cousin germain ; René de Barbanson, escuyer, seigneur de Champleroy ; Pierre Dorléans, escuyer, sieur de Redze ; noble homme maistre Pierre Guenault, conseiller et médecin ordinaire du Roy, et aultres ses amys ;

Et de la part de ladicte future par le conseil, advis et auctorité dudit sieur Gauvignon, et de ladicte Gallus, ses père et mère ; dame Estiennette

Gauvignon, vefve de deffunct noble homme Jacques Brachet, vivant, conseiller du Roy, président en l'eslection de Romorantin, sa tante paternelle... (suivent les alliances déjà mentionnées au contrat du 22 janvier 1602, note 18).

Lesquelz ont congneu et confessé avoir faict et font entre eulx les traictez et accords de mariage, dons et choses qui en suyvent. . . . .

LEFÈVRE.

Archives de la famille. Liasse des contrats de mariages.

25.

Transaction entre Marguerite Gauvignon, veuve de Jean Vigier, et Madelaine Vigier, au sujet de la succession dudit Vigier.

Archives de la famille. Liasse des partages.

26.

Contrat de mariage de Charles Du Lac et de Marguerite de Gauvignon, veuve de Jean Vigier, 26 août 1629 :

A tous ceulx qui ces presentes lettres verront, Jean Trotereau, garde du scel royal estably aux contratz de la ville et chastellenye de Romorentin, salut. Scavoir faisons que au traicté et accordz de mariage et par icelluy, faisant, traictant et accordant de la personne de messire Charles Dulac, chevallier, sieur de Tresfontayne et Mongouault, filz de deffunctz messire Gaspard Dulac, vivant, chevallier, seigneur de Chamerolles et de dame Charlotte Dupuy, vivant, dame de Courbanton, Le Couldray et Dhuyson, d'une part ;

A la personne de damoiselle Marguerite de Gauvignon, vefve de deffunct noble homme maistre Jehan Vigier, vivant, conseiller du Roy, premier esleu et assesseur en l'eslection de Romorantin, d'aultre part ;

Ont huy en présence de Jacques Gallus, notaire et tabellion, garde nottes royal et hereditaire en ladicte ville et chastellenye de Romorentin, esté faictz passés et accordez entre lesdictes partyes les traicté de mariage, dons, douaire, convenances, communaultez et choses qui ensuivent.

Cest assavoir que lesdicts futurs espoux par le conseil et advis, ledit sieur futur, de haute et puissante Dame, madame Marye Dupuy, dame des terres justices et chastellenyes de Vatan, Le Mée, Villeneuve soubz barrillon,

Le Puy Saint-Laurien et de Buxeuil en partye, sa cousine; damoiselle Anne Delouet, dame de Rieulx, aussi sa cousine; messire Philbert Danlezy, chevallier, seigneur du Moulin, cousin germain, et dame Louyse de Rochefort, son espouze; messire Florimont de Patay, chevallier, baron de Claireau. cousin; damoiselle Louyse de Royere, dame du Chesne, Claude Destauré, escuyer, sieur des Ruaulx et damoiselle Anthoinette Dulac, son espouze; Claude Destauré, escuyer, sieur de Villegontard, Barnabard Tissard, escuyer, sieur de hault lieu; Jehan de Royere, escuyer, sieur du Chesnay; tous ses cousins et cousines; noble homme M⁰ Michel Pajon, conseiller et controlleur pour le Roy, nostre sire, au grenier et magasin à sel de Romorentin; Claude Pajon, sieur de Villayne, Michel Pajon le puisnay, et honnestes filles Marguerite et Ester Pajon;

Et ladicte damoiselle future espouze, de dame Marguerite Gallus, vefve de deffunct noble homme M⁰ Jehan Gauvignon, escuyer, sieur de La Gaudinière, conseiller du Roy, nostre sire, chastelain et juge ordinaire à Romorantin, sa mère; Jehan Gauvignon, sieur de La Gaudinière, son frère; damoiselle Estiennette Gauvignon, vefve de deffunct noble homme maistre Jacques Brachet, vivant, conseiller du Roy, nostre sire, président en l'eslection dudict Romorantin, sa tente paternelle; dame Anne Rousselet, vefve de deffunct noble homme M⁰ Jehan Turmeau, vivant, conseiller et esleu pour le Roy, nostre sire, audict Romorentin.... (suivent les alliances déjà mentionnées au contrat du 4 juillet 1621, note 24, et à celui du 22 janvier 1602, note 18...)

Ont promis et promectent eulx avoir et prendre l'ung l'aultre en mariage sy Dieu et sainte Église le permettent et sy tost que l'une des partyes en requerra l'autre. . . . .

Faict et passé ès presences de maistre Pierre Dehayes, praticien, et honneste homme Jehan Delalande, maistre boullanger, demourans audict Romorentin, tesmoings à ce requis et appellez, le vingt-sixiesme jour d'aoust mil six cens vingt-neuf, après midy, en la maison de ladicte future espouze, à Romorentin.

GALLUS.

Archives de la famille. Liasse des contrats de mariage.

27.

Partage fait entre Marguerite Gallus, veuve de Jean Gauvignon, tutrice de Jean son fils, et Charles Dulac, sieur de Tresfontaines, veuf de Marguerite Gauvignon, du 26 juin 1632.

Archives de la famille. Liasse des partages.

28.

Quittance de legs fait à la fabrique de Viglain :

Le sixiesme jour de décembre mil six cens trente-quatre, après midy, en
l'estude du notaire soubsigné à Romorantin, furent presens en personnes,
Jean Guilbert et Pierre Caillon, gagers de l'église de Veiglain, lesquels ont
congneu et confessé avoir eu et reçeu de dame Marguerite Gallus, vefve de
deffunct noble homme Me Jehan Gauvignon, vivant, conseiller du Roy,
chastelain et juge ordinaire à Romorantin, au nom et comme mère et ayant
la charge et administration des affaires de noble homme Jehan Gauvignon,
sieur de La Gaudinière, son fils absent, la somme de quarante livres tournois, donnée et léguée par deffuncte damoiselle Marguerite Gauvignon,
femme et espouze de messire Charles Dulac, sieur de Tresfontaynes, par
son testament et ordonnance de derniere volonté à ladicte église de Veiglain,
dont quittance. Et laquelle somme de quarante livres ladicte dame Gallus
a payé de son propre et sauf à elle de la repeter contre ledict sieur de La
Gaudinière, son fils. Presens Jehan Souchay et Denis Laujon, clercs à Romorantin, témoings.

GALLUS.   SOUCHAY.

LAUJON.

Archives de la famille.

29.

Contrat de mariage de Jehan Gauvignon, sieur de La Godinière, et
d'Ester Bugy, passé, presents Jean Lesemellier et Philype Lecat, notaires
au Châtelet de Paris, le 30 septembre 1635. Grosse sur parchemin.

Archives de la famille. Liasse des contrats de mariage.

30.

Echange d'héritages, sis en la paroisse de Veiglin, entre Jean Gauvignon,
sieur de La Gaudinière, conseiller de Son Altesse Royalle, et audiencier en
sa chancellerye, et Jacques Barbou, marchand à Romorentin. Passé devant
Debrinay, notaire audit lieu, le 1er avril 1648. Grosse sur papier.

Archives de la famille.

31.

Les actes du 12 août 1648 et du 15 novembre 1649, sont analysés dans l'inventaire fait par dom Verninac.

Archives de la famille.

32. 33.

Provisions sur parchemin, de l'office de Trésorier de France en la généralité d'Orléans, accordées le 23 octobre 1656, à Jean Gauvignon de La Gaudinière.

Contrat de vente de l'office de Trésorier de France, par les enfants de Jean Gauvignon, à Adrien de Croisy. Présens Nicolas Delamotte et Jean-François, notaires au Châtelet de Paris, le 2 avril 1664. Grosse sur parchemin.

Archives de la famille.

34.

Le mariage de Jean de Gauvignon et de Madelaine Lamirault, est prouvé par les notes généalogiques de dom Verninac.

Archives de la famille.

35.

Acte d'assemblée des échevins de Romorantin, du 17 mars 1662, portant acceptation du legs fait à l'Hôtel-Dieu de cette ville, par Jean Gauvignon, écuyer, sieur de La Gaudinière, le 14 février précédent.

Archives de la famille.

36.

Extrait des registres des baptêmes de l'église paroissiale de Saint-Maurice, autrefois Saint-Éloi, de la ville et diocèse d'Orléans.

Archives de la famille. Liasse des actes de naissances.

37.

Voir la note 51.

38.

Brevet de Lieutenant, en faveur de Nicolas de Gauvignon :

Monsr le comte de St-Vallier ; ayant donné à la Godinière Martinière, la place de Lieutenant de la comp^e qu'avoit le capp^{ne} Freminot, dans le régiment d'inf^{rie} que vous commandez, vaccante par la promotion de La Neuville à une lieutenance dans led^t régiment, je vous faictz cette lettre pour vous dire que vous ayez à le faire recevoir et establir en lad^e place, et reconnoistre en icelle de tous ceux ainsy qu'il appartiendra. Et la présente n'estant pour autre fin, je prie Dieu qu'il vous ayt mon^r le comte de St-Vallier en sa S^{te} garde. Escrit à Paris, le seizie^e décembre 1668.

LOUIS.

LE TELLIER.

Archives de la famille. Liasse des brevets et commissions.

39.

Original, sur papier. A l'angle gauche est apposé le cachet aux armes de l'amiral. D'or, à l'aigle éployée.

Archives de la famille. Liasse des Actes de décès.

40.

Notes généalogiques de dom Verninac.

Archives de la famille.

41.

Avis de parents sur l'entérinement des lettres de bénéfice d'âge de Claude de Gauvignon, du 14 août 1670.

Sentence d'entérinement des lettres de bénéfice d'âge, de Claude de Gauvignon, du 1er septembre 1670.

Archives de la famille.

42.

Voir la note 54.

43.

Voir la note 55.

44.

Extrait des registres des décès de la paroisse de Romorantin, pour l'année 1680.

Archives de la famille. Liasse des Actes de décès.

45.

Voir la note 52.

46.

Notes généalogiques de dom Verninac.

Archives de la famille.

47.

Voir la note 54.

48.

Vente d'une maison sise à Orléans, rue de l'Esperonnerie, paroisse de Saint-Éloi, faite par Joseph Duchon et Jeanne de Gauvignon, sa femme, à Claude Bongars, du 23 février 1678. Grosse en parchemin.

Archives de la famille.

49.

Donation faite par Jeanne de Gauvignon, épouse de Joseph Duchon, aux pauvres honteux de Romorantin, de deux maisons et d'un jardin sis en cette ville. Présent Legriffe, notaire à Romorantin, le 2 mars 1686. Grosse sur papier.

Archives de la famille.

50.

Notes généalogiques attribuées à dom Verninac.

Archives de la famille.

51.

Port de foi et hommage, 31 mars 1662 :

A tous ceulx qui ces presentes lettres verront, Jean Trottereau, garde du scel royal estably aux contracz de la ville et chastellenye de Romorantin, salut, scavoir faisons qu'aujourd'huy trente-ungiesme de mars mil six cens soixante-deux, avant midy, pardevant et en la presence de moy Pierre Gondé, nottaire royal à Romorantin, soubzsigné, et des tesmoings cy après nommez, Me Jean Delalande, nottaire royal audict Romorantin, tutteur honoraire de Jean Gauvignon, escuyer, sieur de La Gaudinière, Nicolas Gauvignon, escuyer, sieur de la Martinière, François Gauvignon, escuyer, sieur de Rozeré, Claude Gauvignon, escuyer, sieur de La Bazonnière, et damoiselle Jeanne Gauvignon, enffans mineurs de deffunct Jean Gauvignon, vivant, escuyer, sieur de La Gaudinière, conseiller secretaire du Roy, maison et couronne de France et de ses finances, et de deffuncte damoiselle Ester Bugy, leurs père et mère, s'est transporté devant la principalle porte et entrée du lieu seigneurial de Mongouault, scis en la parroisse de Veiglain, auquel lieu estant ledict Delalande, a demandé à haulte voix sy ledict seigneur de Montgouault estoit audict lieu, pour recevoir les foy et hommage des vassaux, déclarant qu'il est exprès venu audict lieu seigneurial de Montgouault, pour faire et porter les foy et hommage qu'il est tenu faire et porter à cause et pour raison du lieu de La Noue, herittages deppendans du lieu de La Mothe des longtemps desmolly, censif dudict lieu de La Mothe, mesmes des herittaiges deppendans de la Mothe qui peuvent estre innondez par l'estang de La Noue, et generallement de tous les herittaiges au dedans des bornes et limittes dudit censif ; tenus et rellevans les herittaiges cy dessus en fief foy et hommage a ung roussin de service dudict seigneur de Montgouault, requerant icelluy Delalande, audict nom le recepvoir en ladicte foy et hommage. A quoy est apparu Pierre Goubeau, laboureur, demeurant audict lieu de Mongouault, qui a dict que ledict seigneur de Montgouault n'est audict lieu, et qu'il n'a charge de recevoir les vassaux en foy et hommage. Veu laquelle response et déclaration ledict Delalande, audict nom en debvoir de vassal ayant la teste nue, sans espée ny esperons, a faict et porté audict seigneur de Montgouault les foy et hommage qu'il luy doibt, a cause et pour raison dudict lieu de La Noue et herittaiges susdeclarez, presentant la bouche et les mains offrant les proffictz féodaux, sy aucuns sont deubz, ensemble le roussin de service et de bailler adveu et desnombrement desdites choses tenues en fief dans le temps de la coustume. Dont et desquelz offres et déclaration, jay audict sieur Delalande, audict nom ce requerant, octroié acte pour luy servir et valloir en temps et lieu ce que de raison. Faict et passé audict lieu de Mongouault, les jour et an susdict es presences de Sylvin de Saint-Loup servitteur domestique dudit Goubeau et Achille Gondé, clerc, demourant audict Romorantin, mené exprès audict lieu, tesmoings.   GONDÉ, not^{re}.

Archives de la famille.

52.

Avis de parens touchant les marais de Fréjus et la pêche du corail sur les côtes de Provence, appartenant aux mineurs de Gauvignon. Grosse sur parchemin, signée Pasquier.

Archives de la famille.

53.

Contrat de mariage de Jean de Gauvignon et de Marie Pochon, 8 juin 1669 :

A tous ceulx qui ces presentes lettres verront, François de Paule Lerebours, chevallier, seigneur de Chaussy et de Laleu, conseiller du Roy, nostre sire, et de Monseigneur le duc d'Orléans, frère unique de Sa Majesté, prévost d'Orléans, salut. Scavoir faisons que le mariage de Jehan Gauvignon, escuyer, seigneur de La Gaudinière et de Villefranche, fils de deffunctz Jehan Gauvignon, escuyer, seigneur de ladicte terre de La Gaudinière, conseiller et secretaire du Roy, maison et couronne de France, et de damoiselle Exter Bugy, son espouze ; ledict Jehan Gauvignon, filz de defunctz Jehan Gauvignon, escuyer, seigneur de ladicte terre de la Gaudinière, conseiller du Roy, chastellain et juge ordinaire de la ville de Romorentin, et de damoiselle Marguerite Gallus, son espouze ; et ladicte damoiselle Ester Bugy, fille de defunctz François Bugy, sieur de la Herpinière et Ruilly, et de damoiselle Marguerite Lequeux, son espouze ;

A la personne de damoiselle Marie Pochon, fille de defunct Nicolas Pochon, escuyer, sieur de Cormorin et des Maires, et de damoiselle Anne Delafons, son espouze ; ledict Nicolas Pochon, filz de defunctz Hector Pochon, escuyer, seigneur de Bauregard, conseiller et maistre d'hostel ordinaire du Roy, et de damoiselle Aymée Petit, son espouze ; ledict Hector Pochon, filz de defunctz Hector Pochon, escuyer, seigneur dudict Bauregard, et de damoiselle Magdelaine Baudet, son espouze ; ladicte damoiselle Aymée Petit, fille de defunctz Anthoine Petit, conseiller du Roy en ses conseils, et son premier médecin, et de damoiselle Andrée Douillet, son espouze ; et ladicte Anne Delafons, fille de defunctz Nicolas Delafons, vivant, escuyer, sieur de Vauboulon, controlleur ordinaire de la maison du Roy, et commissaire ordinaire de ses guerres, et de damoiselle Marie Petau, son espouze ; ledict Nicolas Delafons, filz de defunctz Hélie Delafons, escuyer, sieur de la Mainferme, controlleur de la maison du Roy, et de damoiselle Anne de Beaumont, son espouze ; ledict sieur Hélie Delafons, fils de defunctz Pierre Delafons, escuyer, sieur du Parc, controlleur de la maison du Roy, et de damoiselle Magdelaine Javelle, son espouze ; ladicte damoiselle Anne de Beaumont, fille de defunctz Nicolas de Beaumont, vivant, bailly de l'artillerie de France, et de Françoise Guilloreau, sa femme ; et ladicte damoiselle Marie Petau, fille de defunctz noble homme Jehan Petau, controlleur des guerres, et de dame Louise Labouée, sa femme ; ledict Jehan Petau, filz de defunctz Charles Petau et de Anne Guymonneau, sa femme ; ladicte Louise Lebouée, fille de defunctz Jaques Lebouée, sieur de La Fronville, et de dame Louise Gaudefroy, sa femme ;

A esté huy entre lesdictz futurs espoux comparans en leurs personnes, par devant Alexandre Basly et Jehan Charron, notaires royaulx au Chastellet d'Orléans, avant aucunes fiançailles et foy promise entre eulx, en face de sainte Eglize, faict passé et accordé avec et soubz les promesses de mariage et conventions cy-après :

C'est ascavoir que lesdictz futurs espoux de l'advis conseil et presence, scavoir de la part dudict futur espoux, de messire Pierre de Camboust, conseiller du Roy en ses conseils, son premier aumosnier, évesque d'Orléans ; damoiselle Magdelaine Lamirault, vefve en dernières nopces dudit defunct sieur de La Gaudinière ; Nicolas Gauvignon, escuyer, sieur de la Martinière ; Claude Gauvignon, escuyer, sieur de la Bazonnière ; Joseph Duchon, escuyer, sieur de Mondesir, et damoiselle Jehanne Gauvignon, son espouze, frères et sœur ; Jacques Gallus, escuyer, conseiller du Roy, chastelain de la ville et chastellenie de Romorantin, tuteur honoraire dudict sieur futur espoux ; noble homme Nicolas Foucault, sieur de Villesevereux, tuteur hono-raire dudict sieur futur espoux ; Charles Lamirault, escuyer, sieur de La Saugerie, et damoiselle Marie Duval, son espouze ; Lamirault, sieur de La Fosse ; Lamirault, sieur de Preinville ; noble homme Ange Pothier, sieur de La Borde ; Anthoine Duchon, escuyer, sieur de Mézières, conseiller, magis-trat au bailliage et siége présidial d'Orléans ; Jacques Nouel, sieur de Tour-ville, et damoiselle Marie Pothier, sa femme ; noble homme Charles Bugy, conseiller du Roy et son procureur audict bailliage et siége présidial d'Or-léans, et damoiselle Suzanne Pothier, sa femme ; noble homme Nicolas

Thoynard, conseiller du Roy, president esdictz bailliage et siège présidial d'Orléans ; Messire François Beauharnois, conseiller du Roy en ses conseils, president et lieutenant-général esdictz bailliage et siége présidial d'Orléans ; Jacques Foucault, bourgeois d'Orléans, et dame Magdelaine Perdoulx, sa femme ; noble homme maistre François Legrand, conseiller du Roy et son advocat esdictz bailliage et siége présidial d'Orléans ; Claude Brachet, escuyer, conseiller du Roy en ses conseils ; tous parens dudict futur espoux ;

Et de la part de ladicte future espouze, de ladicte dame vefve sieur de Cormorin, sa mère ; damoiselle Anne Pochon, sa sœur ; Hector Pochon l'aisné, escuyer, sieur de Beauregard, conseiller du Roy, tresorier général de France en la généralité d'Orléans, et dame Marie Saichet, son espouze ; Hector Pochon le jeune, escuyer, sieur de Marsilly, dame Françoise Delafons, son espouze ; Thomas Colas, escuyer, sieur de Marolles, conseiller du Roy, tresorier général de France en ladicte généralité d'Orléans, dame Anne Pochon, son espouze ; Jacques Bongars, escuyer, sieur de Villedart, dame Magdelaine Pochon, son espouze ; oncles et tantes ;

Ont reciproquement promis se prandre par mariage, si Dieu et nostre mère la saincte Eglize le permettent et consentent. . . . .

Faict et passé le huictième jour de juin mil six cens soixante-neuf, après midy, en la maison de ladicte dame vefve sieur de Cormorin, es presences desdictz parens susnommez.   BASLY.   CHARRON.

Archives de la famille. Liasse des contrats de mariage.

54.

Sentence du bailliage de Romorantin portant partage entre Jean Gauvignon de La Gaudinière, Claude Gauvignon de La Bazonnière et Jeanne Gauvignon, épouse de Joseph Duchon de Mondesir, des biens laissés par Jean Gauvignon et Ester Bugy, leurs père et mère, 23 février 1672. Grosse sur parchemin, signée Gallus, greffier.

Archives de la famille. Liasse des partages.

55.

Achat d'une lieutenance dans le régiment de Normandie, par Jean de Gauvignon, 15 mars 1666 :

Aujourd'huy, quinzième mars mil six cens soixante-six, pardevant le notaire royal, garde-nottes hérediittaire, soubzigné, juré en Xaintonge, ville et ressort de Sainct Jehan dangely, et presans les tesmoings bas nommez a esté presant en sa personne René de Gondain, escuier, sieur de Sainct Estienne, du lieu de Condouin en Picardie, lieutenant dans la compagnie du sieur Latille, du régiment de Normandie estant de present en garnison en la presente ville Sainct Jehan dAngely, lequel de sa bonne vollonté s'est desmis et desmet par ces presentes de ladicte charge de lieutenant soubz le bon plaisir de Sa Majesté, en faveur de Jean Gauvignon, escuier, sieur de La Gaudinière de la ville d'Orléans. De laquelle desmission ledict sieur de Sainct Estienne m'a requis acte à moy dict notaire que luy ay octroyé pour valloir et servir ainsy que de raison. Faict et passé audict Saint Jehan, estude d'icellui les jours et ans susdictz, es presences de Jacques Longuet, escuyer, sieur de La Giraudière de ladicte ville d'Orléans, et les sieurs de Bonneval et Desrabois, cappitaines dans ledict régiment de Normandie. Ainsy signé en la minutte : Sainct Estienne, de La Giraudière, de Bonneval, Desrabois et de moy, notaire royal, soubzsigné.

Dugrot, n^{re} royal.

Archives de la famille.

Congé de deux mois accordé à Jehan de Gauvignon, chevau-léger, 23 mars 1666.

Nous, marquis de Bethune, capitaine d'une compagnie de chevaux-légers entretenue par Sa Majesté, certiffions à tous qu'il appartiendra que le sieur de La Gaudinière est ung des chevaux-légers de la d^e compagnie, auquel donnons congé deux mois pour vacquer à ses affaires particulières pour en suitte se rendre dans nostre garnison à Thou ou en tel autre lieu que nostre compagnie sera. Faict à Romorentin, ce 23 mars 1666.

Le Marquis de Béthune.

Archives de la famille.

Lettres de Committimus, en faveur de Jean de Gauvignon, 11 juillet 1674 :

Louis, par la grâce de Dieu, Roy de France et de Navarre, au premier nostre huissier ou sergent sur ce requis, de la partie de nostre amé et féal Jean de Gauvignon, escuier, sieur de La Gaudinière, l'un des deux cens chevaux-légers de nostre garde, estant à cause de ce, en nostre protection et sauvegarde, te mandons que les deptes à luy deues tu luy fasse payer y contraignant ses débiteurs par les voyes deues et raisonnables, et en cas de refus assigner les redevables de deux cens livres et au-dessus pardevant nos amez et féaux les M^{res} des requestes ordinaires de nostre hostel ou les gens tenant les requestes de nostre palais à Paris, au choix et option dudit exposant, et pour les sommes au-dessoubz pardevant les juges qui en doibvent cognoistre.... Donné à Paris, le onzième jour de juillet, l'an de grâce mil six cens soixante-quatorze, et de nostre règne le trente-deuxsiesme.

Par le Conseil,

Guigon.

Archives de la famille.

56.

Testament de Jean de Gauvignon de la Gaudinière, du 5 septembre 1674. Original sur papier, portant le cachet du testateur.

Archives de la famille. Liasse des testaments.

57.

Laisser passer délivré à Jolicœur, valet de chambre de Jean de Gauvignon, le 14 septembre 1674, après le décès de son maître. Original sur papier.

Archives de la famille.

58. 59.

Extraits des registres baptismaux de l'église paroissiale de Saint-Michel, à Orléans.

Archives de la famille. Liasse des actes de naissance.

60.

Voir les notes : 63, 70, 72.

61.

Extrait des registres baptismaux de l'église de Saint-Michel, à Orléans.

Archives de la famille. Liasse des actes de naissance.

62.

Factum pour dame Marie Pochon, vefve de Jean Govignon, escuyer, sieur de La Godinière, tutrice de ses enfans, appellante et demanderesse ; contre le sieur de Mondesir, et dame Jeanne Govignon, sa femme, intimez et deffendeurs.

Il s'agit du testament de Claude de Gauvignon fait en faveur du sieur de Mondesir, son beau-frère, au détriment de ses neveu et nièce, enfants de Jean de Gauvignon et de Marie Pochon. Imprimé sur 4 pages in-folio.

Archives de la famille. Liasse des testaments.

63.

Contrat de mariage de Jean Gitton de Mongiron et de Marie Pochon, veuve de Jean de Gauvignon, 14 janvier 1687 :

Le quatorzièsme jour de janvier, mil six cens quatre-vingt sept, après-midy, à Romorantin, pardevant Jean Delalande, notaire royal en la ville et chastel-lenye dudict Romorantin, soubzsigné ; en traictant du futur mariage d'entre Jean Gitton, escuyer, sieur de Mongiron, conseiller, secretaire du Roy, maison et couronne de France et de ses finances, demeurant en cette ville de Romorantin, d'une part ; et dame Marye Pochon, veufve Jean Gauvignon, vivant, escuier, seigneur de Villefranche et de la Gaudinière, demeurante au lieu seigneurial de ladite Gaudinière, parroisse de Lhospital, d'aultre part ;

A esté entre les futurs espoux comparens personnellement par devant moy, notaire susdict et soubzsigné, auparavant aucunes fiançailles, foy pro-mise ne baillée entre eux en face de saincte Eglise, passé et accordé les traicté de mariage, dons, douaire, conventions et choses qui en suivent des advis et conseils, scavoir :

Ledit futur espoux de messire Valerien de Roddes, chevallier, seigneur de Longueville, et Jacques de Baffard, chevalier, seigneur de Boussay, ses cousins ;

Et ladicte dame future espouze, de dame Anne Delafons, sa mère, veufve, messire Nicolas Pochon, escuier, seigneur de Cormorin et des Maires, demeurante en la ville d'Orléans ; damoiselle Marye Gauvignon, fille de ladicte dame espouze ; aussy dudict sieur de Longueville, son cousin ; et de maistre Pierre Bernard, prestre, curé dudict Romorantin, son amy ;

Par lequel mariage faisant les futurs espoux, ont déclaré qu'ilz entendent suivre entièrement la loy et usage de la coustume de Bloys ; en laquelle ils sont demeurens . . . .

Faict et passé audict Romorentin en la maison dudict sieur Bernard, curé dudict Romorantin, es presences de maistre François Callot, prestre, viccaire dudict sieur Bernard, et maistre Paul Amyot, advocat es sièges royaulx de Romorantin, demeurens audict Romorantin, tesmoings à ce requis.

DELALANDE, N^{re}

Archives de la famille. Liasse des contrats de mariage.

64.

Voir la note 69.

65.

Extrait des registres des baptêmes, mariages et sépultures de la paroisse de Saint-Pierre-Lentin d'Orléans.

Archives de la famille. Liasse des actes de naissance.

66.

Quittance délivrée à Jehan de Gauvignon, écolier en l'Université d'Orléans :

Nos rector Universitatis Aurelianensis Michael Peigné bidellus nationis Franciœ et claudius Bordes loco receptoris generalis dictœ universitatis omnibus ac singulis quorum interest ac intererit in futurum per presentes testamur modestum juvenem, Petrum Gauvignon, équitem dominum de La Godinière, diocesis aurelianensis domino Rectori in dicta universitate juramentum præstitisse et pro juribus ejusdem nationis solvisse novemdecim solidos parisienses ad quod fuit admissus, testibus nostris signis manualibus, una cum sigillo prœdictœ nationis hic appositis. Datum Aureliæ anno Domini millesimo sexcentesimo octogesimo die decima quinta mensis maii.

GOULLU RECTR.   PEIGNÉ B.

Archives de la famille.

67.

Lettre à Mr de Montcault. Original sur papier.

Archives de la famille.

68.

Lettres à M^r le comte de Montandre. Original sur papier.

Archives de la famille.

69.

Vente de la charge de Trésorier de France au bureau des finances de la généralité d'Orléans, faite à Pierre de Gauvignon :

Pardevant Pierre Thué, notaire au Chatellet d'Orléans, soussigné, furent presens en personnes, maistre Jean Le Thonnellier, chevallier, seigneur de Conty de present en cette ville d'Orléans, paroisse Saint-Euverte, dame Françoise Pochon, son espouze, de luy séparée quand aux biens, laquelle il a duement auctorizée pour l'effet des presentes ; Jean de Loynes, escuier, seigneur d'Autroche, conseiller du roy, président et trésorier de France audit Orléans, et dame Jeanne Pochon, son espouze ; lesquels ont volontairement reconnu et confessé avoir vendu, cédé, quité, transporté et délaissé par les presentes à Pierre Gauvignon, écuier, sieur de la Gaudinière, demeurant ordinairement en la ville de Paris, rue des Quatre-Vents, parroisse Saint-Sulpice, de present audit Orléans, logé en la maison de la dame sa mère, apellée le Mouton, proche les quatre coings, parroisse de Laleu Saint-Mesmin, a ce present et acceptant pour luy ses hoirs et ayans causes, l'office de Trésorier de France au bureau des finances de la généralité d'Orléans, dont estoit pourveu feu Hector Pochon, vivant, écuier, sieur de Beauregard, avecq tous les droits, honneurs, gages, privilèges, exemptions et émoluments et augmentations de gages, et généralement tout ce qui dépend dudit office . . . .

Cette vente faitte ausdites charges et outre icelles, pour et moyennant la somme de trente mil cinq cens livres. De laquelle somme ledit achepteur et dame Marie Pochon, veuve feu Jean Gitton, vivant, écuier, sieur de Mongiron.... faisant icy volontairement son propre fait et debt pour ledit sieur son fils... se sont obligéz payer ausdits sieurs et dames vendeurs la somme de six mil cinq cens livres, dans le mois d'avril prochain.....

Fait et passé en l'hostel des parties, le lundy sixième jour de décembre mil sept cens, après midy, es presences de Jean Joisneau et Henry Coignet, clercs tesmoins qui ont, avec lesdites parties et Thué, notaire, signé la minutte des presentes.

Copie sur papier, signée BLANDIN, notaire.

70.

Contrat de mariage de Pierre de Gauvignon de La Gaudinière et de Anne Curault, 26 mai 1708 :

A tous ceux qui ces presentes lettres verront, Élie De Lafons, escuyer, sieur de La Brosse, conseiller du Roy, prevost d'Orléans, salut. Scavoir, faisons que par devant Louis Couet et Pierre Thué, notaires du Roy en son Chastellet d'Orléans, soussignez, le futur mariage de Pierre Gauvignon, escuyer, sieur de La Gaudinière, conseiller du Roy, trésorier de France au bureau des finances de la généralité d'Orléans, y demeurant, paroisse de Laleu Saint-Mesmin, filz de deffunct Jean Gauvignon, escuyer, seigneur de La Gaudinière et de Villefranche, et de dame Marie Pochon, son épouse, a present sa veuve, ses pere et mere; ledit sieur Jean Gauvignon, fils de Jean Gauvignon, escuyer, seigneur de ladite terre de La Gaudinière, conseiller secretaire du Roy, maison et couronne de France, et de damoiselle Ester Bugy, son espouze... (suit le détail des alliances déjà mentionnées au contrat du 8 juin 1669, note 53...) d'une part :

A la personne de damoiselle Anne Curault, fille de deffunt monsieur maistre Gabriel Curault, seigneur de La Cour de Ligny, conseiller du Roy et de Son Altesse Royale, lieutenant général et premier président au baillage et siege présidial d'Orléans, et de dame Charlotte Rogier, son espouze, ses pere et mere, demeurante audit Orléans, parroisse de Saint-Michel; Ledit Gabriel Curault, fils de Gabriel Curault, escuyer, seigneur d'Ange,, gentil-homme ordinaire de Son Altesse Royale madame la duchesse Douairière d'Orléans, et de damoiselle Anne Egrot, sa femme; Ledit Gabriel Curault, fils de noble homme Henry Curault, sieur de Sanneterre, conseiller et maistre des requestes ordinaire de l'hostel de la reine Marie de Médicis, el de damoiselle Perrinne Sain, sa femme; Ledit Henry Curault, fils de noble homme Gabriel Curault, seigneur d'Ange et de Chaluis, treso-rier de la maison de la reine Marguerite, duchesse de Vallois, et de dame Catherine Allaire, sa femme;

Ladite dame Charlotte Rogier, fille de Jean Rogier, escuyer, sieur de la Heslière, trésorier des gardes du corps du Roy, et de dame Charlotte Denis, sa femme; Ledit Jean Rogier, fils de noble homme Charles Rogier, conseil-lier du Roy, controlleur en l'életion de Beaugency, et de dame Marie Alix, sa femme; Ledit Charles Rogier, fils de Charles Rogier, et dame Magdelaine Brebart, sa femme;

Ladite damoiselle Anne Égrot, fille de noble homme Charles Égrot, sieur d'Hurdis, conseiller magistrat au baillage et siége présidial d'Orléans, et de dame Catherine Lhuillier, sa femme; Ledit Charles Égrot, fils de noble homme Maurice Égrot, sieur d'Hurdis, aussy conseiller magistrat audit baillage, et damoiselle Marie Brachet, sa femme;

Ladite damoiselle Charlotte Denis, fille de Charles Denis, escuyer, sieur de La Barodière, trésorier général de l'extraordinaire des guerres en Saintonge, Angoumois et Pays d'Aunis, et de damoiselle Élisabeth Geuffronneau, sa femme; Ledit Charles Denis, fils de Pierre Denis, escuyer, sieur de La Barodière, et de dame Perrine Matté, son espouze;

Ladite Élizabeth Geuffronneau, fille de Jean Geuffronneau, escuyer, sieur de Sery, et dame Magdelaine Detroyes, sa femme; d'autre part;

Lesquels sieur Pierre Gauvignon de La Gaudinière, et damoiselle Anne Curault, comparans en personnes pardevant lesdits notaires, avant aucunes fiançailles ne foy promise en face de sainte Église, ont fait et passé les traittez de mariage sous les dot, douaire et conventions qui suivent par les avis et consentement, scavoir de la part dudit futur espoux, de ladite dame Marie Pochon, sa mere, à present veuve de Jean Gitton, escuyer, sieur de Puiseaux, conseiller secrétaire du Roy, maison et couronne de France, seigneur de Mongiron; de damoiselle Marie Gauvignon de La Gaudinière, fille, sa sœur; dame Le Rebours, espouze de Guillaume Bongars, escuyer, sieur de Villedart, cousin dudit futur espoux; Et de la part de ladite damoiselle future espouze, de ladite dame veuve dudit sieur Curault, sa mere; Dame Charlotte Denis, veuve Jean Rogier, escuyer, sieur de La Heslière, son ayeulle maternelle; De Henry-Gabriel Curault, son frère, conseiller du Roy et de Son Altesse Royale, lieutenant général au baillage et siége présidial d'Orléans, et de Marie Regnard, son espouze; Damoiselles Élisabeth et Françoise Curault, filles, ses sœurs; Guillaume Curault, sieur de l'Aleu, son frère;

C'est à scavoir que lesdits sieur Gauvignon de La Gaudinière et damoiselle Anne Curault, ont promis et se sont obligez de se prendre et avoir par foy et nom de loyal mariage si Dieu et nostre mere sainte Église le permettent et consentent. . . . .

Fait et passé à Orléans, en la maison de ladite dame Curault, mere, l'an mil sept cent huit, le vingt-six de may, après midy.

THUÉ.   COUET.

71.

Transaction au sujet de la succession de Louis-Gabriel Curault, du 21 mars 1720. Grosse sur papier, signée des notaires Godeau et Rou.

Archives de la famille.

72.

Arrêt de la cour des Aydes, en faveur de Pierre de Gauvignon et Marie de Gauvignon, sa sœur, du 3 septembre 1723, signé Olivier.

Archives de la famille.

73.

Troisième compte tant en recepte que mise que Guillaume Rou, notaire au Chastellet d'Orléans, tuteur onoraire des sieurs et damoiselles de Gauvignon de La Gaudinière, enfans mineurs de deffunt Pierre de Gauvignon, escuyer, seigneur de La Gaudinière, vivant, conseiller du Roy, trésorier de France au bureau des finances de la généralité d'Orléans, et de deffunte dame Anne Curault, son épouze, rendu à Charles Curault, sieur d'Ourcelle, ancien major d'infanterie, tuteur honnoraire desdits enfans mineurs, de la gestion et maniment qu'il a fait en ladite qualité des biens appartenant auxdits sieurs et damoiselles de La Gaudinière, mineurs, pendant les années 1728 et 1729, à compte depuis le second compte qu'il a rendu audit sieur d'Ourcelle, en datte du quatorze mai mil sept cent vingt huit jusqu'à ce jour... le vingt quatriesme jour d'aoust mil sept cent trente. Original sur papier, signé : Rou et Curault d'Ourcelle.

Archives de la famille.

74.

Notes généalogiques attribuées à dom Verninac.

Archives de la famille.

75.

Extrait des registres baptismaux de la paroisse de Saint-Pierre-Lentin, à Orléans, délivré par Jacques, curé, le 16 janvier 1745.

Archives de la famille. Liasse des actes de naissance.

76.

Voir les notes 88 et 90.

77.

Bail du lieu et métairie de Béon, sis en la paroisse de Viglain, fait à Louis Montereau, par *messire Jean Guillaume de Gauvignon, écuyer, seigneur de Béon,* devant le principal notaire de la ville et duché pairie de Sully-sur-Loire, le 29 juin 1754. — Parchemin, signé Leber.

Archives de la famille.

78.

Voir la note 95.

Notes généalogiques attribuées à dom Verninac.

Archives de la famille.

78 *bis.*

Extrait des registres des baptêmes de la paroisse de Saint-Pierre-Lentin, à Orléans, délivré le 16 janvier 1745, par Jacques, curé.

Notes généalogiques rédigées par dom Verninac.

Partage des biens délaissés par le décès de feu monsieur Henry-Thomas-d'Aquin de Gauvignon, de la Congrégation de l'Oratoire, arrivé le cinq novembre mil sept cent soixante et douze. Ce present partage fait et convenu ainsi qu'il suit entre Charles Gauvignon, sieur de La Bazonière, chevalier de l'ordre de Saint-Louis, Jean-Guillaume Gauvignon, escuier, Élisabeth Gauvignon de l'Épinière, damoiselle, et Marie-Jeanne Gauvignon de La Noue, damoiselle; tous quatre majeurs et héritiers dudit deffunct Henry-Thomas Gauvignon. . . . .

Fait triple entre nous ce dix huit mars mil sept cent soixante et treize. Original sur papier, signé : J. G. Gauvignon. Gauvignon de La Bazonière. E. Gauvignon de Lepinière. M. J. Gauvignon de La Noue.

Archives de la famille.

79.

Extrait des registres des baptêmes de la paroisse de Saint-Michel, d'Orléans, délivré par Gombault, curé, le 1ᵉʳ octobre 1768.

Archives de la famille. Liasse des actes de naissance.

80.

Voir la note 95.

81.

Voir la note 108.

82.

Extrait des registres des baptêmes de la paroisse de Saint-Pierre-Lentin, d'Orléans, délivré par Ducamel, curé, le 1ᵉʳ octobre 1758.

Archives de la famille. Liasse des actes de naissance.

83.

Voir la note 95.

84.

Voir la note 105.

85.

Extrait des registres des baptêmes, mariages et sépultures de l'église et paroisse de Saint-Michel, d'Orléans, délivré par Gombaud, curé, le 1ᵉʳ octobre 1768.

Archives de la famille. Liasse des actes de naissance.

86.

Voir la note 78 bis.

87.

Extrait des registres des naissances de la paroisse de Saint-Pierre-Lentin, d'Orléans, délivré, le 16 janvier 1745, par Ducamel, curé.

Archives de la famille. Liasse des actes de naissance.

88.

Procès-verbal d'estimation des biens laissés par Pierre de Gauvignon et Anne Curault, 20 septembre 1729 :

Aujourdhuy, vingtiesme jour de septembre mil sept cent vingt-neuf, en nostre hostel et pardevant nous Claude Vallois, conseiller du Roy et de

Son Altesse Sérénissime Monseigneur le duc d'Orléans, lieutenant général civil et criminel des bailliages et siéges royaux de Romorantin et Millançay, commissaire en exécution de la commission rogatoire a nous adressée par monsieur le lieutenant général du bailliage d'Orléans, en datte du huitiesme jour de juillet dernier, portant que pour estre proceddé au partage provisionnal, qui convient estre fait des biens de deffunt Pierre de Govignon, escuier, seigneur de La Godinière, et dame Anne Curault, son espouze, entre Charles Govignon, escuier, Guillaume Govignon, escuier, Henry-Thomas-d'Acquin Govignon, escuier, sieur de Rozeray, damoiselles Élizabeth et Marie Govignon de La Godinière, tous enfants mineurs et héritiers en partye desdits deffunts Pierre Govignon et Anne Curault, leurs pere et mere, proceddans soubz lhottorité de Charles Curault, escuier, sieur d'Ourcelle, tuteur honnorère desdits mineurs ; Et entre Pierre-Estienne Govignon, escuier, sieur de La Godinière et damoiselle Anne-Thereze Govignon de La Godinière, aussy enfans mineurs et emmancipez par lettres de benefice dage, proceddans soubz lhottoritté de monsieur Marc Lemaire, seigneur de Montigny, prestre, chanoine en l'église d'Orléans, leur curateur aux actions, aussy herittiers desdits deffunts, sieur et dame de La Godinière, leurs père et mère ;

Est comparu ledit sieur d'Ourcelle qui nous a dit et remontré que conformément à laditte santance portant commission rogatoire, il a fait intimer à ce dit jour, par devant nous, ledit sieur de Montigny, pour nommer et convenir d'experts commissaires pour estimer les biens commungs entre lesdits sieurs et damoiselles Govignons, mineurs. — Cahier en papier de 40 feuillets, signé : Lemaire.

Archives de la famille. Liasse des partages.

89.

Certificat constatant que Pierre de Gauvignon a vécu noblement :

Nous, maire et eschevins de la ville d'Orléans, certifions à tous qu'il appartiendra que deffunct Pierre de Gauvignon, escuyer, sieur de La Godinière, trésorier de France au bureau des finances de cette généralité, a jusques à son décès vécu en cette ville dans l'estat de gentilhomme, sans avoir fait aucun acte derogeant à noblesse, et qu'il n'est point de nostre connoissance qu'il ait été attaqué ny assigné pour usurpation de noblesse. Le présent certificat octroyé au sieur Curault d'Ourcelles, ancien major d'infanterie,. tuteur honoraire des enfants dudit sieur de Gauvignon de La Godinière, et a luy délivré sur sa réquisition. En foy de quoy nous avons signé le present et à iceluy fait apposer le sceau de la ville, en l'hostel commun de ladite ville d'Orléans, le dix huit aoust mil sept cent trente-deux.　　　　　　　　　　　LEROY. BAILLY. SEURRAT DE BELLENOUE.

TURTIN, maire.　　　　　Par mesdits sieurs,
　　　　　　　　　　　　　　　　RIGAULT.

90.

Constitution de 75 livres de rente, au principal de 1500 livres, par Charles et Guillaume de Gauvignon, au profit de Curault d'Ourcelle, 12 mai 1734. — A cet acte est joint l'avis du conseil de famille donné le 1er février 1734. — Ce conseil était composé de : Guillaume Curault, ecuyer, trésorier de France à Orléans, oncle du côté maternel; Henri-Gabriel Curault, conseiller du Roi, lieutenant-général au bailliage et siége présidial d'Orléans, cousin germain du côté maternel; Marc Lemaire de Montigny, chanoine en l'église d'Orléans, cousin issu de germain du côté maternel; Nicolas Pochon, ecuyer, sieur de Hotemant, cousin ayant le germain du côté paternel; Jean Deloynes, ecuyer, sieur de Hauteroche, trésorier de France à Orléans, cousin issu de germain du côté paternel; Charles Égrot, ecuyer, trésorier de France honoraire, cousin issu de germain du côté paternel; et Élie-Robert Delafons, ecuyer, cousin issu de germain du côté paternel. — Grosse sur parchemin, signée : Aignan et Rou.

Archives de la famille.

91.

Original sur papier. Archives de la famille.

92. 93. 94.

Originaux sur papier. Archives de la famille.

95.

Contrat de mariage de Charles de Gauvignon de Bazonnière et de Madelaine-Mélanie de Berthereau de la Giraudière, 31 mai 1756 :

A tous ceux qui ces presentes lettres verront, Henry Gabriel Curault, écuyer, seigneur de Malmusse et autres lieux, conseiller du Roy et de son

Altesse Sérénissime Monseigneur le duc d'Orléans, lieutenant général aux bailliage et siége présidial d'Orléans, salut ; scavoir faisons que pardevant les notaires au Chatelet d'Orléans, soussignés,

Furent presents, Charles de Gauvignon, ecuyer, seigneur de Bazonnière, chevalier de l'ordre royal et militaire de Saint-Louis, capitaine au regiment royal infanterie, demeurant en cette ville d'Orléans, place de l'Etape, paroisse de Saint-Michel, fils de défunts Pierre de Gauvignon, écuyer, sieur de La Gaudinière, conseiller du Roy, trésorier de France au bureau des finances de la généralité d'Orléans, et de dame Anne Curault, damoiselle, son épouse, ses père et mère ; ledit défunt Pierre Gauvignon, écuyer, fils de Jean Gauvignon, écuyer, sieur de La Gaudinière et de Villefranche, et de dame Marie Pochon, son épouse... (suit le détail des alliances déjà mentionnées au contrat du 8 juin 1669, note 53ᵉ et à celui du 26 mai 1708, note 70) d'une part ;

Et Madelaine-Mélanie de Berthereau de La Giraudière, damoiselle mineure, fille de messire Pierre-Louis de Berthereau, chevalier, seigneur de La Giraudière, des Ormes et autres lieux, et dame Marie-Thérèse de Saint-Mesmin, son épouse, ses père et mère ; ledit sieur Pierre-Louis de Berthereau de La Giraudière, fils de défunts mʳᵉ Charles de Berthereau, chevalier, seigneur de la Giraudière, et de dame Madelaine Du Coing, son épouse, depuis celle d'Anthoine de Lamirault, écuyer, sieur de Ruys et de Cottinville ; ledit defunt Charles de Berthereau, fils de messire Pierre de Berthereau, chevalier, seigneur de Montefranc, gouverneur de la ville et château de Béfort, et capitaine d'une compagnie de gentilhommes, et de dame Elizabeth Longuet, son épouse ; ledit sieur Pierre de Berthereau, fils de défunt Claude de Berthereau, écuyer, sieur de Montefranc, gentilhomme ordinaire de S. A. R. Monsieur duc d'Orléans, et de dame Charlotte Briçonnet, son épouse ; ledit sieur Claude de Berthereau, fils de Samuël de Berthereau, écuyer, sieur de Beauregard, et de dame Madelaine Mortier, son épouse ; ledit sieur Samuël de Berthereau, fils de Michel de Berthereau, ecuyer, et de dame Marie Frisepin, son épouse ;

Ladicte dame Élisabeth Longuet, fille de feu messire Jean Longuet, chevalier, seigneur de La Giraudière, conseiller du Roy en ses conseils, et son procureur au bureau des finances de la généralité d'Orléans, et de dame Élizabeth Ancel, son épouse ; ledit seigneur de La Giraudière, fils de défunt François Longuet, écuyer, seigneur de La Giraudière et de Courbanton, et de dame Françoise Turpin, son épouse ; ledit François Longuet, fils de feu Jean

Longuet, écuyer, sieur de La Giraudière, et de damoiselle Ollive Durand, son épouse ; ledit Jean Longuet, fils de noble homme Mathurin Longuet, seigneur de La Giraudière, conseiller, notaire et secrétaire du Roy, maison et couronne de France et de ses finances, du collége ancien et doyen dudit collége, et de damoiselle Charlotte Maillard, son épouse, qui était fille de Philippe Maillard, conseiller et secrétaire du Roy ;

Ladite dame Françoise Turpin, fille de messire Jean Turpin, écuyer, sieur de Vauverdon, conseiller du Roy en son grand conseil, et de dame Françoise Acarie, son épouse ; ledit Jean Turpin, fils de Jean Turpin, écuyer, sieur de Vauverdon, et de damoiselle Anne Courpin, sa femme ; ledit Jean Turpin, fils de Jean Turpin, écuyer, sieur de Vaufrelon, et de damoiselle Etiennette Chervel, sa femme ; ledit Jean Turpin, fils de feu Jean Turpin, écuyer, sieur des Bousselos, et de damoiselle Guillemette Deville, son épouse ;

Ladite dame Madelaine Du Coing, fille de feu Guillaume Du Coing, seigneur de Jouy, gentilhomme ordinaire de la chambre de son altesse royale, Monsieur duc d'Orléans, et de dame Madelaine Geuffronneau, son épouse ; ledit sieur Guillaume Du Coing, fils de feu Jacques Du Coing, écuyer, seigneur de La Porte, conseiller du Roy, président et trésorier général de France au bureau des finances de la généralité d'Orléans, et de feu dame Jeanne Colas, sa femme ; ledit sieur Jacques Du Coing, fils de défunt noble homme mᵉ Jacques Du Coing, sieur dudit lieu Du Coing, avocat en parlement, bailly d'Aubigny, et de défunte dame Anne Colas, sa femme ; ledit mᵉ Jacques Du Coing, fils de défunt noble homme maitre Guillaume Du Coing, sieur de La Table, avocat en parlement, bailly dudit Aubigny, et de dame Françoise Vaulin, sa femme ; ledit maître Guillaume Du Coing, fils de feu noble homme Guillaume Du Coing, seigneur de Marigny, et de Grates, bourgeois de Nevers, et de dame Guillemette Bourdin, sa femme ;

Ladite dame Madelaine Geuffronneau, fille de feu Charles Geuffronneau, écuyer, sieur des Aulnais, et de dame Madelaine Portebedien, sa femme ; ledit sieur Charles Geuffronneau, fils de Charles Geuffronneau, sieur de Lormoye, et de dame Catherine Lemaire, sa femme ; ledit sieur de Lormoye, fils de Jean Geuffronneau, écuyer, sieur de Sery, conseiller du Roy, receveur général de la généralité de Champagne et controlleur de la maison du Roy, et de damoiselle Françoise Detroyes, sa femme ; ledit Jean Geuffronneau, fils de Charles Geuffronneau, écuyer, sieur de La Ronce, et de dame Madelaine Hilaire, sa femme ; ledit Charles Geuffronneau, fils de noble homme Pierre Geuffronneau, et de dame Anne Beluche, son épouze ;

Ladite demoiselle Marie-Thérèze de Saint-Mesmin, fille de François de Saint-Mesmin, écuyer, commissaire des guerres, ancien capitaine de grenadiers au régiment de Boulonnois, et de défunte Marie-Thérèze Bailly de Montaran, ses père et mère ; ledit sieur François de Saint-Mesmin, seigneur de Moncelon, et de dame Marie Cahouet, sa femme ;

Ladite defunte dame Marie-Thérèze Bailly de Montaran, conseiller du Roy, trésorier général des Turcies et Levées, et de dame Françoise-Thérèze Nicole D'orville, son épouse ; ledit defunt sieur Bailly de Montaran, fils de défunt Jean Bailly, aussi conseiller du Roy, trésorier genéral desdites Turcies et Levées, et de dame Jacqueline Sevin, son épouse ;

Et ladite dame Françoise-Thérèze Nicole D'orville, fille de Jacques Nicole D'orville, écuyer, conseiller du Roy, trésorier de France au bureau des finances de la généralité d'Orléans, et de dame Henriette Pescherat, son épouse ; d'autre part.

Lesquelles parties avant bénédiction nuptiale, ont fait entr'eux le traité de leur futur mariage aux dots, douaire, préciput et autres conventions ci-après exprimées, de l'avis, en présence et du consentement de leurs parents ci-après nommés :

Scavoir de la part dudit sieur futur époux, de messire Jean Guillaume de Gauvignon, écuyer, seigneur de Béon, demeurant audit Orléans, rue de la Levrette, paroisse de Saint-Paterne, frère dudit futur époux, et dame Anne Landré, son épouse ; Anne-Thérèze de Gauvignon de La Gaudinière, Élisabeth de Gauvignon de l'Epinière, et Marie-Jeanne de Gauvignon de La Noue, damoiselles, filles majeures, sœurs dudit sieur futur époux ; Elizabeth Curault, damoiselle, fille majeure, tante maternelle dudit futur ; Henry Gabriel Curault, écuyer, seigneur de Malmusse et autres lieux, conseiller du Roy, et de S. A. S. Monseigneur le duc d'Orléans, lieutenant général aux bailliage et siége présidial d'Orléans, cousin germain dudit sieur futur époux, et dame Françoise Tourtier, son épouse ; Barthelémy-Joseph Curault, sieur de Courcelles, conseiller du Roy, trésorier général de France au bureau des finances de la généralité d'Orléans, cousin germain dudit sieur futur ; Marie-Charlotte Curault, damoiselle, fille majeure, cousine germaine dudit futur époux ; dame Claude Jogues, veuve de messire Nicolas-Hector Hotteman, chevalier, seigneur de Fontenay, des Maires et autres lieux ; dame Marie-Thérèse Boyelet, épouse de messire Jean Alexandre-Hotteman, capitaine au régiment de Chartres ; Nicolas-Guillaume-Hector Hotteman, chevalier, seigneur de Fontenay et autres lieux, et messire Antoine Hotteman, bachellier de Sorbonne, et chanoine de l'église d'Orléans ;

Et de la part de ladite damoiselle future epouze, dudit mᵣₑ Pierre-Louis de Berthereau de la Giraudière, et de dame Marie-Thérèze de Saint-Mesmin, son épouse, ses père et mère ; de François de Saint-Mesmin, écuyer, ancien commissaire des guerres et capitaine de grenadiers au régiment de Boulonnois, ayeul de ladite future épouse ; mᵣₑ Pierre Bailly de Montaran, prêtre, docteur de Sorbonne, chanoine et scholastique en l'église d'Orléans, et chancelier de l'Université de ladite ville, oncle maternel de ladite future épouse ; damoiselle Louise Bailly et Catherine-Élizabeth Bailly de Montaran, filles majeures, tantes maternelles de ladite future épouse ; dame Marie-Anne Bailly, épouse de mᵣₑ François de Passac, chevalier, seigneur de la Garde, tante maternelle de ladite future épouse ; dame Marie de Lamyrault, veuve de mᵣₑ François d'Orléans, chevalier, seigneur de Trassy, tante de ladite future épouse ; Mᵣₑ Antoine Lamyrault, écuyer, seigneur de Cottinville, oncle de ladite future épouse, dame Marie-Catherine de Tollède, son épouse ; Mᵣₑ Louis-François de Lamyrault, écuyer, oncle du même côté, dame Madelaine-Thérèze Sinson, son épouse ; Dame Madelaine Lambert, damoiselle, veuve de mᵣₑ Jacques d'Orléans, chevalier, seigneur de Rère, cousine germaine de ladite future épouse ; Mᵣₑ François d'Orléans, chevalier, seigneur de Villechauve, lieutenant de nos seigneurs les maréchaux de France de l'Orléanois ;

C'est à scavoir que lesdits sieur de Gauvignon de Bazonnière, et damoiselle de Berthereau de la Giraudière, ont réciproquement promis et promettent se prendre pour mari et femme et légitimes époux, par la bénédiction nuptiale qui sera faite de leur mariage, en face de notre mère saincte Eglise, aussitôt que l'un d'eux en requerra l'autre, et que faire se pourra . . . .

Fait et passé en la maison desdits sieur et dame de La Giraudière, l'an mil sept cent cinquante-six, le trente-un may. . . . .

SONNIER.   LION.

Archives de la famille. Liasse des Contrats de mariage.

96.

Original sur papier.

Archives de la famille.

97.

Extrait des registres de baptêmes, mariages et sépultures de la paroisse de Saint-Michel, d'Orléans, délivré le 23 décembre 1815.

Archives de la famille. Liasse des actes de naissance.

98.

Essais historiques sur Orléans, par Bauvais de Préau, page 207.

99.

Sentence d'enregistrement en l'Élection d'Orléans, de l'arrêt de maintenue de noblesse, en faveur de Jean de Gauvignon, 1er octobre 1768 :

A tous ceux qui ces presentes lettres verront, les président, lieutenant, élus conseillers du Roy, juges établis par Sa Majesté sur le fait des Tailles, capitation, vingtièmes et autres impositions, Aydes octroys, don gratuit, droits réunis, droits réservés, et de tous les autres droits de ses fermes, en la ville et élection d'Orléans, salut. Scavoir, faisons que veu la requête à nous presentée par Charles de Gauvignon, écuyer, seigneur de la Bazonnière, chevalier de l'ordre royal et militaire de Saint-Louis, Jean-Guillaume Gauvignon, écuyer, seigneur de La Godinière, damoiselle Anne-Thérèze Gauvignon, damoiselle Élizabeth Gauvignon, et damoiselle Marie-Jeanne Gauvignon, tous enfans de Pierre Gauvignon, écuyer, seigneur de La Gaudinière, en son vivant, trésorier de France au bureau des finances de la généralité d'Orléans, fils de Jean Gauvignon, écuyer, seigneur de La Godinière, en son vivant, l'un des chevaux-légers de la garde du Roy, fils de Jean Gauvignon, écuyer, seigneur de La Gaudinière, en son vivant, conseiller et secrétaire du Roy, maison et couronne de France et de ses finances ;

Expositive que Mathurin Delorme, chargé de la recherche des usurpateurs du titre de noblesse auroit fait assigner le grand-père des suplians pardevant monsieur Daubray, commissaire départy pour l'exécution des ordres de Sa Majesté en la généralité d'Orléans ; sur laquelle assignation serait intervenue une ordonnance dudit sieur Intendant, le quatre février mil six cens soixante sept par laquelle, sur le veu de ses titres de noblesse, il auroit été déchargé de la recherche dudit Mathurin Delorme ;

Pourquoy les suplians desirans jouir des honneurs, privilèges et exemptions attribuées à la noblesse, requieroient qu'il nous plût ordonner l'enregistrement en notre greffe de la susditte ordonnance étant enfin de l'inventaire des titres de noblesse produits par Jean Gauvignon, leur grand-père, l'extrait batistaire dudit Jean Gauvignon, leur grand-père, celuy de Pierre Gauvignon leur père, ensemble l'extrait batistaire de chacun d'eux, toutes lesquelles pièces sont annexées à leur requête et justifient la filiation, pour y avoir recours quand besoin sera, et par eux jouir des honneurs, privilèges et exemptions attribuées à la noblesse; ladite requête signée en fin, Gallard, procureur.

Notre ordonnance de soit communiqué au procureur du Roy, en datte de ce jour ;

Les conclusions par écrit, de maître Guillaume Jacquet, conseiller en ce siége, faisant pour la vacance de la charge de procureur du Roy, en datte de ce jour, auquel le tout a été communiqué, portant son consentement sur les fins de ladite requête ;

Ensemble l'ordonnance de monsieur l'Intendant de la généralité d'Orléans, en datte du 4 janvier mil six cens soixante-sept, rendue d'après l'examen des pièces justificatives de la noblesse de Jean de Gauvignon, et d'après le désistement de m° Mathurin Delorme, commis à la recherche des usurpateurs du titre de noblesse ; ...

Tout considéré, nous ordonnons que ladite ordonnance et les extraits batistaires susdattés, seront et demeureront enregistrés en notre greffe, pour y avoir recours quand besoin sera, et pour par les supliants jouir chacun en doit soy, de l'effet d'iceux, conformément aux réglemens.

Donné en la chambre du conseil de l'Election d'Orléans, par Nous, François Erat-Oudet, conseiller du Roy, président en icelle, Louis-Fiacre Fascon et Antoine-Pierre Robert, tous conseillers du Roy, juges officiers audit siége, le premier octobre mil sept cent soixante-huit.

POLLET.

Reçu soixante trois livres cinq sols, six deniers de la partie.

Archives de la famille.

100.

Recherches historiques sur la ville d'Orléans, par Lottin.

101.

Ce certificat est semblable à celui porté sous la note 89. Original sur papier signé : Hudault, maire, Guinebaud de La Cour, Seurrat, Boillève-Colas. — Par messieurs, Thué s^{re}

Archives de la famille.

102.

Extrait du partage des biens de la succession de m^{re} Pierre-Louis de Berthereau de La Giraudière, arrêté devant Rou, notaire à Orléans, le 9 septembre 1778, en ce qui concerne les biens échus aux enfans mineurs de Mre Charles de Gauvignon de La Bazonnière.

Cahier en papier de 45 feuillets, signé Johanneton et Rou.

Archives de la famille.

La famille de Berthereau, aujourd'hui éteinte, était fort ancienne dans l'Orléanais. Un de ses membres, après avoir servi dans le régiment de Normandie, comme capitaine et chevalier de Saint-Louis, remplit les fonctions de maire d'Orléans, de 1751 à 1753. Le dernier de cette maison, fut Adrien de Berthereau de La Giraudière. Entré à l'école de Saint-Cyr, en 1811, il en sortit au commencement de 1813, et fut placé dans le 147e régiment d'infanterie. Il se trouva avec ce corps, aux batailles de Lutzen et de Bautzen, dont il sortit sain et sauf ; mais en entrant dans Breslaw, il reçut deux balles, l'une dans le côté et l'autre dans le genou. Il raconte lui-même cette circonstance dans une lettre adressée à Monsieur de Gauvignon de 'Épinière, son cousin ; nous la reproduisons :

Glogow, ce 14 juillet 1813.

Combien vous devez être fâché contre moi, mon cher cousin, de ce que je n'ai pas tenu parole à votre égard, je vous avais promis de vous écrire sitôt mon arrivée au régiment. Mais vous me pardonnerez bien volontier, car vous savez que je n'ai pas plus écrit à la maison qu'à vous. Mais cela n'est pas rès-difficile à concevoir, car nous étions toujour en marche, toujour au bivouac, et enfin une fois passé l'Elbe, la correspondance était interrompue. Mais à présent que je suis à l'hôpital, pour deux balles que j'ai reçu à notre entrée dans Breslaw, J'en reçu une dans le genou et l'autre dans la partie supérieure de la cuisse droite, me passe sur les os des côtes, m'a un peu touché l'épine du dos, et enfin on me l'a retiré près l'autre cuisse. Les médecins m'avait marqué pour ma retraite et j'étais près d'être évaqué pour retourner en France lorsqu'il arrive du quartier général de Dresde, un décret foudroyant par lequel tous les blessés incapables de rendre aucun service seraient évaqué, que ceux qui pourraient encore servir ainsi que ceux qui étant blessé et dont les médecins et chirurgiens ne peuvent répondre de la guérison de six mois, resteront pour le service de la place, ce qui prouve que l'on ne doit pas tarder à recommencer les hostilités, et même l'on prétend que c'est le 20 de ce mois. Voilà déjà un mois et demie que je suis à l'hôpital, il m'est encore impossible de bouger de mon lit. Ils seront obligé de me donner mon congé tôt ou tard, mais ce n'est pas cela que je demande, ce n'est qu'un congé de convalescence, car s'il me guérisse radicalement je reprend du service avec plaisir, mais je crois que ce ne seroit que dans la cavalerie, car les marches de l'infanterie sont trop rudes pour la blessure que j'ai. J'ai bien à vous remercier, mon cher cousin, de la lettre de recommandation que vous m'avez fait avoir pour le colonel. Celle pour l'aide-de-camp du général Regnier, je n'ai jamais pu le trouver ni à Wazel ni partout où j'ai été.

Agréz, mon cher cousin, les sentiments du plus profond respect et de la plus parfaite reconnaissance. Je suis pour la vie, votre très-affectioné cousin.

A. La Giraudière,

S. L^{ant} voltigeur 147°

Est timbrée en rouge : *n° 16. Grande armée*, et adressée à Monsieur de l'Epinière, rue des Basses-Gouttières, à Orléans, par Paris.

Adrien de Berthereau de La Giraudière, est mort capitaine d'infanterie en retraite, en 1850.

103.

Bail à ferme du lieu et métairie de Béon, par Charles de Gauvignon de La Bazonnière, à Toussaint Loizeau, passé devant les principaux notaires de Sully-sur-Loire, le 4 décembre 1779. — Grosse sur parchemin, signée : Aillault et Clément, notaires.

Archives de la famille.

104.

Extrait du partage des biens de la succession de dame Marie-Thérèse de

Saint-Mesmin, à son decès, veuve de messire Pierre-Louis de Berthereau de La Giráuldière, en ce qui concerne les enfants de messire Charles de Gauvignon de La Bazonnière, ecuyer, seigneur de l'Épinière. Ledit partage arrêté devant Rou, notaire, à Orléans, le 23 février 1781. — Copie sur papier, signée : Rou.

Archives de la famille.

105.

Donation par Charles de Gauvignon de La Basonnière, et Élisabeth de Gauvignon de l'Épinière, à l'hôpital général d'Orléans, d'une somme de 4,000 livres, à la charge de recevoir à perpétuité, un pauvre choisi par la famille de Gauvignon, 15 avril 1782. — Grosse sur parchemin, signée : Chau et Jumeau, notaires.

Archives de la famille.

106. 107.

Partage de la succession de Catherine-Élisabeth Bailly de Montaran, 18 juin 1783.

Nous, soussignés, Nicolas Bailly de Montaran, seigneur de Ferolles et de l'Antelière, trésorier de France ;

Alexandre Bailly de Chamon, rapporteur du point d'honneur ;

Avoye-Thérèse-Marthe Bailly de Montaran ;

Marie-Anne Bailly ;

Jérôme de Saint-Mesmin, chevalier de Saint-Louis ;

Louis de Passac, chevalier, lieutenant des maréchaux de France ;

Marie-Anne-Suzanne de Passac, veuve de messire Claude-Louis Midou, chevallier, seigneur de l'Isle, lieutenant des maréchaux de France ;

Héritiers chacun pour un huitième de notre chef de mademoiselle Catherine-Élisabeth Bailly notre tante ;

Jérôme de Saint-Mesmin, chevalier de Saint-Louis, au nom et comme tuteur de m^{re} Augustin-Louis de Berthereau, chevallier, seigneur de La Giraudière, fils mineur des deffunts m^{re} Charles-Louis de Berthereau et dame Louise Sinson, son épouse, par lequel je m'oblige faire ratifier les presentes à sa majorité ; et aussi au nom et comme curateur à l'émancipation de Mre Charles de Gauvignon, ecuyer, seigneur de l'Épinière, chevau-léger de la garde du Roy, et de m^{re} Augustin-Louis de Gauvignon, ecuyer, seigneur de Rozeray, enfans mineurs de deffunts m^{re} Charles de Gauvignon de la

Bazonnière, écuyer, seigneur de l'Épinière, Béon et autres lieux, chevallier de Saint-Louis, décédé dans le courant d'octobre mil sept cent quatre-vingt-deux, et de deffunte dame Madeleine-Mélanie de Berthereau de La Giraudière, damoiselle, leur père et mère.

Charles de Gauvignon, ecuyer, seigneur de l'Épinière et Augustin-Louis de Gauvignon, ecuyer, seigneur de Rozeray, mineurs, émancipés d'âge, procédants sous l'authorité de m^{re} Jérôme de Saint-Mesmin, notre oncle et notre curateur à notre émancipation, et admis conjointement avec m^{re} Augustin de Berthereau de La Giraudière, à prendre le dernier huitième dans la succession de mademoiselle Catherine-Élisabeth Bailly, notre grande tante, tel que l'auroit pris madame Marie-Thérèse de Saint-Mesmin, notre ayeule, décédée veuve de m^{re} Pierre de Berthereau de La Giraudière, si elle eût survécu mademoiselle Catherine-Élisabeth Bailly, sa tante;

Désirans exécuter les conventions prises relativement à la succession de Mlle Catherine-Élisabeth Bailly, et le projet de liquidation arrêté en conséquence, le sept septembre mil sept cent quatre-vingt-deux, entre nous et m^{re} Charles Gauvignon de La Bazonnière, au nom et comme père et gardien de ses deux enfans mineurs ; nous avons arrêté que ledit projet de liquidation demeurera ès-mains de m^{re} Bailly de Montaran. . . . .

Fait et arrêté à Orléans, le dix huit juin mil sept cent quatre-vingt-trois. Signé: Saint-Mesmin, Bailly de Chamon, de Passac, Gauvignon de l'Épinière, A. Bailly, Bailly de Montaran, M. A. Bailly, M. A. S. de Passac de l'Isle. — Cahier en papier, de 24 feuillets.

Archives de la famille. Liasse des partages.

108.

Rôle des sommes que le Roy en son conseil veut et ordonne être payées par les Nobles de la généralité d'Orléans, pour la *capitation de l'année mil sept cent quatre-vingt-huit,* y compris les quatre sols pour livre et les impositions établies au marc la livre d'icelle, le tout en exécution des déclarations du Roy, des 12 mars 1701, 9 juillet 1715 et 13 février 1780.

ÉLECTION D'ORLÉANS.

Le s^r de Gauvignon de l'Épinière	48 liv.
La d^{lle} de Gauvignon de La Godinière.	31
Le s^r de Bazonnière, fils.	65
La d^e v^e Gauvignon Landré.	30

Fait et arrêté au conseil roial des finances et du commerce, tenu à Versailles, le quinzième jour de mars mil sept cent quatre-vingt-huit.

HUGUET DE MONTARAN,
Archives départementales du Loiret.

109.

Procès-verbaux des séances particulières du corps de la noblesse du bailliage d'Orléans, convoqué par le Roi pour la formation des cahiers et la nomination des députés aux États généraux du roiaume, qui doivent se tenir à Versailles, le 27 avril 1789.

Archives départementales du Loiret.

110.

Passeport délivré à Mr le vicomte de l'Épinière :

De par le Roy,

A tous gouverneurs et nos lieutenans-généraux en nos provinces et armées, gouvernemens particuliers et commandans de nos villes, places et troupes, et à tous autres nos officiers, justiciers et sujets qu'il appartiendra, salut. Nous voulons et vous mandons très-expressément que vous ayez à laisser librement passer le vicomte de l'Épinière, allant en Italie, sans lui donner ni souffrir qu'il lui soit donné aucun empêchement; le présent passeport valable pour six semaines seulement. Car tel est notre plaisir.

Donné à Versailles, le 20 juin 1789.   LOUIS.

Par le Roy,   LE Cte DE MONTMORIN.

Gratis.

Archives de la famille.

111.

Mémoire de famille.

112.

Extrait des registres de l'état-civil.

113.

Promotion du vicomte de l'Épinière au grade de Major de cavalerie :

Louis, par la grâce de Dieu, roi de France et de Navarre, prenant une entière confiance dans les talens, la valeur, la bonne conduite, et dans la fidélité et l'affection à notre service, du sieur Charles vicomte de Gauvignon de l'Épinière, ancien chevau-léger de la garde du Roi, lui avons conféré et conférons le grade de Major de cavalerie, pour tenir rang du vingt-quatre août mil huit cent quatorze.

Mandons à nos officiers généraux et autres à qui il appartiendra, de le reconnaître et faire reconnaître en cette qualité.

Donné à Paris, le 24 août 1814. LOUIS.

Par le Roy :

Le Ministre Secrétaire d'État de la guerre,

GOUVION SAINT-CYR.

Archives de la famille. Liasse des brevets.

114.

Contrat de mariage de Charles de Gauvignon, vicomte de l'Épinière, et de Caroline-Françoise de Paris, 21 octobre 1817 :

Louis, par la grâce de Dieu, roi de France et de Navarre, à tous présents et à venir, salut; faisons savoir que :

Pardevant maîtres Charles Bordas et Louis Cabart, notaires royaux à Orléans, soussignés, sont comparus :

Messire Charles de Gauvignon, vicomte de l'Épinière, chevalier, lieutenant-colonel de cavalerie, chevalier de l'ordre royal et militaire de Saint-Louis, fils majeur de feu messire Charles de Gauvignon de Bazonnière, chevalier, ancien capitaine au régiment royal, chevalier de l'ordre royal et militaire de Saint-Louis, et de dame Madeleine-Mélanie de Berthereau de La Giraudière, damoiselle ; mondit sieur vicomte de l'Épinière, domicilié à Béon, commune de Viglain, département du Loiret, stipulant pour lui et en son nom, d'une part ;

Et madame Caroline-Françoise de Paris, damoiselle, veuve avec trois enfants mineurs de messire Louis-Philippe-Joseph de Grimoult de Ville-motte, chevalier, et née du mariage d'entre feu messire François-Philippe de Paris, écuyer, ancien capitaine au corps royal d'artillerie, chevalier de l'ordre royal et militaire de Saint-Louis, et dame Aimée-Louise-Jeanne Levasseur. Madite dame veuve de Villemotte, demeurant à Orléans, rue du Bœuf-Saint-Paterne, n° 15, stipulant pour elle et en son nom, d'autre part ;

Lesquels en présence de leurs parens; savoir du côté de madame de Villemotte ;

De monsieur Léon-Hector Patas d'Illiers, chevalier, demeurant au château de la Fontaine, commune d'Olivet, neveu à cause de madame son épouse;

Et du côté de messire de l'Épinière, de madame Gabrielle-Marie-Françoise de Bonvoust, veuve de messire Augustin-Louis de Gauvignon de Bazonnière, capitaine d'infanterie, belle-sœur ;

Ont arrêté ainsi qu'il suit les conventions civiles du mariage qui doit les unir incessamment. . . . .

Fait et passé à Orléans, l'an mil huit cent dix-sept, le vingt-un octobre.

CABART.   BORDAS.

Archives de la famille. Liasse des contrats de mariage.

115.

Extrait des registres de baptêmes, mariages et sépultures de la ci-devant paroisse de Saint-Michel, d'Orléans, délivré le 23 décembre 1815.

Archives de la famille. Liasse des actes de naissance.

116.

Nous, soussignés, le comte de Villeblanche, contre-amiral, et le chevalier Henry de Viëla, capitaine de vaisseau, certifions que monsieur le chevalier de La Basonnière (Augustin-Louis de Gauvignon), capitaine au régiment d'Auxerrois, a servi en qualité d'aspirant-garde de la marine au département de Rochefort, depuis le premier juillet 1778, jusqu'au mois de juillet 1779, époque à laquelle il est passé à la Martinique pour prendre du service dans le régiment d'Auxerrois, en qualité de cadet gentilhomme.

Le c^{tre}-amiral de Villeblanche,

Chev. H. DE VIELLA.

Paris, le 9 novembre 1815.

Archives de la famille.

117.

Extrait du contrôle des officiers du régiment d'Auxerrois, page 74 :

Mr Gauvignon de La Basonnière (Augustin-Louis), né le 7 février 1761, à Orléans ;

Cadet gentilhomme, le 20 juillet 1779,
Sous-lieutenant, le même jour 1779,
Lieutenant en 2ᵉ, le 13 mai 1783,
Lieutenant en 1ᵉʳ, le 23 octobre 1786,
Capitaine, le 15 septembre 1791.

Certifié conforme,

Le Commissaire des Guerres, chef du bureau,

FAMEL.

NOTA. — Le 1ᵉʳ bataillon de ce régiment, qui était le 2ᵉ de celui de la marine, est passé à la Martinique et y est resté 1778, 1779, 80, 81, 82, 83. Revenu en France en juillet 1783.

Archives de la famille.

118.

Voir la note 109.

119.

Expédition authentique délivrée par Laurent, greffier de la municipalité de Monthermé.

Archives de la famille.

119 *bis.*

Voir la pièce portée sous le numéro 117.

120. 121.

Copie de deux lettres adressées au directoire du district de Beaugency, l'une le 26 ventôse, an deux, et l'autre le 21 germinal, an 2ᵉ de la République, délivrée par Yvonneau, secrétaire du district de Beaugency.

Archives de la famille.

122.

Original signé des administrateurs du district et adressé *à la citoienne Bonvouts, à Lailly.*

Archives de la famille.

123.

Original signé de l'agent national près le district de Romorantin, et adressé *au citoyen Gauvignon, détenu à Beaugency.*

Archives de la famille.

123 bis.

Lettre de l'agent national, près le district d'Aubigny, au citoyen Gauvignon, à Pierrefitte.

Aubigny, 27 vendémiaire, an 3 de la Répuplique française, une et indivisible.

Citoyen, oui sans doute c'est à ma diligence que le domaine des Hirtaignes a été vendu. L'adjudication s'en est faite en vertu de l'arrêté du dép^t du Cher, du 25 pluviose, dont tu avois pleine connoissance ainsi qu'il paroît par ta lettre du 1er germinal au directoire du district.

Les hommes probes qui composent cette administration n'ont point fait un acte de rigueur. Ils ont exécuté les mesures de justice que le peuple françois a dû prendre contre ses ennemis. La Convention nationale ordonnera sur ta pétition ce qu'elle croira juste ; mais n'imagine pas que ce soient les agens de Robespierre qui font vendre les biens d'émigrés.

Au reste, je t'observe que tu manques de mémoire lorsque tu me dis que les pièces par toi déposées au secrétariat du district, dans le courant de ventôse, se sont égarées. Il existe au secrétariat ta reconnoissance, du 17 thermidor, de la remise de ces mêmes pièces.

Salut et fraternité.

124.

Extrait des registres des actes de décès de la commune de Pierrefitte-sur-Sauldre (Loir-et-Cher), délivré le 20 novembre 1820.

Archives de la famille. Liasse des actes de décès.

125.

Généalogie de la maison de Bonvoust :

I. Jean 1 de Bonvoust eut pour fils :

II. Jean 2 de Bonvoust, qui épousa Robine de Bardoul, d'une ancienne famille de Normandie. Il eut :

III. Élie de Bonvoust, qui épousa Marie de Villiers ;

IV. Pierre 1 de Bonvoust, son fils, épousa Marie de Lorcy, fille de Ambroise de Lorcy, compagnon d'armes de Jeanne d'Arc, au siége d'Orléans ;

V. Pierre 2 son fils, épousa Catherine de Trousseauville, de la maison de Chesnebrun, en Normandie. Il fut père de :

VI. René de Bonvoust, gentilhomme de la chambre du duc d'Alençon, frère
du Roi, en 1581. Il avait épousé, vers 1560, Marie Le Boulleur, fille de Jacques
Le Boulleur, baron de Montgaudry et de dame Marie de Cochefilet. Son fils

VII. Jean 3 de Bonvoust, écuyer, seigneur d'Aunay de Vauxrenont et de
Corneille, épousa, le 28 septembre 1591, Renée Gruel, fille de Philbert
Gruel, seigneur de Touvoye, chevalier de l'ordre du Roi et gentilhomme
ordinaire de sa chambre. Christophe de Bonvoust, son frère, fut reçu
chevalier de Malte, au grand Prieuré de France l'an 1575. Jean 3 eut
pour fils :

VIII. Claude de Bonvoust, écuyer, seigneur d'Aunay, chevalier de l'ordre
du Roi, gentilhomme ordinaire de sa chambre, qui épousa, le 23 mai
1633, Emmanuelle de La Motte, fille de Jean, marquis de La Motte et de
Perronnelle Le Cornu ;

IX. Jean-René de Bonvoust, son fils, seigneur d'Aunai, chevalier de l'ordre
du Roi, épousa le 5 juin 1660, Catherine Du Pont, fille de Claude Du
Pont, écuyer, seigneur du Ruau, doyen des conseillers de la sénéchaussée
et siége présidial d'Angers, et de Jacqueline Droye. Jean René fut main-
tenu dans sa noblesse par ordonnance du 11 février 1667, de Mr de
Marle, commissaire départi dans la généralité d'Alençon. Il fut père de :

X. Jean-Louis de Bonvoust, seigneur d'Aunai, chevalier de l'ordre du Roi,
qui épousa, le 18 mai 1691, Anne de Brunet, fille de François de Brunet,
seigneur de Rouilli, chevalier de l'ordre du Roi, commandant la noblesse
du bailliage d'Alençon et de Marie Des Portes. Il eut pour fils :

XI. Augustin de Bonvoust, seigneur d'Aunai, qui fut reçu, en 1722, chevalier
des ordres royaux et militaires de Notre-Dame-du-Mont-Carmel et de
St-Lazare de Jérusalem. Il épousa, le 18 septembre 1731, Marie-Reine-
Catherine-Ursule de Reinach, chanoinesse de Remiremont. Il eut pour fils :

XII. Benoit-Melchior, comte de Bonvoust, (Voir la généalogie de Gauvignon, page 262).

Armorial général de d'Hozier : généalogie de Bonvoust.
Archives de la famille de Gauvignon.

126.

Extrait du registre des décès de la commune d'Orléans pour 1849.

127.

Extrait des registres de baptêmes de la paroisse de Lailly.

128.

EX-GARDE DU CORPS DU ROI.

EX-COMPAGNIE DE LUXEMBOURG.

État des services militaires de M. Gauvignon de la Basonnière (Paul-Rodolphe), capitaine, né à Lailly, département du Loiret, le 27 octobre 1799, présentement ex-brigadier dans ladite compagnie.

GRADES OU EMPLOIS ET DÉCORATIONS.	CAMPAGNES, BLESSURES ET ACTIONS D'ÉCLAT.	PIÈCES JUSTIFICATIVES.
1° Nommé garde-du-corps du Roi, compagnie de Luxembourg, le 16 décembre 1815 ; Passé garde de première classe, par ordonnance du 24 octobre 1821 ; 2° Titulaire du grade de Lieutenant, par brevet le 16 décembre 1819. (1) Nommé Brigadier, par ordonnance du 3 mars 1825 ; Capitaine, le 3 mars 1825. En congé illimité, par ordonnance du Roi du 11 août 1830.		1. Contrôle de la compagnie de Luxembourg. 2. Brevet du 16 décembre 1819.

Certifié par nous, Membres composant le Conseil d'administration de la compagnie de Luxembourg, le présent état de services conforme aux pièces y relatées. A Paris, le 28 octobre 1830.

Les officiers comptables délégués,
PESTY.   BEAUVAIS.

Vérifié par le sous-intendant militaire,
DE NAVAT.

Archives de la famille.

129.

Extrait du registre des mariages de la ville d'Orléans, pour l'année 1832.

130.

Extrait du registre des naissances de la commune de Lailly, pour l'année 1801.

131.

Mémoire de famille.

132.

Extrait du registre des mariages de la ville d'Orléans, pour 1834.

133.

Extrait du registre des naissances de Meung-sur-Loire, pour l'année 1805, délivré le 23 avril 1856.

Archives de la famille.

134.

Extrait du registre des naissances de Meung-sur-Loire, pour l'année 1808, délivré le 23 avril 1856.

135.

Extrait des registres de l'État-civil de la commune de Lailly.

136.

Ce certificat délivré par le duc de Berry, est partie imprimé et partie manuscrit.

Archives de la famille. Liasse des brevets et commissions.

137.

5ᵉ RÉGIMENT DE CHASSEURS.

M. de Basonnière, Charles-Louis-Emmanuel Gauvignon, fils de Augustin-Louis Gauvignon de Basonnière, et de Gabrielle-Marie-Françoise Bonvoust, né le 25 décembre 1797, à Lailly, canton de Beaugency, département du Loiret ; marié le 15 février 1827 à demoiselle Angélique-Hermine Garnier de Farville, domiciliée à Orléans.

DÉTAIL DES SERVICES ; DÉSIGNATION DES CORPS ; INTERRUPTIONS DE SERVICE.	GRADES OU EMPLOIS.	DATES DES PROMOTIONS à chaque grade ou emploi.	CAMPAGNES.
Admis aux gendarmes de la garde du roi..............	Lieutenant	1er juillet 1814.	
Licencié avec le corps, le.....	....	31 déc. 1815.	1815 en Belgique
Nommé aux chasseurs du Cantal.	Lieutenant	16 octobre 1816.	sous les ordres
Même régiment..............	Adj.-maj. provis.	7 février 1823.	de S. A. R. le
Capitaine adjudant-major par ordonnance du 12 mai 1825, pour prendre rang de......	Capitaine.......	10 mars 1824.	duc de Berry. 1823, en Espagne
Démissionnaire par décision royale du................	Id.	30 sept. 1830.	
Rayé des contrôles du corps, le.	Id.	18 octobre 1830.	

DÉCORATIONS. —	BLESSURES ET ACTIONS D'ÉCLAT. —
Décoré de la croix d'or de chevalier de 1re classe de l'ordre royal et militaire espagnol de Saint-Ferdinand, ce 18 novembre 1823.	

Nous sousssignés, Membres du Conseil d'administration du 5e régiment de chasseurs, certifions l'exactitude du présent état de services établi par nos soins, d'après les dispositions de l'instruction ministérielle du 26 mars 1824, relative à la formation des registres-matricules de MM. les officiers.

A Niort, le 16 octobre 1830.

Le capitaine,   *Le capitaine,*   *Le colonel, président,*
DIGEON.   CH. DE RIVIÈRE.   Bᵒⁿ VIDAL DE LÉON.

Le major,   *Le trésorier,*
KEEGÈLE.   REGNARD.

Vu par le sous-intendant militaire.   Archives de la famille.

138.

Acte de mariage entre Charles-Louis-Emmanuel de Gauvignon de Basonnière et Angélique-Hermine Garnier de Farville :

Aujourd'hui jeudi, quinze du mois de février an mil huit cent vingt-sept, à onze heures avant midi,

Pardevant nous, Edouard-Guy-François-Pierre, comte Dufaur de Pibrac, chevalier de l'ordre royal de la légion d'honneur, adjoint à la mairie d'Orléans (Loiret), faisant pour l'absence de M^r le comte de Rocheplatte, maire, officier de l'état-civil et de ladite légion, membre de la Chambre des députés,

Sont comparus dans la salle publique de l'Hôtel de la Mairie, pour y contracter mariage :

D'une part, Mr Charles-Louis-Emmanuel Gauvignon de La Basonnière, chevalier, capitaine adjudant-major, au 5e régiment des chasseurs à cheval, chevalier de l'ordre de St-Ferdinand d'Espagne, âgé de vingt-neuf ans,

Né à Lailly, département du Loiret, domicilié à Orléans, depuis quatre mois chez sa mère, rue du Battoir-Vert, n° 12, et auparavant à Châteaudun, département d'Eure-et-Loir, fils majeur et légitime de Mr Augustin-Louis Gauvignon de La Basonnière, chevalier, capitaine au régiment d'Auxerrois et de Madame Gabrielle-Marie-Françoise de Bonvoust, présente et consentante ;

D'autre part, Mlle Angélique-Hermine Garnier de Farville,

Née à Orléans, département du Loiret, âgée de vingt-trois ans et domiciliée à Orléans, chez ses père et mère, rue Neuve, n° 22, fille majeure et légitime de Mr Benoit-Élisabeth Lancelot Garnier de Farville, chevalier, ancien officier au bataillon royal d'Auvergne et Mme Adelaïde-Cécile Miron de La Mothe, tous deux présents et consentants ;

Lesquels futurs conjoints étaient accompagnés de Mr Augustin-Louis-François-Jean-Baptiste, vicomte des Ligneris, âgé de quarante-quatre ans, demeurant à Orléans, rue Ste-Anne, n° 8, ami du futur ;

Antoine-Marie-Pierre-Alexis, comte d'Ambrun, âgé de trente-cinq ans, demeurant à Orléans, rue Bretonnerie, n° 35, autre ami dudit futur ; Léon-Hector Patas d'Illiers, maire d'Olivet, près Orléans, âgé de quarante-six ans, demeurant à Orléans, quai de Cypierre, n° 10, cousin paternel de la future ; et Louis-Germain Dorsanne, vicomte de Monlevic, âgé de cinquante ans, demeurant à Monlevic, près La Châtre (Indre), oncle paternel de la future ;

Nous, Comte susdit, après avoir fait faire lecture, en présence des parties, de leurs parents présents et desdits témoins : 1° de l'acte de naissance dudit futur conjoint, par lequel il est constaté qu'il est effectivement né à Lailly (Loiret), le vingt-cinq décembre mil sept cent quatre-vingt-dix-sept, (5 nivôse an 6), du légitime mariage desdits Sr Augustin-Louis Gauvignon La Basonnière et De Gabrielle-Marie-Françoise Bonvoust ; 2° de l'acte de décès de son dit père, mort à Pierrefitte (Loir-et-Cher), le vingt-sept novembre mil huit cent quinze ; 3° de la permission spéciale à lui délivrée à Paris (Seine), le treize du présent mois, par S. Ex. Mr le ministre secrétaire d'État de la Guerre, en exécution du décret du 16 juin 1808 ; 4° de l'acte de naissance de la future conjointe, née à Orléans, le vingt-un décembre mil huit cent trois (29 frimaire an 12), du légitime mariage desdits Sr Benoist-Élisabeth Lancelot Garnier de Farville et De Adelaïde-Cécile Miron De La Mothe ; 5° des actes dressés de la publication dudit futur mariage faite dans lesdites villes de Châteaudun et d'Orléans, les deux mêmes jours de dimanche, quatre et onze du présent mois, en conformité des artes 63 et 166 du code civil avec mention de l'affiche à la porte principale de l'Hôtel de la Mairie en ces deux lieux, durant le délai prescrit par l'arte 64 sans qu'il soit survenu aucune opposition, lesquelles pièces demeureront annexées au présent registre ;

6° Enfin du chapitre 6 de la loi du 26 dudit mois de ventôse, an onze (titre du mariage), contenant les droits et les devoirs respectifs des époux ;

Après aussi que les parties ont eu déclaré à haute voix se prendre mutuellement pour époux ;

Nous avons prononcé au nom de la loi que Mr Charles-Louis-Emmanuel Gauvignon de La Basonnière et Dlle Angélique-Hermine Garnier de Farville, sont unis en mariage, et avons rédigé le présent acte que les deux conjoints, la mère du conjoint, les père et mère de la conjointe et les quatre témoins ont tous signé avec nous lecture faite.

Fait à Orléans, en l'Hôtel de la Mairie, les jour et mois et an susdits.

Le registre est signé : A. H. Garnier de Farville, Ch. E. L. Gauvignon de Basonnière, G. M. F. de Bonvoust de Basonnière, vicomte des Ligneris, B. E. L. Garnier de Farville, le cte d'Ambrun, vte de Monlevic, Miron Delamothe, Patas d'Illiers, Patas Desnoues, de Farville, P. R. de G. de Basonnière, A. C. Miron Delamothe, le vicomte de l'Épinière, G. de Basonnière, N. de Farville, P. H. Demadières, Hip° de La Giraudière, O. de Basonnière, E. de Basonnière, E. Demadières, E. de V. c^tesse^ d'Ambrun, J. Demadières, de la Giraudière, A. C. Miron, v^tesse^ des Ligneris, L. Demadières, et le comte Dufaur de Pibrac, adjoint.

Archives de la famille.

139.

Extrait du registre des actes de décès de la ville d'Orléans, pour l'année 1829.

140.

L'Épinière, ancien fief compris dans le territoire de Pierrefitte-sur-Sauldre, appartenait, depuis la fin du xviie siècle, à la famille Curault. Il passa dans celle de Gauvignon, en 1748, et n'en est pas sorti. Augustin-Louis de Gauvignon de Basonnière, vota, comme détenteur de ce fief, à l'élection des députés de la noblesse aux États généraux de 1789.

141.

La Noue. Pendant les guerres du xvie siècle, un fief, nommé La Motte, fut totalement ruiné, et le privilège féodal fut attribué à l'une de ses dépendances nommée La Noue. Les archives de la famille de Gauvignon contiennent plusieurs ports de foi et hommage constatant ces faits.

142.

La Clarinerie. Cette terre s'étend sur les communes de Millançay et Neung-sur-Beuvron, près Romorantin. Elle appartient à la famille de Gauvignon, depuis 1550.

143.

Béon. Ancien fief près Sully-sur-Loire, qui depuis 1480, n'a pas été vendu. Il est passé successivement, par héritage ou mariage, dans les familles Potin, de La Chapelle-Beaujeu, Pochon de Beauregard et Gauvignon. Cette dernière l'a conservé depuis 1670. Lors de la convocation de la noblesse pour les élections des députés aux États généraux de 1789, Charles de Gauvignon de l'Épinière possédait Béon et le représenta.

144.

La Vallée de Fleury. Maison de campagne située sur la route de Paris à Orléans, à quatre kilomètres de cette ville. Elle appartenait en 1775, à Jérôme de Saint-Mesmin, ancien Major du régiment royal-infanterie et chevalier de Saint-Louis. En 1811, Jérôme de Saint-Mesmin mourut, en léguant La Vallée aux enfants d'Augustin-Louis de Gauvignon, son petit neveu.

145.

Extrait du registre des actes de naissance de la ville d'Orléans, pour 1829.

146.

Extrait du registre des actes de mariage de la ville d'Orléans, pour l'année 1853.

TABLE.

Avertissement.

CORRECTIONS.

GÉNÉALOGIE D'ORLÉANS DE RÈRE :

Page 80, 2e ligne : au lieu de *Morinerie*, lisez *Morinière* ;

Page 109, 21e ligne : aux mots *gardes françaises*, ajoutez *chevalier de Saint-Louis* ;

Page 110, 6e ligne : au lieu de *Albéric-Jacques-Marie-Joseph*, lisez *Jacques-Marie-Jean-Joseph-Albéric* ;

Page 110, 8e ligne : au lieu de *Gabriel-Charles-Joseph*, lisez *Charles-Joseph-Gabriel* ;

Page 111, 11e ligne : au lieu de *Albéric d'Orléans*, lisez *Jacques-Marie-Jean-Joseph-Albéric d'Orléans* ;

Page 116, 10e ligne : aux mots *gardes françaises*, ajoutez *chevalier de Saint-Louis*.

GÉNÉALOGIE DE GAUVIGNON DE BASONNIÈRE :

Page 234, 8e ligne : au lieu de *Allemagne*, lisez *Alsace* ;

Page 256, 11e ligne : au lieu de *agréablement érudit*, lisez *une érudition agréable* ;

Page 257, 13e ligne : après *noblesse*, ajoutez *orléanaise* ;

Page 261, 9e ligne : après *fortune*, ajoutez *123 bis* (renvoi à la pièce justificative) ;

Page 263, 26e ligne : après *de Courcy*, ajoutez *et* ;

Page 263, 30e ligne : au lieu de *Ernest*, lisez *Ernest de Gauvignon de Basonnière* ;

Page 263, 31e ligne : au lieu de *Juliette*, lisez *Juliette de Gauvignon de Basonnière* ;

Page 264, 1re ligne : après *Gabrielle-Aglaé-Émérance-Louise*, ajoutez *de Gauvignon de Basonnière* ;

Page 264, 3e ligne : aux prénoms *Olimpe-Agathe*, ajoutez *de Gauvignon de Basonnière* ;

Page 264, 19e ligne : au lieu de *son* commandement, lisez *notre* commandement ;

Page 265, 7e ligne : au lieu de 11 *mai 1825*, lisez 10 *mars 1824*.

www.ingramcontent.com/pod-product-compliance
Lightning Source LLC
Chambersburg PA
CBHW050457270326
41927CB00009B/1791